20
25

Líbera Copetti de Moura Truzzi

PLANEJAMENTO SUCESSÓRIO NO **AGRONEGÓCIO**

IMPACTOS E PARTICULARIDADES

EDITORA FOCO

Dados Internacionais de Catalogação na Publicação (CIP) de acordo com ISBD

T874p Truzzi, Líbera Copetti de Moura

Planejamento sucessório no agronegócio: impactos e particularidades / Líbera Copetti de Moura Truzzi. – Indaiatuba, SP : Editora Foco, 2025.

200 p. ; 16cm x 23cm.

Inclui bibliografia e índice.

ISBN: 978-65-6120-618-1

1. Direito. 2. Direito das sucessões. 3. Planejamento sucessório. 4. Agronegócio I. Título.

2025-3933 CDD 342.165 CDU 347.6

Elaborado por Vagner Rodolfo da Silva - CRB-8/9410

Índices para Catálogo Sistemático:

1. Direito das sucessões 342.165
2. Direito das sucessões 347.6

Líbera Copetti de Moura Truzzi

PLANEJAMENTO SUCESSÓRIO NO **AGRONEGÓCIO**

IMPACTOS E PARTICULARIDADES

2025 © Editora Foco
Autora: Líbera Copetti de Moura Truzzi
Diretor Acadêmico: Leonardo Pereira
Editor: Roberta Densa
Coordenadora Editorial: Paula Morishita
Revisora Sênior: Georgia Renata Dias
Revisora Júnior: Adriana Souza Lima
Capa Criação: Leonardo Hermano
Diagramação: Ladislau Lima e Aparecida Lima
Impressão miolo e capa: META BRASIL

NOTAS DA EDITORA:

Atualizações e erratas: A presente obra é vendida como está, atualizada até a data do seu fechamento, informação que consta na página II do livro. Havendo a publicação de legislação de suma relevância, a editora, de forma discricionária, se empenhará em disponibilizar atualização futura.

Erratas: A Editora se compromete a disponibilizar no site www.editorafoco.com.br, na seção Atualizações, eventuais erratas por razões de erros técnicos ou de conteúdo. Solicitamos, outrossim, que o leitor faça a gentileza de colaborar com a perfeição da obra, comunicando eventual erro encontrado por meio de mensagem para contato@editorafoco.com.br. O acesso será disponibilizado durante a vigência da edição da obra.

Impresso no Brasil (9.2025) – Data de Fechamento (9.2025)

2025

Rua Antonio Brunetti, 593 – Jd. Morada do Sol
CEP 13348-533 – Indaiatuba – SP
E-mail: contato@editorafoco.com.br
www.editorafoco.com.br

Aos meus pais, Ivone e Jairo, pelo exemplo de vida e perseverança
que carrego em minha existência.

Ao meu amor, parceiro de vida, meu presente e meu futuro,
Marcelo Truzzi.

AGRADECIMENTOS

O final de uma jornada é sempre o início de um novo ciclo. A jornada que vivi até aqui foi moldada por encontros, afetos e desafios. Assim como o Pantanal renasce a cada ciclo das águas, o curso da vida me ensinou que tudo é impermanente, e, que acima de tudo, somos frutos das histórias e das pessoas que se entrelaçam em nossos diferentes ciclos de vida.

Esta obra é fruto de uma jornada acadêmica, da dissertação de mestrado que defendi na PUC/SP. Fruto também de vivências pessoais e profissionais que me conduziram a ressignificar meus caminhos e compreender que um novo olhar e novas perspectivas deveriam emergir deste trabalho. Compreendi que o elemento familiar era o elo mais significativo e central da construção empírica deste estudo. Sou filha, neta e bisneta de agricultores imigrantes, e por certo, isso não apenas influenciou minha vida, mas igualmente este trabalho.

Foram incontáveis horas de voo, de estudo, noites mal dormidas – mas acompanhadas de um sentimento de pura gratidão, especialmente a Deus, pelas oportunidades e dificuldades em meu caminho, que me tornaram quem sou.

Agradeço à minha família, minha base e meu refúgio, a terra fértil de onde vim e para onde vou – em especial, aos meus pais, por sua amorosa presença em minha vida. Este livro é para vocês.

Ao Marcelo, por seu amor, paciência e cumplicidade. Por "girar a maçaneta" para que eu pudesse voar e ser livre ao seu lado.

A Bebé por sua parceria e amorosidade neste caminho.

À Katia Paiva, minha sócia e irmã de alma, por trilhar sua vida ao meu lado. Ao Guilherme Meloto, pelo apoio no escritório, que me permitiu realizar este trabalho.

À Ana, Paula, Nathália, Renata, Carol, Gisele, Luciana, ao "só de casa" e a todos os amigos que não pude nomear, pela leveza e amizade sincera – tão rara, mas da qual tenho fartura.

Ao professor Francisco Cahali, meu orientador e guia. Ao meu compadre João Aguirre, por sua amizade e gentileza em compartilhar seu conhecimento. Ao professor Osvaldo Peregrina, por fazer parte desta história.

Aos meus alunos, que me tornam uma pessoa melhor a cada dia.

Aos meus clientes, que me oportunizam enxergar a vida através de novas lentes.

Ao IBDFAM, essa família que me abriu portas e horizontes.

Aos meus avós, tios e todos aqueles que vieram antes de mim, pelo legado que deixaram em minha vida.

E, por fim, a todos aqueles que semeiam e cultivam a terra com amor, respeito e devoção. Para além das adversidades, sigamos tocando em frente, sempre.

Família é prato difícil de preparar.
São muitos ingredientes.
Reunir todos é um problema...
Não é para qualquer um.
Os truques, os segredos, o imprevisível.
Às vezes, dá até vontade de desistir...
Família é prato que emociona.
E a gente chora mesmo.
De alegria, de raiva ou de tristeza.
O pior é que ainda tem gente que acredita na receita da família perfeita.
Bobagem!
Tudo ilusão!
Família é afinidade, é à Moda da Casa.
E cada casa gosta de preparar a família a seu jeito.
Há famílias doces.
Outras, meio amargas.
Outras apimentadíssimas.
Há também as que não têm gosto de nada, seria assim um tipo de Família Dieta, que você suporta só para manter a linha.
Seja como for, família é prato que deve ser servido sempre quente, quentíssimo.
Uma família fria é insuportável, impossível de se engolir.
Enfim, receita de família não se copia, se inventa.
A gente vai aprendendo aos poucos, improvisando e transmitindo o que sabe no dia a dia.
Muita coisa se perde na lembrança.
Aproveite ao máximo.
Família é prato que, quando se acaba, nunca mais se repete.
(Francisco Azevedo)

PREFÁCIO

Certamente ninguém questiona a importância do agronegócio para a economia brasileira, tendo se mostrado um dos segmentos econômicos de maior evolução e capacidade de gerar riquezas e reduzir disparidades sociais. As notícias a despeito do agronegócio são surpreendentes, uma vez que a atividade agrícola tanto explora um comércio interno, como o agronegócio é responsável pelo excelente volume de exportações que fortalecem a economia nacional. A produção agrícola, a agroindústria, o transporte, a distribuição e a comercialização de produtos empregam milhões de trabalhadores e representam importante parcela no mercado de trabalho no Brasil. As empresas familiares no agronegócio representam, segundo estatísticas oficiais, mais de 70% dos estabelecimentos agrícolas, e não são poucas as barreiras que elas enfrentam quando se deparam com a sucessão, havendo informes de que 82% dos negócios agros estão nas mãos da 1ª e 2ª gerações e que apenas 16% chega a terceira geração, escapando cada vez mais do controle familiar, até mesmo porque, nem toda descendência sucessória está interessada e preparada em dar continuidade ao agronegócio, se mostrando imprescindível a elaboração de um consistente planejamento sucessório, que permita a perpetuação do negócio rural, quer ele se dê na administração da pessoa física, quer a administração suceda pela pessoa jurídica, posto que, em qualquer de suas modalidades se trata de atividade que reclama considerável capacidade de comando, produção e investimento, especialmente em uma realidade de crescente tecnologia.

Anota Silvana Potrich Cescon, que a capacidade brasileira de expansão da produção encontra base na disponibilidade de terra, água, capital e recursos humanos, fartos no Brasil. País que vem encontrando seu papel como fornecedor de alimentos e garantidor da segurança alimentar no mundo, sendo o agronegócio a mola propulsora da economia brasileira.[1] Aliás, a atividade rural remonta aos primórdios dos tempos em que registra uma estrutura familiar em trânsito e em constante evolução, partindo de um tempo no qual as famílias eram numerosas e seus matrimônios eram resistentes ao tempo e encontravam no campo a subsistência familiar. O agronegócio cumpre uma importante função social através da produção de bens, serviços, geração de

1. CESCON, Silvana Potrich. *Holding rural. Teoria e prática*. Curitiba: Juruá.2024. p.25.

renda, trabalho e de divisas. A família ao assumir como projeto a empresa familiar do agronegócio, junto com os bens que herdam quando da morte de seu fundador, também herdam a missão de recolher estratégias necessária para a transferência da propriedade, da direção e da gestão da empresa, pois que com ela também se transmite sonhos e valores de um mesmo legado. A ferramenta fundamental para desenvolver esta visão necessária para a evolução e continuidade no âmbito da propriedade rural está na elaboração e execução de um eficiente planejamento sucessório.

A autora **Líbera Copetti de Moura Truzzi**, advogada, professora, mestre em Direito pela PUC de São Paulo e pela Universidade de Girona, na Espanha, especialista em direito das famílias e sucessões; em direito agrário e agronegócio pela Fundação do Ministério Público do Rio Grande do Sul; presidente da Comissão Nacional do Agronegócio do IBDFAM e da Comissão de Sucessões da OAB/MS, ademais de ex-presidente do IBDFAM/MS, nos biênios de 2017/2018; 2018/2019; 2020/2022, e que tem como berço de sua alma e de sua memória o gelado vento Minuano que sopra nos campos do Rio Grande do Sul. Como a autora refere em seus *agradecimentos*, ela é filha, neta e bisneta de agricultores imigrantes, e cujas vivências influenciaram em sua vida pessoal e certamente na elaboração deste seu livro que intitulou de *Planejamento Sucessório no Agronegócio: impactos e particularidades*, e sobre cuja obra estou tendo a subida honra de tecer estas breves considerações.

Trata-se de trabalho doutrinário de fundamental importância para uma das mais importantes atividades econômicas brasileiras, onde como há pouco registrado, a agropecuária é de grande importância para a economia brasileira, inclusive diante do seu potencial de exportação, uma vez que o Brasil é havido como o celeiro alimentar do mundo e não pode claudicar por sua importância, quando se tata de suceder na administração de fazendas ou empresas ligadas ao agronegócio, cujo tema é justamente o objeto deste livro que **Líbera Copetti de Moura Truzzi** desenvolve com sua singular capacidade e com seu profundo conhecimento prático e doutrinário ao discorrer com maestria e destreza, sobre os meandros do planejamento sucessório no agronegócio, em que traz temas que passam pelo conceito de agronegócio e o seu perfil familiar e que perpassa pelos impactos que a morte provoca na sucessão do agronegócio. A planificação familiar e empresarial trazida à lume pela destacada autora, discorre sobre o planejamento sucessório no agronegócio, como de ordinário ela vem tratando em suas aplaudidas e disputadas palestras proferidas por todos os recantos deste País. Seu esperado e ansiado livro, que vem à público pela editora FOCO, também das questões contratuais e imobiliárias do agronegócio; do parcelamento rural, das garantias reais e fiduciárias, sobre os regimes de bens, do direito real de habitação, do testamento e da doação. Faz judiciosas referências à partilha em vida, às sociedades agropecuárias e às *holdings*, e todo um extenso leque de contextos que esmiuçam a sucessão no âmbito do agronegócio, cujos temas são brilhantemente discorridos pela autora neste seu livro que ela nos concede como leitores o privilégio de desfrutarmos.

Porto Alegre, agosto de 2025.

Rolf Madaleno

APRESENTAÇÃO

Aqueles que vivem a Academia conhecem bem como a atividade docente é desafiadora, pela dedicação excessiva e comprometimento, tomando espaço de destaque na rotina e na própria vida daqueles que nela mergulham com empenho. Muito mais do que uma atividade profissional, representa uma devoção aos que exercem com paixão, demandando por vezes significativo tempo e esforço, em detrimento de muitas outras ocupações.

Mas sem dúvida é uma agenda cativante e sedutora, pois permite momentos saborosos e situações de extraordinária alegria.

É com este sentimento que agora me vejo honrado pela amiga querida **Líbera Copetti de Moura Truzzi** ao me conceder a oportunidade de apresentar seu espetacular trabalho: **Planejamento Sucessório no Agronegócio: Impactos e Particularidades**.

Vem na lembrança, naquele espaço de prazerosas recordações, as primeiras conversas com **Líbera** sobre seu interesse em seguir no pós-graduação, a sua aprovação no Programa de Mestrado da **Pontifícia Universidade Católica de São Paulo – PUC-SP**, e sobretudo a alegria em poder acompanhar desde o início a sua caminhada no curso e pontualmente na honrosa orientação da dissertação.

Já habilidosa advogada ao ingressar no Mestrado, **Líbera** sempre se destacou pela sua criatividade e capacidade de projetar novidades nos temas e nas soluções jurídicas, sem se furtar da erudição necessária ao Curso; e seguiu assim na brilhante performance desempenhada nas disciplinas cursadas, notada por todos os que a acompanharam (Professores e Colegas).

Concluiu sua jornada de forma brilhante, com aplaudida defesa deste trabalho perante qualificada Banca formada pelos exigentes **Prof. Dr. João Ricardo Brandão Aguirre** e **Prof. Dr. Oswaldo Peregrina Rodrigues**, sob a nossa orientação, com criteriosa avaliação ocorrida em 20 de fevereiro de 2025, na qual foram reconhecidas as qualidades da produção, merecendo refinados elogios na aprovação, com a obtenção de título de **Mestre em Direito pela Pontifícia Universidade Católica de São Paulo – PUC/SP**.

A vida acadêmica, afinal, é assim: ela nos reserva emoções e proveitos como este; permite-nos surpreender com novos talentos.

Líbera desenvolveu seus estudos com maestria. Pesquisadora cuidadosa, soube com determinação e sabedoria explorar a multiplicidade de questões envolvendo diretamente o tema central e seus satélites.

Na imensidão de informações, não apenas jurídicas como econômicas e comportamentais (decorrentes da dinâmica das relações familiares), percebe-se a adequada manipulação deste vasto conteúdo tanto na investigação e condução da pesquisa, como para sistematizar suas ideias com resultado claro e preciso em suas conclusões. Sua trajetória como especialista em Direito de Família e Sucessões, com frequente participação em eventos sobre o tema, certamente muito contribuiu para arremate assertivo de seu estudo.

Também a Autora traz outra peculiaridade, ao aproveitar suas raízes em família ligada à atividade agrícola, como filha, neta e bisneta de agricultores imigrantes, teve a mais autêntica, legítima, verdadeira e pura influência da vida nesta reflexão acadêmica. A sua sensibilidade para este contexto enriquece significativamente o trabalho produzido.

Com esta bagagem, a escolha objeto da pesquisa revelou-se perfeita. Neste ambiente de vida, pessoal e profissional, e aprofundamento científico, veio o melhor que se poderia alcançar. E assim é apresentada, com auspiciosa criatividade, a proposta de um planejamento sucessório no agronegócio, com olhar não apenas na preservação do patrimônio e da atividade econômica, como também no cuidado com as sensíveis relações familiares.

A linguagem fluente, madura, clara e agradável, faz deste cintilante escrito um livro de inegável interesse à comunidade jurídica, em especial àqueles dedicados a estudos para a proteção de gerações familiares ligadas agronegócio.

Bem estruturadas as ideias, apresenta a Autora o agronegócio e suas peculiaridades, inclusive com os impactos do perfil familiar neste ramo (repercussões em vida e na sucessão hereditária). Após esclarecer na medida certa o conteúdo e pertinência do planejamento sucessório, seus limites e possibilidades, desenvolve a sua utilidade, funcionalidade, elementos e características próprias para o agronegócio. Na sequência, são estudados com perspicácia os instrumentos de planejamento de acordo com as peculiaridades também das famílias (como regime de bens). Destes mecanismos exploram-se as variáveis de cláusulas testamentárias, a doação, a partilha em vida e as sociedades empresárias (*holdings*), inclusive com mecanismos de governança. Trabalho realmente completo e abrangente.

Sua leitura é seguramente bem recomendada, para que as reflexões expostas, ideias, propostas e consistente pesquisa, possam enriquecer o debate a todos que venham se debruçar sobre a matéria. Um livro, de notável envergadura, que deve ser colocado em local de destaque, como fonte obrigatória de consulta por quem pretende conhecer e se aprofundar neste palpitante tema.

Por fim, fica nosso registro de admiração pessoal e intelectual pela Autora, não apenas em razão desta produção, mas também pelo que conhecemos de sua alegria contagiante, simpatia, sinceridade e acolhimento que trata todos com quem convive, valorizando seus relacionamentos. A tudo soma-se sua notável determinação em propósitos pessoais e profissionais, bem lidando com todos os desafios de sua jornada.

É, assim, com imensa alegria e honra que apresentamos este livro, com a certeza de que o sucesso nesta etapa, revela a brilhante trajetória acadêmica da Autora, **Líbera Copetti de Moura Truzzi**.

Francisco José Cahali

ABREVIATURAS E SIGLAS

CAR	Cadastro Ambiental Rural
CC	Código Civil
CPC	Código de Processo Civil
CF	Constituição Federal
CTN	Código Tributário Nacional
EMBRAPA	Empresa Brasileira de Pesquisa Agropecuária
IBGE	Instituto Brasileiro de Geografia e Estatística
ITCMD	Imposto sobre a Transmissão Causa Mortis e Doações
ITR	Imposto Territorial Rural
TJMG	Tribunal de Justiça de Minas Gerais
TJRJ	Tribunal de Justiça do Rio de Janeiro
TJRS	Tribunal de Justiça do Rio Grande do Sul
TJSP	Tribunal de Justiça de São Paulo
PIB	Produto Interno Bruto

SUMÁRIO

1
INTRODUÇÃO

Tratar da sucessão em vida sempre representou um enorme tabu. Culturalmente, a sociedade brasileira não era afeta a versar sobre o tema morte e suas consequências para além daquela existência finita. Tratava-se de mau agouro; contudo, a realidade social, os fatores econômicos e familiares conduziram o brasileiro não apenas tomar consciência de sua própria finitude, mas buscar alternativas capazes de assegurar uma transição patrimonial e sucessória eficiente, objetivando a redução de conflitos e custos, gerando uma crescente demanda por instrumentos jurídicos de planejamento sucessório, capazes de instrumentalizar e compatibilizar a autonomia privada do autor da herança ao regime jurídico sucessório existente.

A sociedade brasileira contemporânea passa por profundas transformações, em especial as configurações e estruturas familiares, que sob a ótica constitucional, afiguram-se plurais e diversas. A família monogâmica, patriarcal, outrora constituída unicamente pelo matrimônio indissolúvel, não representa hodiernamente o modelo experimentado por inúmeras famílias. O reconhecimento de novas entidades familiares, a exemplo da união estável e das relações homoafetivas, assim como a dissolubilidade direta do casamento e a isonomia, entre filhos, homens e mulheres, entre tantos outros direitos conferidos pela Constituição de 1988, formam a família plural contemporânea. Em especial no âmbito da conjugalidade, tais relações, constituídas sob a égide da liberdade e da autonomia privada, igualmente possuem uma característica de constante liquidez, como as qualifica Bauman,[1] revelando-se per si um potencial instaurador de conflitos.

Pilares do Direito sucessório - família e propriedade, ressignificam-se continuamente ao longo da evolução social e das próprias relações humanas, demandando não apenas uma revisão dogmática e estrutural do próprio Direito sucessório, mas igualmente novas soluções às contendas que se instauram continuamente, seja sob a perspectiva familiar, seja sobre as perspectivas econômica, política e jurídica, diante de contínuas mudanças legislativas e dos próprios entendimentos jurisprudenciais. Referidos contextos impulsionam inúmeras

1. BAUMAN, Zygmunt. **Amor líquido**: sobre a fragilidade dos laços humanos. Companhia das letras, 2004.

famílias, em especial aquelas que exercem uma atividade econômica familiar, buscar alternativas capazes de assegurar o exercício da autonomia privada do titular do patrimônio, a continuidade da atividade econômica e sua transmissão geracional, por meio de um planejamento sucessório.

O planejamento sucessório apresenta-se como alternativa legal capaz de equalizar interesses, necessidades e possibilidades do detentor do patrimônio ao planejar efeitos para além de sua morte. Conduz a acomodação dos interesses pessoais às exigências legais e apresenta-se como um conjunto de projeções e estratégias jurídicas multidisciplinares, mediante a utilização de diferentes instrumentos, podendo-se mencionar à título de exemplo o testamento, a doação, a partilha em vida, a constituição de empresas e holdings entre outros, visando organizar a transferência de bens e direitos de uma pessoa para seus herdeiros ou beneficiários e garantir que essa transição ocorra de forma eficiente e segura.

Por meio do uso de diferentes instrumentos jurídicos legais, capazes de promover a organização do patrimônio e da sucessão, tem o planejamento característica ínsita de relacionar-se com outras áreas do conhecimento, sejam elas familiares, contratuais, tributárias, e societárias entre outras. Para além destas, existem igualmente algumas atividades econômicas que diante de sua natureza apresentam particularidades e elementos distintivos, cujos atributos e características interferirão diretamente no modo de condução do planejamento, assim como nas espécies de instrumentos legais utilizados, os quais deverão não apenas comportar os interesses pessoais daqueles envolvidos; mas, do mesmo modo, adequar-se às realidades e exigências da própria atividade.

É o que se infere especificamente no caso do agronegócio, cujas características conferem-lhe distinções das demais atividades econômicas, quando analisada sob a perspectiva da sucessão familiar. Para além de uma análise de uma economia tributária ou acomodação de interesses pessoais, o agronegócio apresenta elementos multifatoriais que impõem sejam observados quando da materialização do planejamento, especialmente seu elemento mais presente, nas diferentes realidades da atividade: o elemento familiar.

Deste modo, este livro propõe-se a analisar o planejamento sucessório no agronegócio sob a perspectiva do elemento familiar e das particularidades da atividade, suas respectivas confluências e interferências, em especial sob o recorte das atividades denominadas dentro da porteira, ao considerar os aspectos intrínsecos e extrínsecos relacionados a esta atividade econômica, inseridos sob a ótica da autonomia privada da vontade do titular do patrimônio e dos limites legais cogentes.

A relevância do tema reside não apenas na indubitável importância econômica que a atividade representa, atualmente responsável por mais de 23.8% do PIB, e por mais de 50% de todo o valor exportado no País, mas em especial diante dos dados estatísticos atuais que revelam uma característica importante do agronegócio brasileiro: trata-se de uma atividade essencialmente familiar. Aproximadamente 80% dos 5,073 milhões de estabelecimentos rurais do Brasil foram caracterizados como pertencentes à agricultura familiar; ou seja, o perfil das pessoas que exploram o agronegócio brasileiro, em especial nas atividades dentro da porteira, encontra-se sedimentado em pequenos núcleos familiares, cujo modelo de exploração, impulsiona o desenvolvimento socioeconômico da atividade.

Somado a este fator, infere-se que a atividade não apenas expõe um perfil familiar, mas o regime jurídico de exploração, é igualmente realizado em sua maioria em caráter de pessoalidade, o que diante do evento morte do titular do patrimônio e gestor da atividade poderá provocar impactos consideráveis na atividade econômica e no respectivo núcleo familiar que dela depende, na ausência de um tratamento jurídico prévio adequado e funcionalizado às necessidades daquele núcleo.

De tais particularidades, é possível inferir, de início, a relação intrínseca entre a atividade econômica e os núcleos familiares que a exploram e, por certo, todos os reflexos conexos que tanto a atividade quanto as relações familiares poderão produzir entre si. A perda de uma safra ou a morte de um membro da família provocarão consequências que, a depender da existência (ou não) do planejamento sucessório, terão efeitos diversos. Menciona-se, a título de exemplo, as dificuldades encontradas para a manutenção e a continuidade da atividade agrícola diante de inventário judicial litigioso, que tende a ser não apenas moroso e extenuante, mas extremamente prejudicial à sobrevivência do negócio, ao considerar em especial outra característica da atividade agrícola, que é a sua sazonalidade.

O tempo de plantar, colher ou de alimentar um rebanho certamente não será o mesmo tempo de uma disputa judicial, e conduz à necessidade da realização de planejamento patrimonial e sucessório, capaz de garantir a manutenção e a sobrevivência da atividade econômica, ao possibilitar a sua transmissão às gerações seguintes e o alcance de sua função social. Agrega-se a este elemento, os aspectos imateriais que vinculam muitas famílias a atividade agrícola e sua transmissão intergeracional, conduzindo diferentes perspectivas ao planejamento.

Não apenas a atividade agrícola modificou-se ao longo do tempo, diante do uso da tecnologia no campo, mas o perfil geracional que herdará a atividade econômica também, o que igualmente impactará nas espécies de instrumentos utilizados, ao considerar de um lado o crescimento exponencial da população jovem no campo diante do crescimento econômico do agronegócio, e, de outro, um perfil geracional que não tem interesse ou vinculação na manutenção da atividade. Tais variáveis podem impactar diretamente a forma de instrumentalização do próprio planejamento.

Mesmo diante da possibilidade da utilização de diferentes instrumentos jurídicos de planejamento sucessório, tornou-se comum relacionar o planejamento sucessório no agronegócio à constituição das chamadas *holdings*, em geral pela incorporação patrimonial e criação de estruturas de gerenciamento do patrimônio por meio de pessoas jurídicas como única solução ou solução infalível a todas as famílias rurais.

A par da relevância desse importante instrumento legal, muitas famílias utilizam-se dessa ferramenta como única opção viável, sem compreender os impactos que a nova realidade empresarial promoverá no núcleo familiar e na atividade. Do mesmo modo, ao utilizar-se do referido instrumento de forma indistinta, não raras vezes realizado por profissionais que desconhecem as matérias afetas ao direito de família e sucessões, deixa-se de analisar de forma particularizada se o instrumento específico escolhido seria em realidade a melhor alternativa para o núcleo familiar, ao considerar não apenas o tipo de atividade econômica explorada, o local de exploração, mas sobretudo as individualidades e expectativas pessoais de cada membro familiar, e as consequências que provocará naquele núcleo. Se de um lado a criação de uma estrutura jurídica poderá evitar a realização de inventário ou promover eventual redução da carga tributária, de outro poderá incrementar litígios, quando não promovida de forma particularizada e adequada ao núcleo familiar.

As famílias são diversas, assim como as realidades e necessidades envolvidas, conduzindo a uma análise criteriosa e aprofundada. Antes da escolha por um determinado instrumento jurídico, revela-se fundamental o olhar sob a perspectiva pessoal de cada membro que compõe o núcleo familiar, como pressuposto de um planejamento sucessório eficiente. Outras camadas, especialmente as de natureza familiar, devem compor o arcabouço do planejamento sob a perspectiva do agronegócio.

A preservação do patrimônio, a redução de litígios e a continuidade do negócio familiar dependerão, entre outros fatores correlatos, da existência de um planejamento patrimonial e sucessório capaz de garantir a sobrevivência econômica da atividade às futuras gerações, por meio de diferentes instrumentos legais capazes de promover um olhar redimensionado, multifatorial e funcionalizado, alinhado às particularidades e características dessa atividade e sobretudo, às realidades de cada núcleo familiar.

Nesse cenário, em especial sob a perspectiva da transmissão geracional do patrimônio, o tema em estudo conduz a alguns questionamentos, dentre entes: quais as particularidades que diferenciariam o agronegócio das demais atividades econômicas sob a perspectiva do planejamento sucessório? Quais os impactos que essas particularidades promoveriam no planejamento? Quais seriam os principais elementos que devem compor a base de um planejamento sucessório no agronegócio?

A metodologia aplicada teve natureza dedutiva, por meio da pesquisa acadêmica, qualitativa, teórica e descritiva, cuja abordagem pautou-se na revisão bibliográfica de obras, artigos científicos, dissertações e teses de autores nacionais e estrangeiros, dados estatísticos e normativos legais das áreas de conhecimento correlatas.

No presente capítulo introdutório, promove a análise geral da temática e do objetivo da pesquisa. No segundo capítulo, a análise inicial perpassará pela contextualização do conceito de agronegócio, seus aspectos históricos e as principais características da atividade. Em seguida, analisar-se-á o perfil familiar do agronegócio; a definição de agricultura familiar e aspectos controversos da nomenclatura legal; e, por fim, os impactos e repercussões inter vivos e *causa mortis* do perfil familiar da atividade.

No terceiro capítulo, abordar-se-á a sucessão na perspectiva civil constitucional, os conceitos de planejamento patrimonial e sucessório e os seus limites legais. No quarto capítulo, analisar-se-á algumas particularidades do agronegócio e seus impactos no modo de realização do planejamento, por meio da análise de seu elemento familiar; da característica de agrariedade; do regime jurídico de exploração e dos tipos de atividades econômicas, e as questões relacionadas à natureza imobiliária rural.

No capítulo final, explorar-se-á os instrumentos mais usuais de planejamento sucessório, analisados sob a ótica de sua funcionalização e adequação à atividade e suas respectivas particularidades, por meio da análise inicial de três pilares que devem compor a base fundamental do planejamento no agronegócio; na sequência serão analisado os aspectos patrimoniais e sucessórios do regime de bens e as necessárias pactuações nas relações conjugais; em sequência, pela análise de quatro instrumentos principais de planejamento, a saber: regime de bens e respectivas pactuações, testamento, doação e, por fim, a criação de estruturas jurídicas e *holdings* e suas respectivas possibilidades e utilidades como instrumento de transmissão patrimonial e sucessório às futuras gerações.

Mais do que assentar um único caminho, pretende-se com o presente trabalho apresentar um olhar sistêmico e funcionalizado às particularidades do agronegócio, em especial ao elemento familiar presente na atividade, os quais permitirão assegurar a consecução da função social da atividade econômica por meio da sucessão patrimonial e familiar e a continuidade desta relevante atividade à toda sociedade.

2
AGRONEGÓCIO

Para que seja possível analisar o planejamento sucessório no agronegócio sobre a perspectiva de suas particularidades e respectivos reflexos, torna-se indispensável compreender, inicialmente, não apenas a formação e a abrangência do conceito de agronegócio, mas igualmente os aspectos históricos do sistema agrário brasileiro, entre estes a edição do Estatuto da Terra e o movimento conhecido como Revolução Verde, que influenciaram o desenvolvimento socioeconômico da atividade agrária no País e o seu conjunto de características atuais.

2.1 CONCEITO

A exploração agrícola, por meio da agricultura e pecuária, teve influência fundamental na evolução humana e no estabelecimento das grandes civilizações, em especial por meio da fixação do homem no campo. Na contemporaneidade, a evolução das sociedades modernas, em especial do século XX, teve como mola propulsora o incremento tecnológico, inclusive aquele iniciado no campo. A utilização de novas tecnologias, o uso de implementos e a evolução biológica, tanto de insumos quanto de defensivos agrícolas, garantiram aumento da produtividade e converteram a atividade agrícola em um sistema de interrelação econômico-produtivo com as demais áreas. Nesse compasso, o campo deixou de ser considerado unicamente um meio isolado de subsistência de pequenos núcleos familiares, mas parte integrante de cadeia econômico produtiva interdependente entre si.

O conceito relacionado à existência de cadeia produtiva, atualmente conhecido como *Agribussiness* ou Agronegócio (em português), foi cunhado na década de 1950 por dois pesquisadores estadunidenses da *School of Business Administration* da Universidade de Harvard, respectivamente Ray Goldberg e John Davis, por meio da publicação da obra intitulada *A Concept of Agribusiness*, que assim a conceituaram:

> Soma de todas as operações envolvidas na fabricação e distribuição de suprimentos agrícolas; operações de produção na fazenda; e o armazenamento, processamento e distribuição de commodities agrícolas e dos itens a partir deles produzidos.[1]

1. DAVIS, John H.; GOLDBERG, Ray A. *A* **Concept of Agribusiness**. Boston: Harvard University Graduate School of Business Administration, 1957.

John Davis e Ray Goldberg, ao estudarem as transformações do sistema produtivo rural estadunidense, constataram que o campo, pós-Segunda Guerra Mundial, estaria passando por grandes transformações tecnológicas e mudanças nos padrões de produção utilizados, impulsionado em especial, pelo aumento da demanda de alimentos e fibras no mundo. Os autores apuraram, em suma, que as atividades rurais e as ligadas a elas, em especial o setor industrial em franco desenvolvimento, não poderiam permanecer isolados, diante da necessidade de integração de todos os setores ante a dependência crescente de produtos produzidos pela indústria.

O conceito de agricultura como parte integrante da indústria existia há mais de 150 anos, quando, além de alimentos, os agricultores produziam os seus próprios equipamentos e utensílios. Contudo, atividades como armazenamento, processamento e distribuição foram transferidas para outras empresas, que também passaram a produzir produtos industriais utilizados no modelo agrícola, como tratores, caminhões, combustível, fertilizantes, ração e pesticidas, entre outros.[2] Existia, portanto, um sistema de interdependência entre os diferentes setores, o que formava uma cadeia produtiva extensa. As "fazendas modernas"[3] passaram a ter uma função comercial, cuja produção baseava-se em monocultivos e afastava-se de uma autossustentabilidade de baixa produtividade para um novo modelo agrícola que exigia não apenas a incorporação de novas tecnologias, mas da necessidade de se inter-relacionar com diferentes áreas.

Deste modo, o termo "agronegócio" passou a ser usado para descrever toda a cadeia produtiva agropecuária, desde a produção de insumos até a comercialização e industrialização dos produtos finais, englobando diversas atividades econômicas, incluindo a produção rural, a indústria de transformação de produtos agrícolas, o comércio, a logística e o setor de serviços relacionados. Ou seja, o conceito relaciona-se à todas as atividades econômicas relacionadas à agricultura ou pecuária, e toda sua cadeia produtiva.

Infere-se que o conceito originário de agronegócio, em nada tinha relação com o volume da produção agrícola ou o tamanho de área ou da atividade exercida, mas sim, a correlação de interdependência entre as atividades agrícolas produtivas, fossem elas de pequeno ou grande porte.

Para descrever essa noção de circuito produtivo agroalimentar, desde o setor agrícola e passar pelo setor industrial até chegar ao consumidor, os franceses

2. MENDOÇA, Maria Luísa. **O papel da agricultura nas relações internacionais e a construção do conceito de agronegócio**. Disponível em: https://doi.org/10.1590/S0102-85292015000200002. Acesso em: 23 jul. 2024.
3. DAVIS; GOLDBERG, 1957.

utilizam-se do termo *filiéres*,[4] introduzido pela Escola Francesa de Organização Industrial, cuja concepção segundo Mason[5] "foi imaginado pelos economistas industriais para se referir a um conjunto de atividades interligadas em um processo de produção-transformação-distribuição de um bem ou de um serviço"[6] (nossa tradução). Segundo Montigault[7] "essa visão engloba todos os participantes implicados na produção, na transformação e na comercialização de um produto agrícola".

Os conceitos, francês (*filière*) e estadunidense (*Agribusiness*) são muito semelhantes e ambos focam o processo produtivo agroindustrial como um sistema que se distingue, contudo, segundo explicitam Farina e Zylbersztajn,[8] pelas estruturas de mercado e ações governamentais.

Etimologicamente, é a expressão que resulta da fusão de agricultura e negócio. Advém originalmente do latim *"negotium"*(negação do ócio) e tem significado de geração de valor através do trabalho e do capital vinculado às atividades agropecuárias.

Nessa perspectiva, compreende-se agronegócio, pelo conjunto de atividades econômicas heterogenias relacionadas à produção, transformação, circulação e consumo de bens e serviços originados no setor agropecuário em diferentes segmentos, desde a geração de insumos e tecnologias, entendidas como segmento "antes da porteira", passando pela produção na propriedade rural, ou o segmento "dentro da porteira", até o beneficiamento, industrialização, armazenamento, logística, comercialização e consumo dos produtos agroindustriais, denominado "fora da porteira", inserido em um contexto regulatório, ambiental e sociocultural em constante evolução.

Deste modo, o conceito de agronegócio refere-se a uma concepção sistêmica que envolve todas as etapas e atividades relacionadas à produção agrícola até a sua comercialização, em caráter de interdependência e de interconexão. Assim, além das atividades agropecuárias, o agronegócio engloba a produção de insumos e de bens de capital (fertilizantes, defensivos e máquinas agrícolas); a indústria de transformação de matéria-prima agropecuária (alimentos, biocombustíveis e

4. USP. ESALQ. **Portal**. Disponível em: https://cepea.esalq.usp.br/. Acesso em: 19 jul. 2024.
5. MASON, E.S. Price and Production Policies of Large Scale Enterprise. **American Economic Review**, v. 29, n. 1, p. 61-74, 1939.
6. Texto original em francês: "*A été imaginé par les économistes industriels pour faire référence à un ensemble d'activités liées dans un processus de production-transformation-distribution d'un bien ou d'un service.*"
7. MONTIGAULT, J-C. L'analyse des filieres agroalimentaires: méthodes et premiers résultats. **Economie et sociétés**. Série AG.1992. n. 21.
8. Farina, E. M. M. Q.; ZYLBERSZTAJIN, D. 1994. **Competitividade e Organização das Cadeias Agro--Industriais.** 63. Costa Rica: Instituto Interamericano de Cooperação para a Agricultura. Disponível em: https://seer.tupa.unesp.br/index.php/BIOENG/article/view/110/109. Acesso em: 20 set. 2024.

fumo); atividades de prestação de serviço (consultorias e assistência técnica), até a armazenagem, a distribuição e a comercialização dos produtos do agronegócio.

Depreende-se, portanto, que o termo agronegócio não se relaciona à capacidade produtiva, extensão econômica da atividade ou de determinada extensão de terra, mas de qualquer atividade que esteja relacionada à cadeia produtiva da agricultura e pecuária, independentemente de seu tamanho ou volume de produção. Por suas raízes históricas, o termo agronegócio não implica distinção de categorias como equivocadamente propalado, como se o termo fosse unicamente relacionado à categoria de grandes produtores de monocultura, apartando-se do conceito, àqueles de caráter de subsistência e/ou familiar.

O equívoco conceitual, oriundo do desconhecimento acerca da origem do termo agronegócio, conduz a um distanciamento das políticas públicas no setor e revela-se fundamental a redução da lacuna tecnológica entre as modalidades de cadeia produtivas, em especial entre o pequeno agricultor e as grandes agroindústrias, como forma de conduzir os pequenos produtores, a competitividade e o progresso socioeconômico como forma de redução da desigualdade. Como explicita Geraldo Barros,[9] "[...] os agricultores familiares fazem logicamente parte do agronegócio, na medida em que integram – ou deveriam integrar – cadeias produtivas para que seus produtos atinjam mercados mais amplos, em diferentes formas, locais e momentos".

No mesmo sentido elucida Marcos Jank,[10] ao afirmar que "o agronegócio é apenas um marco conceitual para delimitar o sistema integrado de produção" e que por certo, "todos os agricultores estariam inseridos no contexto do agronegócio, sejam eles grandes ou pequenos ou familiares". Para Veiga,[11] tratar-se-ia de preconceito discriminatório à agricultura familiar, eis que "o Agribussiness é composto por um conjunto heterogêneo de cadeias produtivas, cujos elos primários contam com inúmeros agricultores majoritariamente de caráter familiar". Deste modo, a agricultura familiar não deveria ser atrelada unicamente ao caráter rudimentar ou de subsistência sem competitividade, como se faz crer, inexistindo abismo entre o conceito, mas apenas sistemas produtivos diversos.

9. BARROS, Geraldo Sant'Ana de Camargo. **Agronegócio**: conceito e evolução. Disponível em: https://cepea.esalq.usp.br/upload/kceditor/files/agro%20conceito%20e%20evolu%C3%A7%C3%A3o_jan22_.pdf. Acesso em: 19 set. 2024.
10. JANK, Marcos Sawaya. Revendo as políticas agrícola e agrária. **Café Point.** Disponível em: https://www.cafepoint.com.br/noticias/giro-de-noticias/revendo-as-politicas-agricola-e-agraria-31653n.aspx. Acesso em: 29 jun. 2024.
11. VEIGA, José Eli da. Muita fantasia sobre um único assunto. Tradução. **Folha de S. Paulo**, Caderno Dinheiro, São Paulo, 2004, n. 28 jan. 2004, p. B2. Disponível em: http://www.econ.fea.usp.br/zeeli/. Acesso em: 31 jul. 2024.

A contraposição equivocada entre agricultura familiar e agronegócio, contribuiu para um "maniqueísmo político e ideológico entre o agrícola e o rural, entre a agricultura familiar e o agronegócio",[12] cuja complementariedade (e não dissociação) faz parte e contribuiu para o crescimento econômico da atividade no país.

O termo agronegócio engloba, neste sentido, todo o sistema produtivo agroindustrial que envolve, por exemplo, desde o pequeno produtor de legumes até a industrialização de tais produtos e a entrega ao consumidor. Ainda que se trate de pequena produção agrícola, qualquer atividade que mantenha uma inter-relação econômica entre si, torna-se parte da cadeia produtiva e, por certo, é considerada agronegócio, justamente porque o conceito não se restringe ao volume de produção, como já demonstrado.

Não obstante isto, como adiante será tratado, uma das principais características do agronegócio brasileiro, refere-se justamente ao fato de que majoritariamente, a atividade agrícola brasileira tem por característica ínsita ser uma atividade essencialmente familiar, mas em especial, tem seu modelo de produção calcado em pequenas propriedades rurais, cujos movimentos históricos e sociais influenciaram na forma pelo qual o agronegócio brasileiro encontra-se sedimentado atualmente.

2.2 ASPECTOS HISTÓRICOS

Ao considerar como ponto de partida o reconhecimento do sistema integrado de produção agroindustrial, vislumbra-se que os movimentos sociais e históricos pós-guerra foram fundamentais para o posicionamento atual do agronegócio.

Na década de 1960, o mundo vivia o período da Guerra Fria, ou seja, a polarização ideológica entre o bloco capitalista liderado pelos Estados Unidos e o bloco socialista, liderado pela União Soviética (URSS). Diante do avanço de possíveis movimentos comunistas na América Latina, em especial a situação de Cuba e sua aproximação com a URSS,[13] foi proposto em 1962, pelos Governos Colombiano e Estadunidense do Presidente John Kenedy, a realização da VIII Reunião de Consulta de Ministros das Relações Exteriores das Américas,

12. SCHNEIDER Sérgio. A pluriatividade da agricultura familiar. Introdução. Porto Alegre: UFRGS, 2003. In: SCHNEIDER S. (Org.). **Diversidade da agricultura familiar**. Porto Alegre: UERGS. 2006. p. 7-12.
13. Após a Revolução Cubana de 1959, Cuba tornou-se cada vez mais dependente dos mercados soviéticos e da ajuda militar e foi aliada da União Soviética durante a Guerra Fria.

realizada na cidade uruguaia de Punta Del Este, denominada de Convenção de Punta Del Este.

O encontro contou com a participação de 20 Estados membros da OEA (Organização dos Estados Americanos) e deu origem a nove resoluções, entre diversas medidas, como a exclusão de Cuba da OEA e a assinatura de compromisso internacional de mútua assistência. O evento originou, igualmente, o compromisso dos Estados membros para a instituição de políticas públicas de reforma agrária, de modificação do uso das propriedades agrícolas em detrimento de regime de latifúndios e minifúndios, e a formação de estruturas de acesso a crédito, assistência técnica, comercialização e distribuição dos produtos, como forma de garantir a estabilidade econômica do homem do campo e consequentemente do País, conforme previsto expressamente em seu art. 6°.[14]

Importa mencionar que no referido período, como explicita o agrarista Fernando Sodero,[15] o êxodo rural apresentava-se como um vasto problema socioeconômico no Brasil, assim como os problemas relacionados ao abastecimento de alimentos e matérias-primas, decorrentes do crescimento da população urbana e da expansão industrial, enquanto a estrutura do setor agrário era marcada pela concentração de terras, pela baixa produtividade, e desigualdades sociais.

Diante dos referidos contextos e da necessidade de regulamentação legal e de reestruturação do sistema agrário do País, foi promulgada, em 1964, a Lei n° 4.504, denominada Estatuto da Terra, que regulou os direitos e as obrigações concernentes aos bens imóveis rurais para os fins de execução da Reforma

14. Art. 6° da Carta de Punta Del Este. "Impulsionar, respeitando as particularidades de cada País programas de reforma agrária integral, encaminhada à efetiva transformação onde for necessária a modificação das estruturas dos injustos sistemas de posse e uso da terra, a fim de substituir o regime de latifúndios e minifúndios por um sistema justo de propriedade, de maneira que, complementada por crédito oportuno e adequado, assistência técnica, comercialização e distribuição dos seus produtos, a terra se constitua, para o homem que a trabalha, em base dá sua estabilidade econômica, fundamento do seu crescente bem-estar e garantia de sua liberdade e dignidade".

15. "Três anos depois [dos compromissos assumidos pelo Brasil em Punta del Este] foi promulgado o Estatuto do Trabalhador Rural – Lei nº 4.214, de 2 de março de 1963 – conjunto sistematizado de normas para a proteção jurídica do rurícola que trabalha a terra de terceiros, na qualidade de empregado ou outras formas reconhecidas de assalariado pelo Direito Brasileiro. Conquanto fosse uma vitória do trabalhador rural, até então praticamente sem proteção, a reação dos empregadores foi desfavorável, não aceitando a classe patronal as novas obrigações ali para ele estabelecidas. E a conclusão foi a conhecida: expulsão do trabalhador das propriedades agrárias onde trabalhava e morava, para as cidades (periferia), formando este contingente hoje denominado de 'boias-frias'. Muitos ficaram na zona rural e procuraram terras para trabalhar, já que seu único ofício era a atividade agrária – transformando-se em posseiros; outros buscaram empregos urbanos, de difícil acesso, pelo fato de não serem mão de obra qualificada. Esta saída do campo, em especial no Sul, contribuiu para um movimento de desassossego o setor agrário, aliado à agitação social no Nordeste, provocadas pelas Ligas Camponesas, organizadas ou manipuladas por Francisco Julião" (SODERO, Fernando Pereira. **O Estatuto da Terra**. Brasília: Fundação Petrônio Portella, 1982, p. 21-22).

Agrária e da promoção de uma nova política agrícola brasileira. Previamente, o Congresso Nacional aprovara a emenda Constitucional de nº 10, que estabelecia a competência da união para legislar em matéria agrária.

O Direito Agrário como ramo autônomo surge no Brasil com o Estatuto da Terra, em que se estabeleceu como princípio fundamental o princípio constitucional da função social da propriedade,[16] mediante a proteção dos trabalhadores e famílias rurais, da produtividade e a conservação dos recursos naturais.

Ressalta-se que o uso da terra até a promulgação do Estatuto não era condicionado a nenhuma obrigação legal ao seu uso econômico e social, cujo arcabouço jurídico vigente, "propiciava que a terra fosse utilizada com o fim meramente especulativo, não possuindo os proprietários a preocupação com a sua produtividade ou de qualquer forma de uso condicionado da propriedade".[17] Como elucida Orlando Gomes,[18] a partir do mencionado Estatuto, a subordinação do proprietário à função social da propriedade passou a implicar uma noção de dever, pois "se o proprietário deve conformar o exercício de seu direito ao bem-estar social ou qualquer interesse superior, ou por outras palavras, se a propriedade tem uma função social, o titular está adstrito ao cumprimento de deveres". Assim o Estatuto da Terra, por meio de normas legais, instituiu o regime jurídico da propriedade agrária, pública e privada, para fins da execução da reforma agrária e a promoção de política agrícola, cujo fundamento principal reveste-se no princípio constitucional da função social e econômica da propriedade.

Inserido no contexto geopolítico e econômico, teve início na segunda metade do século XX, mais expressivamente entre as décadas de 1960 e 1970, a denominada "Revolução Verde",[19] por meio de processo de transformação na agricultura em escala global, ao promover modificações na forma da produção e de novos paradigmas na produção agropecuária mediante o uso de fertilizantes químicos, irrigação, mecanização, agrotóxicos e sementes geneticamente modificadas que visavam ao aumento de produtividade.[20]

---

16. § 1º do artigo 2º. A propriedade da terra desempenha integralmente a sua função social quando, simultaneamente: a) Favorece o bem estar dos proprietários e dos trabalhadores que nela labutam, assim como de suas famílias; b) Mantém níveis satisfatórios de produtividade; c) Assegura a conservação dos recursos naturais; d) Observa as disposições legais que regulam as justas relações de trabalho entre os que a possuem e a cultivam".
17. QUERUBINI, Albenir. Zibetti, Darcy Walmor. O Direito Agrário Brasileiro e a sua relação com o Agronegócio. **Direito E Democracia** – Revista de Divulgação Científica e Cultural do Isulpar, v. 1, n. 1, jun./2016. ISSN. Acesso em: 20 set 2024.
18. GOMES, Orlando. **Introdução ao Direito Civil**. 18. ed. Rio de Janeiro: Forense, 2001, p. 76.
19. GUITARRARA, Paloma. Revolução Verde. **Mundo Educação**. Disponível em: https://mundoeducacao.uol.com.br/geografia/a-revolucao-verde.htm. Acesso em: 19 jul. 2024.
20. AMEEN, A.; RAZA, S. Green Revolution: a review. **International Journal of Advances in Scientific Research**, v. 3, p. 129-137, 2017. DOI: https://doi.org/10.7439/ijasr.v3i12.4410.

No Brasil, segundo Antônio Buainan et al.,[21] as raízes da agricultura moderna surgiram na década de 1960, no período da revolução verde,[22] mediante a instituição do sistema de crédito rural e do modelo de modernização da agricultura largamente inspirado no caso estadunidense,[23] por meio da implementação de três pilares governamentais: a pesquisa agropecuária, a extensão rural, e o crédito rural subsidiado.

Foram editados naquele período dois importantes instrumentos da nova política agrária. Primeiramente por meio do Decreto-Lei nº 1.110/1970, estabeleceu-se o Instituto Nacional de Colonização e Reforma Agrária (INCRA), autarquia Federal, que tinha por objetivo principal promover a reforma agrária; a administração de terras públicas; a manutenção dos cadastros de imóveis rurais; a promoção da função social da terra; e a desapropriação. Em 1973, foi constituída a Empresa Brasileira de Pesquisa Agropecuária (Embrapa), cujo objetivo era promover o desenvolvimento agrícola nacional por meio da geração de conhecimento e de soluções tecnológicas para melhorar a qualidade e a produtividade do campo.

Em paralelo, iniciaram-se programas que impulsionaram o avanço das fronteiras agrícolas para diferentes áreas produtivas que eram concentradas em sua maioria nos Estados do sul e do sudeste do País, assim como a procura de novas atividades econômicas, em especial para as áreas do Cerrado Norte e do Nordeste do País,[24] época em que se iniciou novos processos migratórios de colonização.

O art. 57, do Estatuto da Terra, assim como o Decreto nº 59.428/1966, passaram a disciplinar expressamente os programas de colonização agrária,[25] cujo

---

21. BUAINAIN, Antônio Márcio; ALVES, Eliseu Roberto de Andrade; SILVEIRA, José Maria Da; ZANDER Soares de Navarro. **O mundo rural no Brasil do século 21**: a formação de um novo padrão agrário e agrícola. (2014). Disponível em: http://www.alice.cnptia.embrapa.br/alice/handle/doc/994073. fl 1164. Acesso em: 28 jul. 2024.
22. CANPAGNOLLA, Clayton; MACÊDO, Manoel Moacir Costa. Revolução Verde: passado e desafios atuais. **CC&T Cadernos de Ciência & Tecnologia**. Disponível em: https://ainfo.cnptia.embrapa.br/digital/bitstream/doc/1144071/1/Revolucao-verde-passado-2022.pdf. Acesso em: 20 jul. 2024.
23. BUAINAIN et al., 2014, p. 1164.
24. Menciona-se entre estes: Programa de Integração Nacional – PIN (1970); Programa de Redistribuição de Terras e de Estímulo à Agroindústria do Norte e Nordeste – PROTERRA (1971); Programa Especial para o Vale do São Francisco – PROVALE (1972); Programa de Polos Agropecuários e Agrominerais da Amazônia – POLAMAZÔNIA (1974); Programa de Desenvolvimento de Áreas Integradas do Nordeste – POLONORDESTE (1974).
25. Decreto nº 59.428/1966. Art 5º Colonização é toda atividade oficial ou particular destinada a dar acesso à propriedade da terra e a promover seu aproveitamento econômico, mediante o exercício de atividades agrícolas, pecuárias e agroindustriais, através da divisão em lotes ou parcelas, dimensionados de acordo com as regiões definidas na regulamentação do Estatuto da Terra, ou através das cooperativas de produção nela previstas. § 1º A colonização em áreas prioritárias terá por objetivo promover o aproveitamento econômico da terra, preferencialmente pela sua divisão em propriedades familiares congregados os parceleiros em cooperativas ou mediante formação de cooperativas de colonização de

objetivo referia-se essencialmente à integração e ao progresso social e econômico; conservação dos recursos naturais; levantamento do padrão de vida do trabalhador rural; e aumento da produção e da produtividade no campo.

Desse modo, motivadas pelas novas políticas agrícolas e por fatores econômicos, muitas famílias, especialmente aquelas oriundas do sul do Brasil, fomentaram o crescimento populacional e socioeconômico do cerrado e da região Centro-Oeste. Entre 1975 e 1996, mais de um milhão de famílias vindas do sul do País migraram para aquela região,[26] o que alterou toda a economia tradicional da pecuária bovina de baixa produtividade e a estrutura agrária, principalmente pela produção de arroz e soja. O reflexo desse processo migratório, observa-se nos dados estatísticos atuais, em que o Centro-Oeste brasileiro representa atualmente a área de maior produção agrícola do País e o maior crescimento populacional do Brasil, conforme dados do último censo do IBGE.[27]

Movimento semelhante ocorreu na segunda metade dos anos 1980, na região conhecida como *Matopiba*, região formada pelos Estados do Tocantins, Maranhão, Piauí e Bahia, onde ocorreu expansão agrícola expressiva, especialmente no cultivo de grãos, sendo atualmente uma grande região produtora. Na safra de 2022/2023, havia cerca de 4.800.000 hectares com plantio de soja que somaram à produção total de 18,5 milhões de toneladas, o que representa cerca de 12,3% do total produzido no Brasil, segundo dados da Embrapa.

Importa salientar que os processos migratórios que sempre existiram ao longo da história brasileira contribuíram de forma robusta para a formação das regionalidades e do tipo de cultura e exploração agrícola no País, a exemplo do que se infere das imigrações italianas e germânicas no sul do país e japonesa no Sudeste.

Todo o desenvolvimento do setor agrícola ao longo dos anos conduziu o Brasil à liderança nas exportações globais de pelo menos sete alimentos, sendo chamado atualmente de país celeiro do planeta. As espacialidades regionais e a forma de exploração da atividade formaram o perfil atual do agronegócio, sob diferentes características e particularidades, entre elas as de natureza familiar, como será abordado no próximo capítulo.

---

tipo coletivo. § 2º A colonização com fins de povoamento e segurança nacional terá caráter pioneiro, devendo a área das parcelas ajustar-se, sempre que possível, às características das pequena e média empresas rurais, definidas nos termos da Lei, e em especial no § 2º do artigo 60 do Estatuto da Terra e sua regulamentação.

26. KOHLHEPP, G.; BLUMENSCHEIN, M. Brasileiros sulistas como atores da transformação rural no Centro-Oeste brasileiro: o caso de Mato Grosso. **Revista Território**, Rio de Janeiro, ano 5, n. 8, p. 47-66, jan./jun. 2000.

27. AGÊNCIA IBGE NOTÍCIAS. **Portal**. Disponível em: https://agenciadenoticias.ibge.gov.br/. Acesso em: 20 jul. 2024.

2.3 PRINCIPAIS CARACTERÍSTICAS DO AGRONEGÓCIO BRASILEIRO

Sob o ponto de vista econômico, o agronegócio mostra-se atualmente como um dos segmentos de maior crescimento, sendo responsável por mais 23.8%[28] do PIB, e por mais de 50% de todo o valor exportado pelo País. Hodiernamente, o Brasil é o maior exportador mundial de soja (56%), milho (31%), café (27%), açúcar (44%), suco de laranja (76%), carne bovina (24%) e carne de frango (33%), e conta atualmente com 4,06 milhões de produtores rurais entre grandes, médios e, principalmente, pequenos produtores.[29] O setor é atualmente responsável por 7 dos 10 principais produtos exportados no País, sendo que o número total de cabeças de gado representa o maior rebanho bovino do mundo.[30]

Conforme dados do CEPEA,[31] o número de pessoas que trabalham no agronegócio brasileiro somou 28,34 milhões em 2023, o que se trata de um recorde histórico. O setor absorve um terço dos trabalhadores brasileiros. O agronegócio brasileiro apresenta diferentes características e aptidões regionais; a agricultura brasileira atual, o resultado de uma combinação de fatores, pode-se mencionar entres estes: fatores históricos; políticos; econômicos; ambientais; geográficos, e em especial, humanos.

No que tange à estrutura fundiária, foi possível aferir que nas Regiões Sul, Sudeste e Nordeste há predomínio de pequenos e médios produtores. Na Região Centro-Oeste predominam grandes estabelecimentos rurais. O tipo de exploração é igualmente variável por região, seja por aptidões econômicas ou climáticas. Na Região Sul predomina a exploração de soja, arroz, milhão e algodão. Na Região Sudeste, as principais culturas são de café, cana-de-açúcar e fruticultura; na Região Centro-Oeste, predominam as culturas de soja, milho e pecuária, atualmente a maior produtora agropecuária do País; na Região Nordeste produz-se igualmente soja, milho e algodão, cana-de-açúcar, cacau e fruticultura; e na Região Norte, destaca-se a abertura de novas fronteiras agrícolas, com *commodities* agrícolas como a soja.[32]

---

28. USP. ESALQ. **Produção agrícola cresce mas queda e preço leva PIB agro a cair**. Disponível em: https://www.cepea.esalq.usp.br/br/releases/pib-agro-cepea-producao-agricola-cresce-mas-queda--de-preco-leva-pib-agro-a-cair-. Acesso em: 10 jun. 2024.
29. IBGE. Instituto Brasileiro de Geografia e Estatística. **Censo Agropecuário 2017**. Rio de Janeiro, 2018.
30. EMBRAPA. **Agricultura Digital.** Disponível em: https://ainfo.cnptia.embrapa.br/digital/bitstream/doc/1160117/1/Anuario-CiCarne-cadeia-produtiva-2023.pdf. Acesso em: 3 set. 2024.
31. CEPEA. **Boletim Mercado de Trabalho do Agronegócio Brasileiro**. (2024). Disponível em: https://www.cepea.esalq.usp.br/upload/kceditor/files/Cepea_CNA_1triBoletim%20MT%20Agro_2024.pdf. Acesso em: 10 set. 2024.
32. EMBRAPA. **Visão 2030**. O futuro da agricultura brasileira. Disponível em: https://www.embrapa.br/documents/10180/9543845/Vis%C3%A3o+2030+-+o+futuro+da+agricultura+brasileira/2a-9a0f27-0ead-991a-8cbf-af8e89d62829?version=1.1. Acesso em: 10 set. 2024.

Referidos dados estatísticos revelam que o agronegócio brasileiro é heterogêneo e apresenta desigualdades regionais e culturais em relação aos produtores, à produção e à produtividade. A média de área dos estabelecimentos do Centro-Oeste (322 hectares) é quase cinco vezes maior do que a média nacional (69 hectares). Além disso, 12,8% da área dos estabelecimentos abrigou mais de 70% das pessoas ocupadas, sobretudo naqueles com menos de 50 hectares. Em contrapartida, nos estabelecimentos maiores do que 2.500 hectares essa taxa não alcança a 5%.

A pecuária é a principal atividade no campo, em especial nos maiores estabelecimentos, seguida pela lavoura temporária. No que se refere à condição legal da terra, as terras próprias predominam em todos os grupos de área, com taxas superiores a 80%, e alcançam 90,1% entre os estabelecimentos com mais de 2.500 hectares. O assentamento e a ocupação existem principalmente nos estabelecimentos de até 50 hectares (91,4% e 92,3%, respectivamente), em especial no Nordeste, como mostra o Censo agropecuário de 2017.

No que tange à rentabilidade e aos riscos, trata-se de atividade que apresenta possibilidade de alta rentabilidade, mas também de alto risco, por não se tratar de atividade sujeita não apenas a variabilidade econômica do mercado, mas em especial por caracterizar-se como atividade sujeita a riscos naturais e biológicos; referida característica denominada *agrariedade*, infere-se na sujeição da atividade ao ciclo biológico e aos riscos da natureza (chuvas, estiagem, pestes entre outras), o que reflete em distinção significativa da atividade agrária em relação às demais atividades comercial e industrial a conferir a esse ramo particularidades e elementos distintivos, conforme será explorado mais detalhadamente em capítulo próprio.

O agronegócio atual é marcado pelo uso da tecnologia, em especial nas médias e grandes propriedades e pela abertura de novas culturas agrícolas, mercados e atividades. A busca pela maior produtividade, aliada à crescente preocupação com o desenvolvimento sustentável, promoveu a incorporação das tecnologias 4.0,[33] por meio da busca de uma agricultura de precisão que exige uma profissionalização cada vez maior da atividade, em especial diante das exigências ambientais governamentais e do mercado internacional.

Vislumbra-se igualmente um crescimento da presença de jovens no campo. Dados divulgados pela Associação Brasileira de Marketing Rural e Agronegócio

33. MASSRUHÁ, Silvia Maria Fonseca Silveira. LEITE, Maria Angelica de Andrade. **Agro 4.0 – Rumo À Agricultura Digital**. Disponível em: https://ainfo.cnptia.embrapa.br/digital/bitstream/item/166203/1/PL-Agro4.0-JC-na-Escola.pdf. Acesso em: 10 set. 2024.

(ABMRA)[34] apontam que o crescimento econômico da atividade atrai o interesse de jovens pelo campo e por novas áreas de atuação. Referidos dados revelam uma mudança na idade média dos produtores ao considerar que a faixa dos 18 a 35 anos teve um aumento de 7% para 27%. A faixa média do produtor brasileiro é atualmente de 46,4 anos. Depreende-se, neste sentido, uma mudança geracional no perfil dos trabalhadores em relação à atividade agrária no País.

O censo agropecuário de 2017 também indicou que mais de 80% das propriedades agrícolas são comandadas por homens, e ressalta, contudo, que o número de mulheres à frente de propriedades rurais aumentou de 12,68%, em 2006, para 18,64%, cuja maioria está na Região Nordeste (57%), seguida pelo Sudeste (14%), Norte (12%), Sul (11%) e Centro-Oeste (6%). Em pesquisa semelhante sobre o tema realizada pela CEPEA Esalq/USP,[35] aferiu-se que entre os anos de 2004 e 2015 a participação da mulher no mercado de trabalho do agronegócio aumentou e passou de 24.1% para 28% no referido período, mas é relativamente baixa se comparada com outros segmentos econômicos.

Outro fator essencial que contribui para o posicionamento econômico mundial do agronegócio brasileiro vincula-se ao fator humano, em especial os agricultores e respectivos núcleos familiares responsáveis pela produção primária no País. Como estudado, os processos migratórios externos e internos foram fundamentais para o desenvolvimento regional e para o posicionamento do agronegócio atual.

Do exposto no parágrafo anterior depreende-se outra característica relevante do agronegócio brasileiro: trata-se de atividade predominantemente familiar. Dados estatísticos obtidos pelo último censo agropecuário realizado no ano de 2017[36] mostram que 76,8% dos 5,073 milhões de estabelecimentos rurais do Brasil foram caracterizados como pertencentes à agricultura familiar; ou seja, o perfil das pessoas que exploram o agronegócio brasileiro, em especial nas atividades dentro da porteira, encontra-se sedimentado em pequenos núcleos familiares, cujo negócio garante a subsistência econômica de seus integrantes.

Elementos históricos, sociais e econômicos justificam a presença familiar massiva na atividade rural, assim como a predominância das propriedades agrí-

---

34. AGROSOLUTIONS. **A nova safra do agronegócio**: os jovens no campo. Disponível em: https://www.agrosolutions.agr.br/blog/assunto/A-nova-safra-do-agroneg%C3%B3cio%3A--Os-jovens-no--campo;jsessionid=_1EGIM77f9wa2vG5B-CKyQ#:~:text=Com%20rela%C3%A7%C3%A3o%20a%20idade%20m%C3%A9dia,campo%20tem%20despertado%20um%20interesse. Acesso em: 10 set. 2024.
35. USP. ESALQ. **Mulheres no Agronegócio**. Edição Especial, v. 1, 2018. Disponível em: https://www.cepea.esalq.usp.br/upload/kceditor/files/Mulheres%20no%20agro_FINAL(3).pdf. Acesso em: 3 set. 2024.
36. IBGE. Instituto Brasileiro de Geografia e Estatística. **Censo Agropecuário 2017**. Rio de Janeiro, 2018.

colas concentradas em núcleos familiares e em muitas situações em gerações sucessivas. O conhecimento agregado por meio da transmissão de saberes familiares e locais torna a atividade agrária distinta das demais áreas, cujo elemento familiar revela-se central sob a perspectiva da atividade, conforme será tratado a seguir.

2.4 PERFIL FAMILIAR DO AGRONEGÓCIO BRASILEIRO

De acordo com o Censo Agropecuário de 2017, além da agricultura familiar reunir o maior número de unidades produtivas no País,[37] a atividade empregava mais de 10 milhões de pessoas, o que corresponde a 67% do total de pessoas ocupadas na agropecuária; constatou-se adicionalmente que a atividade familiar é responsável pela renda de 40% da população economicamente ativa, e a base da economia de 90% dos municípios brasileiros com até 20 mil habitantes. Em relação aos produtores de agricultura familiar, 81,0% estavam na condição de proprietário das terras.

Em outro levantamento realizado pela Embrapa, em 2024,[38] constatou-se que as pequenas propriedades rurais concentram a maior parte da produção de soja; apurou-se que estabelecimentos rurais de até 50 hectares respondem por 73% do plantio da soja no País; ou seja, ao contrário do que se supunha, o perfil do sojicultor brasileiro (responsável pelas commodities de maior exportação brasileira) não está concentrado em grandes áreas, mas em pequenas propriedades, que se utilizam exclusivamente ou não de mão de obra do núcleo familiar. Tais dados refletem a importância da agricultura familiar e a sua manutenção produtiva para o fomento econômico do País, bem como a correlata compreensão das diversidades dos núcleos familiares.

No Brasil, assim como no mundo, as unidades de produção agrícola são majoritariamente empreendimentos familiares, pertencem e são administradas por um ou mais membros da mesma família.[39] Walber Machado de Oliveira e José Eustáquio Ribeira Vieira filho, em análise sobre a sucessão familiar no agronegócio,[40] aduzem que, de acordo com o USDA,[41] 99% dos estabelecimentos agropecuários dos Estados Unidos da América são fazendas familiares (*family*

37. Ibidem.
38. FRANCO, Luciana. Pequenas propriedades concentram cultivo de soja no país. **G1**. Disponível em: https://globorural.globo.com/agricultura/soja/noticia/2024/06/pequenas-propriedades-concentram-cultivo-de-soja-no-pais.ghtml. Acesso em: 26 jun. 2024.
39. MACDONALD, J.M.; KORB, P.; HOPPE, R.A. Farm size and the organization of US crop farming. **Economic Research Report**. Washington: USDA, 2013, n. 152
40. OLIVEIRA, Walber Machado de; VIEIRA FILHO, José Eustáquio Ribeiro. A sucessão familiar no setor agropecuário. **Revista de Política Agrícola**, v. 28, n. 2, p. 122, 2019.
41. Departamento de agricultura estadunidense.

farms) e – pequenas, médias ou grandes – respondem por 89% da produção estadunidense. Na União Europeia, segundo o Eurostat,[42] 97% das propriedades são fazendas consideradas familiares que ocupam 65% da área total agrícola do conjunto de 28 países. Trata-se, portanto, de uma característica mundial desta atividade.

Conforme explicitam os autores,[43] dentre os fatores que poderiam ser mencionados entre aqueles que favorecem a predominância das fazendas familiares, poderiam ser citados: "A intimidade com o meio ambiente, o conhecimento do solo, do relevo e do clima, a experiência acumulada ao longo de anos [...] a flexibilidade e a capacidade de adaptar-se às mudanças". O conhecimento agregado, por meio da transmissão de saberes familiares e locais, próprios daqueles que realizam atividades agrícolas, revela-se relevante para a permanência e a transferência geracional da atividade, especialmente quando analisado sob a perspectiva das pequenas propriedades familiares.

O alto valor imobiliário agregado à terra é também fator que contribui para que o agronegócio permaneça sob o comando de núcleos familiares. Em pesquisa sobre a questão sucessória no campo nos Estados Unidos, Parsons et al.[44] constataram que 70% dos ativos de fazendas e ranchos estavam concentrados no patrimônio imobiliário, o que tenderia a dificultar a entrada de novos fazendeiros no mercado e a favorecer a permanência do negócio nas mãos da família. No mesmo sentido aduzem Alcântara e Machado Filho,[45] que o valor fiduciário da terra e a sua respectiva valorização imobiliária combinada às percepções de que esse ativo é um meio para a geração de renda foram fatores que se conjugaram para determinar a manutenção da empresa rural ao longo das gerações de uma mesma família.

No século XVIII, fisiocratas e teóricos, a exemplo de Karl Marx, previam o desaparecimento das fazendas familiares.[46] As teses marxistas clássicas apontavam para a finitude da agricultura familiar e do campesinato, diante do desenvolvimento das relações capitalistas na agricultura, sobretudo nas obras de Kautsky

42. EUROSTAT. **Agriculture statistics** – family farming in EU. Disponível em: https://ec.europa.eu/eurostat/statisticsexplained/index.php/Agriculture_statistics_-_family_farming_in_the_EU. Acesso em: 27 julho 2024.
43. OLIVEIRA; VIEIRA FILHO, 2019, p. 132.
44. PARSONS, R. et al. J. **Research report and recommendations from the FarmLASTS Project**. 2010. Disponível em: http://www. uvm.edu/farmlasts/FarmLASTSResearchReport.pdf. Acesso em: 10 set. 2024.
45. ALCÂNTARA, N.; MACHADO FILHO, C. O processo de sucessão no controle de empresas rurais brasileiras: um estudo multicascos. **Organizações Rurais e Agroindustriais**, v. 16, n. 1, Universidade Federal de Lavras, MG, 2014, p. 148.
46. OLIVEIRA; VIEIRA FILHO, 2019.

e Lênin.[47] Para esses teóricos, à medida que avançasse o sistema capitalista, inclusive o modelo fordista de desenvolvimento industrial, surgiriam unidades de produção em escala, com uso da tecnologia moderna e o emprego de trabalho assalariado, o que levaria ao desaparecimento gradual da agricultura baseada no trabalho da família.[48]

Lênin pontuou sobre a ruína camponesa ao afirmar que "o processo de decomposição dos pequenos agricultores em patrões e operários agrícolas constitui a base sobre a qual se forma o mercado interno na produção capitalista";[49] contudo, os eventos históricos seguintes mostraram justamente o contrário;[50] constatou-se não apenas a permanência, mas o predomínio da agricultura familiar na estrutura agrária nos Estados em que o modo de produção capitalista mais se desenvolveu, sobretudo no período pós Segunda-Guerra (1945-1973). Os fatos encarregaram-se de mostrar que essas previsões se revelaram exageradas e que, em vez de condenadas à extinção, pelo predomínio do capital, as fazendas familiares não apenas permaneceram, mas constituem largamente a estrutura dominante de produção agropecuária em todo o mundo, como explicitam Lobley e Baker.[51] Assim, a produção agrícola familiar além de revelar-se muito adaptável aos movimentos socioeconômicos, mostrou-se resiliente e sobretudo fortalecida.

Por meio do livro intitulado *Paradigmas do capitalismo agrário em questão*,[52] Ricardo Abramovay aduz que o capitalismo contemporâneo consagrou a presença de estabelecimentos rurais sob a direção familiar em amplas proporções, ao assentar-se nos Estados denominados primeiro mundo, cujo desenvolvimento permitiu uma imensa gama de combinações de recursos e a diversidade social nessa atividade. O autor defende que as unidades de pequeno porte, alto volume de produção e elevada produtividade existentes nos Estados desenvolvidos descendem do campesinato tradicional, mas se diferem dele, uma vez que a ação do Estado capitalista foi determinante para a existência e o fortalecimento da agricultura familiar atual. O reconhecimento da necessidade de fortalecimento

47. PLEIN, Clério. **Capitalismo, agricultura familiar e mercantilização**. Disponível em: LÊNIN, Vladimir Ilich. **O desenvolvimento do capitalismo na Rússia**: o processo de formação do mercado interno para a grande indústria. 2. ed. São Paulo: Nova Cultural, 1985.
48. GASSON, R.; ERRINGTON, A.J. **The farm family business**. Wallingford: CAB International, 1993.
49. LÊNIN, 1985.
50. PLEIN, 1985.
51. LOBLEY, M.; BAKER, J.R.; WHITEHEAD, I. (Ed.). **Keeping it in the family**: international perspectives on succession and retirement of family farms. London: Ahsgate, 2012.
52. ABRAMOVAY, Ricardo. **Paradigmas do capitalismo agrário em questão**. São Paulo-Rio de Janeiro-Campinas: Hucitec, ANPOCS, Unicamp, 1992.

de toda a cadeia produtiva agroindustrial, ou seja, do próprio agronegócio, foi um fator fundamental.

A cultura familiar relacionada à exploração agrícola transformou-se e evoluiu ao longo do tempo, bem como revelou-se continuamente mais pungente e presente na sociedade. Tenacidade, capacidade de adaptação e persistência possibilitaram que esse tipo de empreendimento resistisse às profundas mudanças exercidas pela evolução da economia e da sociedade sobre a atividade agropecuária.[53] Por meio da transmissão de memórias, saberes e culturas familiares, a família agrícola apresentou resistência frente às dinâmicas econômicas hegemônicas, cuja papel social é inegável.

Somado a esses predicados, há de forma presente na atividade um outro fator particular: o valor anímico atribuído à terra, que contribui para que muitas famílias se mantenham vinculadas à propriedade e à atividade agrícola transmitida por gerações. A existência de uma estreita relação entre a história familiar e o empreendimento rural familiar tornou possível o fortalecimento e a permanência desse tipo de atividade.

A relevância socioeconômica da atividade é tão ampla que, em 2019, a Organização das Nações Unidas (ONU) lançou a Década da Agricultura Familiar, em fase de implementação pela FAO (Organização das Nações Unidas para a Alimentação e a Agricultura) e pelo Fundo Internacional de Desenvolvimento Agrícola (FIDA), cuja finalidade é fortalecer a agricultura familiar por meio da instituição de políticas públicas que englobem questões econômicas, sociais e ambientais, incluindo-se a Agenda 2030, que visa ao âmbito global entre outras medidas, o desenvolvimento sustentável da atividade.

Apesar de a agricultura familiar ser a principal responsável pela atividade agropecuária ao longo de séculos, em termos conceituais não se logrou um conceito uníssono, cuja variabilidade ressoa de forma diversa a depender do País, do contexto político e a forma de sua exploração. No âmbito do presente estudo, torna-se indispensável compreender a acepção e o contexto do conceito no âmbito socioeconômico brasileiro, em especial se a agricultura familiar inserir-se-ia na cadeia do agronegócio, ou se o conceito sob a perspectiva brasileira limitar-se-ia unicamente à agricultura de subsistência e a pequenas propriedades rurais, conforme se apresenta nos textos normativos, cuja limitação é objeto de profunda controvérsia.

53. OLIVEIRA; VIEIRA FILHO, 2019.

2.5 DEFINIÇÃO DE AGRICULTURA FAMILIAR E PROPRIEDADE FAMILIAR. VÍNCULO ENTRE A ATIVIDADE ECONÔMICA E A FAMÍLIA.

Conforme dados da FAO,[54] não há definição universal sobre a concepção de agricultura familiar, sendo certo que em alguns Estados, a exemplo dos Estados Unidos da América, o conceito é muito amplo sobre o tamanho da propriedade e os diferentes padrões de renda e de produção, cujo referencial básico diz respeito unicamente à sua condução essencialmente familiar. O mesmo ocorre sobre a definição de propriedade familiar. O Serviço de Pesquisas Econômicas (ERS), estadunidense, define a fazenda familiar como "qualquer fazenda em que o principal responsável (operator) e indivíduos ligados a ele por laços sanguíneos ou maritais tenha a maior parte da propriedade, mesmo que não vivam na mesma unidade";[55] portanto, o conceito não se atrelaria ao tamanho da área explorada e tampouco ao volume de produção, mas à condução da atividade pelo núcleo familiar.

No Brasil, o conceito de agricultura familiar vincular-se-ia aos critérios legais promovidos pelo Programa Nacional de Fortalecimento da Agricultura Familiar (Pronaf), instituído pela Resolução nº 2.191/1995[56] e pela Lei nº 11.326/2006,[57] conhecida como a Lei da Agricultura Familiar.

No contexto conferido pela Lei nº 11.326/2006, define-se como agricultor familiar e empreendedor familiar rural a pessoa que pratica atividades no meio rural e atende simultaneamente aos seguintes requisitos: (i) não detenha, a qualquer título, área maior do que quatro módulos fiscais; (ii) utilize predominantemente mão de obra da família nas atividades econômicas do seu estabelecimento ou empreendimento; (iii) tenha percentual mínimo da renda familiar originada de atividades econômicas do seu estabelecimento ou empreendimento, na forma definida pelo Poder Executivo; e (iv) dirija seu estabelecimento ou empreendimento com sua família, sendo igualmente considerados agricultores familiares

54. MACEDO, Anelise. Agricultura familiar e a difusa conceituação do termo. (2014). **Embrapa Hortaliças.** Disponível em: https://www.embrapa.br/busca-de-noticias/-/noticia/2464156/agricultura-familiar--e-a-difusa-conceituacao-dotermo#:~:text=De%20acordo%20com%20dados%20da,renda%20e%20administradas%20pela%20fam%C3%ADlia. Acesso em: 26 jun. 2024.
55. LOBLEY; BAKER; WHITEHEAD, 2012.
56. BANCO CENTRAL DO BRASIL. **Resolução nº 2.191, de 24 de agosto de 1995.** Crédito Rural – Institui o Programa Nacional de Fortalecimento da Agricultura Familiar (PRONAF). Disponível em: https://www.bcb.gov.br/pre/normativos/res/1995/pdf/res_2191_v3_L.pdf. Acesso em: 26 jun. 2024.
57. BRASIL. **Lei nº 11.326, de 24 de julho de 2006**. Estabelece as diretrizes para a formulação da Política Nacional da Agricultura Familiar e Empreendimentos Familiares Rurais. Disponível em: https://www.planalto.gov.br/ccivil_03/_ato2004-2006/2006/lei/l11326.htm. Acesso em: 26 jun. 2024.

os pequenos produtores rurais, povos e comunidades tradicionais, assentados da reforma agrária, silvicultores, aquicultores, extrativistas e pescadores.

Sobre a propriedade familiar, o Estatuto da Terra, em seu art. 4°, inciso II,[58] e o Decreto nº 55.891/1965[59] limitam-se ao seu conceito, como o imóvel rural que, direta e pessoalmente explorado pelo agricultor e sua família, absorve-lhes toda a força de trabalho e garante-lhes a subsistência e o progresso social e econômico, com área máxima fixada para cada região e tipo de exploração, e eventualmente trabalho com a ajuda de terceiros.

Os conceitos brasileiros de agricultura familiar e propriedade familiar diferem-se do conceito estadunidense por restringirem o reconhecimento da agricultura e propriedade familiar aos limites legais, relacionados ao tamanho da propriedade, ao volume econômico da produção, e à participação predominantemente familiar; ou seja, uma atividade agrícola, ainda que com exclusiva participação familiar, cuja área seja superior a quatro módulos fiscais,[60] não seria qualificada segundo a norma cogente, como agricultura familiar.

Na perspectiva acadêmica, o conceito legal mencionado sujeita-se a inúmeras críticas, em especial diante das limitações previstas e das disputas e cisões ideológicas atreladas a diferentes movimentos.[61] Zander Navarro e Maria Thereza Macedo Pedroso,[62] em extenso trabalho dedicado ao tema, aduzem que o conceito induz à visão restrita dos núcleos familiares e não retratam os diversos cenários percebidos no meio rural; trata-se de impropriedade teórico-conceitual da noção de agricultura familiar, tal como difundida no Brasil, a qual ainda remontaria à ideia de campesinato e de agricultura de mera subsistência.

58. BRASIL. **Lei nº 4.504, de 30 de novembro de 1964**. Dispõe sobre o Estatuto da Terra, e dá outras providências. Disponível em: https://www.planalto.gov.br/ccivil_03/leis/l4504.htm. Acesso em: 10 set. 2024.
59. BRASIL. Decreto nº 55.891, de 31 de março de 1965. Regulamenta o Capítulo I do Título I e a Seção III do Capítulo IV do Título II da Lei nº 4.504, de 30 de novembro de 1964 – Estatuto da Terra.
60. Módulo fiscal é uma unidade de medida, em hectares, cujo valor é fixado pelo INCRA para cada município levando-se em conta: (a) o tipo de exploração predominante no município (hortifrutigranjeira, cultura permanente, cultura temporária, pecuária ou florestal); (b) a renda obtida no tipo de exploração predominante; (c) outras explorações existentes no município que, embora não predominantes, sejam expressivas em função da renda ou da área utilizada; (d) o conceito de "propriedade familiar". A dimensão de um módulo fiscal varia de acordo com o município onde está localizada a propriedade. O valor do módulo fiscal no Brasil varia de 5 a 110 hectares.
61. Menciona-se movimentos sociais e os órgãos agrários, à exemplo do Movimento Sindical dos Trabalhadores Rurais (MSTR), Movimento dos pequenos produtores (MPA) e Movimento Sem Terra (MST), que buscariam se inserir nos programas governamentais por meio desta cisão e da manutenção do conceito de campesinato dissociado das figuras econômicas.
62. NAVARRO, Zander; PEDROSO, Maria Thereza Macedo. **Agricultura familiar**: é preciso mudar para avançar. Disponível em: https://www.alice.cnptia.embrapa.br/alice/handle/doc/913994. Acesso em: 24 jun. 2024.

Conforme aponta o atlas do espaço rural brasileiro, a geografia da agricultura familiar no Brasil atravessa uma diversidade de contextos regionais, e abriga um universo social heterogêneo que abrange tanto os pequenos agricultores do sul do Brasil, os chamados colonos, herdeiros da policultura colonial dos migrantes europeus do Século XIX, ou aqueles que cresceram e viram expandir economicamente a sua atividade, ao migrarem para novas fronteiras agrícolas como ocorre no Centro-Oeste brasileiro, os ribeirinhos do ambiente fluvial da Amazônia até os situados no agreste nordestino, historicamente localizados na proximidade da monocultura da cana-de-açúcar.[63] São, portanto, diferentes variáveis regionais e culturais que não estão contempladas no conceito e nos limites legais propostos pela norma.

Arnaldo Rizzardo[64] aduz que "nos termos como postos pelo direito positivo, constitui-se a propriedade familiar uma figura irreal, fantasiosa e impraticável, especialmente se levar-se em conta as dimensões dos módulos nas diversas regiões do país", cujos critérios de absorção de força de trabalho predominantemente familiar e da suficiência do tamanho da área explorada de acordo com a particularidade regional e do tipo de atividade, sequer foram delineados pela norma. Na mesma direção entendem Andréia Savoldi e Luiz Alexandre Cunha,[65] no sentido de que esse sistema tem na família "estrutura fundamental de organização da reprodução social, através da formulação de estratégias (conceituais ou não) familiares e individuais que remetem diretamente à transmissão do patrimônio material e cultural".

Para considerável número de autores,[66] a previsão legal induziria a concepção dicotômica de que toda a agricultura familiar seria rudimentar ou estaria desconexa do conceito de agronegócio; conduziria a falaciosa ideia de que o agronegócio estaria relacionado exclusivamente a grandes propriedades de produção de monocultivo de larga escala, o que como demonstrado, não é a concepção correta do conceito cunhado por Ray Goldberg e John Davis.

Dentro desse contexto, não há como segregar do conceito de agricultura familiar, os pequenos produtores de soja do sul do País, criadores de gado do

63. IBGE. **Atlas do espaço rural brasileiro**. Disponível em: https://www.ibge.gov.br/geociencias/atlas/tematicos/16362-atlas-do-espaco-rural-brasileiro.html. Acesso em: 15 ago. 2024. p. 114.
64. RIZZARDO, Arnaldo. **Direito do Agronegócio**. 8. ed., rev. e atual. Rio de Janeiro: Forense, 2024. p. 44.
65. SAVOLDI, A.; CUNHA, L. A. Uma abordagem sobre a agricultura familiar, Pronaf e a modernização da agricultura no sudoeste do Paraná na década de 1970. **Revista Geografar**, Curitiba: UFPR, Programa de Pós-Graduação em Geografia, v. 5, n. 1, p. 25-45, jan./jun. 2010. Disponível em: http://dx.doi.org/10.5380/geografar.v5i1.17780. Acesso em: 10 set. 2024.
66. Menciona-se além dos autores citados, José Eli da Veiga, Ricardo Abramovay, Ana Lucia Valente, Antônio Marcio Buainain entre outros, críticos a dicotomia conceitual.

Centro Oeste, ou produtores de frutas do Nordeste, que contam com a participação efetiva e direta do conjunto familiar, como frequentemente ocorre nessas atividades, apenas por possuírem área rural superior a quatro módulos fiscais, considerando-se a necessidade de extensão da própria atividade ou auferirem renda superior àqueles limites estabelecidos pela Lei nº 11.326/2006. O elemento familiar encontra-se pungente em todas essas diferentes realidades, e, portanto, o conceito de agricultura familiar não pode limitar-se a extensão de área ou o tipo de cultivo, mas sim a efetiva participação familiar no desenvolvimento da atividade, considerando todas as nuances correlatas que esta participação impacta na atividade econômica.

O IBGE, ao apresentar os resultados do Censo Agropecuário de 2017, reconhece que o conceito de agricultura familiar não é estático, apresenta diferentes configurações e conceitos que "buscam dar conta da diversidade interna à agricultura familiar brasileira. Ainda que diversos em termos tecnológicos, econômicos ou sociais, os estabelecimentos familiares ancoram-se na premissa básica da reprodução material e cultural da família com a terra".[67]

Segundo Savoldi e Cunha,[68] poder-se-ia tipificar o termo agricultura familiar em três grupos principais: família agrícola de caráter empresarial, que tem estruturas econômica, técnica e patrimonial que lhe garantem uma produção econômica rentável voltada para o mercado; família camponesa, representada por famílias que possuem produções agropecuárias sem produção voltada para o mercado; família agrícola urbana, que tem produção voltada na qualidade de vida, encontra-se entre os valores da família camponesa, mas com atenção às realidades de mercado.

Benedito Ferreira Marques[69] aduz que o elemento fundamental para caracterizar a propriedade familiar está na participação efetiva e direta do conjunto familiar, e apresenta quatro elementos essenciais: a titulação em nome de alguns dos membros da entidade familiar; a exploração direta e pessoal pelo titular do domínio e sua família; a área ideal para cada tipo de exploração conforme a região; e a possibilidade de ajuda de terceiros.

Trata-se de apenas algumas das diferentes classificações do perfil da agricultura e propriedade familiar brasileira ao considerar a diversidade dos estabelecimentos familiares e das regiões produtivas, que não deveriam estar cingidas a um contexto estático ou limitadas a conceitos legais preestabelecidos como se existisse

67. IBGE. **Atlas Rural.** Disponível em: https://www.ibge.gov.br/apps/atlasrural/pdfs/11_00_Texto.pdf. (2020). Acesso em: 10 set. 2024. p. 3.
68. SAVOLDI, A.; CUNHA, L. A., 2010.
69. MARQUES, Benedito Ferreira. **Direito Agrário Brasileiro.** 9. ed. São Paulo: Atlas, 2011. p. 57.

uma única forma de estrutura de agricultura familiar, uma vez que não apenas as regionalidades são diversas, mas as famílias o são. O fato de muitas famílias estarem alijadas do conceito legal não significa que não possam ser consideradas famílias agrícolas ou de agricultura familiar, uma vez que a acepção do conceito, hígido e limitado, não representa a heterogenia e a diversidade cultural das diferentes famílias e regionalidades brasileiras, ao promover distinções equivocadas e afastar muitas famílias de importantes políticas públicas.

Em seu trabalho seminal sobre as fazendas familiares, Gasson e Errington[70] propuseram um tipo ideal de agricultura familiar, que seria constituída por seis características principais: 1) a propriedade e a gestão do negócio são associadas e estão sob a direção dos donos; 2) os donos têm relações de parentesco próximo ou são casados; 3) o capital do negócio é proveniente dos membros da família; 4) os membros familiares são também executores das tarefas operacionais do negócio (e não apenas de sua administração); 5) o controle do negócio é transmitido de uma geração à outra de uma mesma família; e 6) a família vive na fazenda.

De outro lado, para Ikerd,[71] o termo fazenda familiar relacionar-se-ia ao grau de envolvimento entre a família e a fazenda, cuja definição atrelar-se-ia à conexão estreita entre a família e a propriedade, "de sorte que a fazenda, nas mãos de outra família, seria uma fazenda diferente, e a família, sem a fazenda, seria uma família diferente"; ou seja, o elemento familiar e o investimento pessoal de cada indivíduo na propriedade rural tornam o meio rural único, com suas características e particularidades.

Em um conceito abrangente, Lobley e Baker[72] consideram que a prevalência do vínculo entre a família e o negócio é o que, de fato, deveria determinar a conceituação da fazenda familiar, cuja noção de pertencimento e vínculo, garante a continuidade da atividade. Vislumbra-se que na multiplicidade de entendimentos sobre o conceito de fazendas familiares ou agricultura familiar, a pessoalidade e o vínculo com a atividade são elementos comuns a todos.

Menciona-se ainda a denominação *Agrofamílias*, termo mais amplo oriundo da etimologia grega *agrós*,[73] que exprime a noção de agricultura, somada à palavra família, ao trazer a concepção dos núcleos familiares que exploram a atividade agropecuária. Para fins do presente estudo, utilizar-se-á os termos agricultura familiar, fazenda familiar e *agrofamílias* como sinônimos, em sua conceituação abrangente, e considerar o vínculo existente entre a família e a atividade rural produtiva.

70. GASSON; ERRINGTON, 1993.
71. IKERD, J.E. **Family farms of North America**. Roma: FAO, 2016. p. 30-32. (IPC-IG. Working Paper, 152). Disponível em: http://www.fao.org/3/a-i6354e.pdf. Acesso em: 27 julho 2024.
72. LOBLEY; BAKER; WHITEHEAD, 2012.
73. DICIONÁRIO PRIBERAM. Disponível em: https://dicionario.priberam.org. Acesso em: 26 jul. 2024.

O perfil familiar agrícola brasileiro modificou-se ao longo do tempo. Até a década de 1990, esse tipo de sistema agropecuário era conhecido por termos como pequena produção, agricultura de subsistência, produtor de baixa renda ou ainda pobres do campo.[74] A partir da década de 1990, esses termos e o sentido a eles atribuído começaram a ser revistos; vislumbrou-se além do potencial do desenvolvimento econômico rural com base na agricultura familiar – como estudado, as pequenas propriedades rurais atualmente são responsáveis pela concentração da produção da commodities de maior exportação brasileira – mas igualmente seu papel como um "sistema de reprodução social que remetem diretamente à transmissão do patrimônio material e cultural";[75] reconheceu-se que a manutenção e a transmissão do conhecimento a partir da família favorecem "a continuidade de práticas agrícolas mais harmoniosas com o meio ambiente, legando à agricultura familiar um importante papel na preservação ambiental, mesmo nos estabelecimentos de produção mais modernizada".[76]

O novo contexto, conforme explicita Ricardo Abramovay,[77] superou igualmente a visão de que o produtor familiar não estaria apto a articular-se às exigências de mercados mais dinâmicos e competitivos. Muito pelo contrário. Atualmente, as produções tidas como familiares ou orgânicas, passaram a agregar valor ao seu produto, em especial no mercado externo, justamente por este diferencial e por estas características, extraindo-se disso, a importância socioeconômica e a relevância da manutenção deste tipo de atividade, como atividade produtiva no País.

À margem de qualquer ideologia, infere-se que a agricultura familiar entendida em seu conceito lato, ou seja, na relação existente entre a família e a atividade rural, independentemente de sua forma e capacidade de produção econômica, inserir-se-ia no conceito clássico do agronegócio, como parte integrante de sua cadeia produtiva, múltipla e heterogênea, com as suas diferentes nuances e particularidades, cuja integração tornou-se uma condição de sobrevivência para muitos produtores, independentemente de sua natureza, de pequeno ou grande produtor; trata-se de equivoco conceitual alijar estes produtores ao conceito de agronegócio.

---

74. IBGE, 2020. p. 3.
75. SAVOLDI, A.; CUNHA, 2010.
76. IBGE. **Atlas Rural**. (2020). Disponível em: https://www.ibge.gov.br/apps/atlasrural/pdfs/11_00_Texto.pdf. Acesso em set. 2024.
77. ABRAMOVAY, R. Agricultura familiar e uso do solo. **São Paulo em Perspectiva**, São Paulo: Fundação Sistema Estadual de Análise de Dados – Seade, v. 11, n. 2, p. 73-78, abr./jun. 1997. Disponível em: http://produtos.seade.gov.br/produtos/ spp/index.php?men=rev&cod=2055. Acesso em: 10 ago. 2024.

Sob esta perspectiva, vislumbra-se que a agricultura familiar é, portanto, um sistema produtivo que articula diversas particularidades e espacialidades, ao permitir a reprodução social da família no campo ou na cidade, não somente em termos econômicos, mas também culturais.[78] Diante da heterogenia existente entre a diversas regiões produtivas brasileiras, entende-se a acepção do termo agricultura familiar, como mencionado, sob a ótica do vínculo entre a família e o negócio, independentemente do tipo de exploração ou dimensão da propriedade, seja este em caráter de subsistência em pequenas propriedades, ou em caráter econômico em grandes e médias propriedades, cuja acepção insere-se no contexto do agronegócio.

A agricultura familiar é um sistema produtivo agropecuário em que o núcleo familiar centraliza a gestão da propriedade e a maior parte da mão de obra,[79] cujo vínculo existente entre a família e o negócio é o fator central do negócio. Seja uma pequena propriedade extrativista ou uma grande propriedade de monocultivo, o elemento conector entre a atividade encontra-se presente por meio da participação familiar e todos os seus reflexos adjacentes.

A par do conceito legal ou doutrinário, revela-se que este tipo de exploração, especialmente em sua cadeia produtiva primaria, é atividade que se mantém sob características familiares, mediante a gestão e a participação de um ou mais integrantes do núcleo familiar em caráter de interdependência, cuja particularidade repercutirá sob diferentes padrões, como se analisará adiante.

2.6 OS IMPACTOS DO PERFIL FAMILIAR NO AGRONEGÓCIO

Ao ater-se à característica familiar do agronegócio brasileiro, referido elemento agrega diferentes contornos à atividade, ao considerar a conexão existente entre a propriedade, a gestão do negócio e a família. Em não raras vezes, como ocorre em muitas empresas familiares, o elemento familiar confunde-se com a atividade econômica e a sua respectiva gestão, e pode provocar o incremento de litígios interfamiliares e interferências sob diversas ordens. Extrai-se desse tema duas assertivas: a primeira relativa à existência da interconexão entre o agronegócio e os respectivos núcleos familiares; a segunda, como consequência lógica dessa interconexão, revela-se no sentido de que tanto a atividade econômica quanto as relações familiares produzirão repercussões entre si.

Ao mencionar a interconexão, vislumbra-se o vínculo de interdependência entre a atividade econômica e os entes personalizados que compõem o núcleo

78. IBGE, 2020.
79. IBGE, 2020. p. 13.

familiar. Constata-se que, apesar da mecanização e da alta tecnologia atualmente presente na atividade rural, não há como afastar nessa perspectiva o elemento humano e todas as variáveis correlatas, cujos efeitos subjacentes poderão ser percebidos entre si.

No tocante aos efeitos da atividade, menciona-se os reflexos econômicos que a atividade explorada promoverá no núcleo familiar. Indubitavelmente, o resultado da atividade econômica produzirá reflexos nos entes familiares que dela dependem, sejam eles positivos ou negativos; a perda de uma safra, uma estiagem ou a redução da arroba do boi a título de exemplo, impactarão diretamente todos os membros do núcleo e o seu modo de vida de forma geral, ao considerar que a fonte de subsistência advém em regra unicamente da atividade.

Por certo, a exploração de qualquer atividade econômica, independentemente de sua natureza, refletirá economicamente na pessoa que a explora; contudo, no âmbito do agronegócio, depreende-se que os seus impactos poderão ser maiores, ao considerar o volume econômico do negócio; os investimentos necessários à manutenção da atividade; os custeios agrícolas; e demais meios de obtenção de crédito, que em regra vinculam a propriedade imóvel ou a produção, assim como os seus prazos correlatos, mas em especial a característica de agrariedade, que atrai elementos de sazonalidade e riscos ambientais e biológicos.

Quanto aos efeitos das relações interpessoais na atividade, infere-se que estes poderão dimanar sob duas perspectivas: *intervivos* ou *causa mortis*. Uma nova relação de conjugalidade, uma incapacidade ou a morte de um membro familiar, produzirão repercussões no âmbito da atividade econômica em diferentes esferas, cujos efeitos subjacentes poderão provocar desde a redução da capacidade produtiva e econômica da atividade ou inviabilizá-la, em especial diante da ausência de um planejamento patrimonial e sucessório particularizado àquele núcleo familiar.

Neste compasso, no próximo item, serão objeto de análise algumas possíveis repercussões jurídicas oriundas das relações pessoais, sob o recorte das relações afetivas e reflexos no âmbito da atividade econômica, ao considerar a ausência de planejamento patrimonial e sucessório.

2.6.1 Repercussões Intervivos. As repercussões jurídicas das relações afetivas

As relações humanas permeadas de complexidades e subjetividades, a depender de sua natureza, poderão produzir ou não repercussões jurídicas. Um fato para que produza repercussão jurídica deve apresentar relevância jurídica, seja ele decorrente de eventos naturais (fatos naturais) ou da vontade humana (fatos humanos). Pontes de Miranda, em sua teoria sobre o fato jurídico, conceituou-o como "o fato ou o complexo de fatos sobre o qual incidiu a regra jurídica".[80] Edgar de Moura Bittencourt[81] considera fato jurídico "qualquer acontecimento ao qual o corpo jurídico positivo concede consequências jurídicas".

Sob esse prisma, uma relação afetiva poderá produzir efeitos jurídicos diversos daqueles inicialmente pretendidos, seja diante de uma norma jurídica posta que assim expressamente preceitua, ou diante de critérios e limites porventura estabelecidos pela jurisprudência, ao considerar a diversidade de aptidão de efeitos de uma relação, como ocorre atualmente na atribuição de efeitos jurídicos diversos entre a união estável e as relações de concubinato.[82]

No âmbito das relações privadas, inserido no contexto hermenêutico constitucional, por meio da "incidência direta e imediata das regras e dos princípios constitucionais sobre todas as relações interprivadas",[83] infere-se que o reconhecimento da união estável como entidade familiar[84] repercutiu em decisões das cortes superiores em diferentes perspectivas e atribuições de efeitos jurídicos; pode-se mencionar, por exemplo, a equiparação no trato sucessório entre a união estável e o casamento;[85] a equiparação ao direito real de habitação;[86] e a impossibilidade de atribuição de eficácia retroativa quanto ao regime de bens,[87] entre outros.

A par da importância da estabilização dessas relações jurídicas, reverberam de outro vértice inseguranças jurídicas, ao considerar a atribuição de efeitos diversos daqueles inicialmente pretendidos. Para alguns autores,[88] estar-se-ia diante do chamado "paradoxo da união estável" ou nas palavras de Mario Delgado, de

---

80. PONTES DE MIRANDA, Francisco Cavalcante. **Tratado de Direito Privado**. Campinas: Bookseeler, 2000. t. I, Parte Geral. p. 57.
81. BITTENCOURT, Edgar de Moura. **Concubinato**. 2. ed. São Paulo: EUD, 1980, p. 15.
82. STF. Tema 526. É incompatível com a Constituição Federal o reconhecimento de direitos previdenciários (pensão por morte) à pessoa que manteve, durante longo período e com aparência familiar, união com outra casada, porquanto o concubinato não se equipara, para fins de proteção estatal, às uniões afetivas resultantes do casamento e da união estável.
83. MORAES, Maria Celina Bodin. **Na medida da pessoa humana** – Estudos de Direito Civil Constitucional. Rio de Janeiro: Processo, 2019. p. 29.
84. CF Art. 226. A família, base da sociedade, tem especial proteção do Estado. § 3º Para efeito da proteção do Estado, é reconhecida a união estável entre o homem e a mulher como entidade familiar, devendo a lei facilitar sua conversão em casamento. No mesmo sentido é a disposição do código civil. 1.723. É reconhecida como entidade familiar a união estável entre o homem e a mulher, configurada na convivência pública, contínua e duradoura e estabelecida com o objetivo de constituição de família.
85. STF. Recursos Extraordinários (REs) 646721 e 878694.
86. STJ. REsp 1846167/SP, Rel. Min. Nancy Andrighi, 3ª. turma, julgado em 09/02/2021, DJe 11/02/2021.
87. STJ, 2021.
88. PEREIRA, Rodrigo da Cunha. STF acabou com a liberdade de não casar ao igualar união estável a casamento. **CONJUR**. Disponível em: https://www.conjur.com.br/2017-jun-14/rodrigo-cunha-pereira-stf-acabou-liberdade-nao-casar/. Acesso em: 10 out. 2024.

um "casamento forçado"[89] diante da rigidez atribuída à união de fato, por afastar a liberdade e autonomia privada das partes, diante da intervenção estatal contínua na esfera das relações afetivas.

Do mesmo modo, insere-se neste contexto a dificuldade em estabelecer-se critérios objetivos e distintivos de algumas relações afetivas, diante das similitudes fáticas hodiernas, a exemplo do que se infere das relações de namoro (fato social sem repercussões jurídicas),[90] ou um "namoro qualificado",[91] a uma relação de união estável (ato-fato jurídico apto a produzir efeitos). Por certo, as consequências patrimoniais e sucessórias decorrentes de cada relação serão completamente distintas por apresentarem natureza jurídica diversa.

Ao considerar em regra a interconexão existente entre a exploração da atividade e o núcleo familiar, infere-se que os impactos econômicos decorrentes da ausência de um tratamento jurídico adequado dessas relações interprivadas serão experimentados não apenas pela parte envolvida, mas igualmente pela atividade econômica, assim como por todos que dela dependem. Menciona-se os reflexos econômicos que, porventura, uma disputa judicial pela partilha de bens ou uma eventual ação de reconhecimento de união estável poderão provocar na atividade, como por exemplo a indisponibilidade de alguns bens ou a aferição da extensão patrimonial partilhável;[92] a proibição de circulação ou venda de semoventes; arresto, sequestro de safra, entre outras medidas aptas à efetivação de direitos.

---

89. DELGADO, Mário. **O paradoxo da união estável:** um casamento forçado. Disponível em: https://blog.grupogen.com.br/juridico/areas-de-interesse/civil/paradoxo-uniao-estavel-casamento-forcado/. Acesso em: 12 out. 2024.
90. Para Zeno Veloso, não é a "mera intenção de constituir família" apta a caracterizar a união estável, mas, sim, a efetiva "convicção de que se está criando uma entidade familiar, assumindo um verdadeiro e firme compromisso, com direitos e deveres pessoais e patrimoniais semelhantes aos que decorrem do casamento, o que tem de ser aferido e observado em cada caso concreto, verificados os fatos, analisados o comportamento, as atitudes, consideradas e avaliadas as circunstâncias". (VELOSO, Zeno. É namoro ou união estável? **Notícias no Portal do IBDFAM**. (2016). Disponível em: https://ibdfam.org.br/noticias/6060. Acesso em: 10 set. 2024).
91. REsp nº 1.454.643/RJ, relator ministro Marco Aurélio Bellizze, 3ª Turma, julgado em 3/3/2015, DJe de 10/3/2015.
92. TJ/MG. Ementa: agravo de instrumento – ação de divórcio litigioso – regime de comunhão parcial dos bens – medida cautelar de indisponibilidade dos bens – art. 301 do CPC – semoventes – imóveis – controvérsia quanto ao início e extensão da comunicação patrimonial – indícios de convivência em união estável – risco de dilapidação patrimonial – garantia da meação – manutenção da decisão. – A medida cautelar de lançamento de impedimento de alienação dos imóveis e semoventes visa preservar os bens do casal e os direitos de meação, evitando-se a dissipação dos bens, até o julgamento final da lide – Havendo controvérsia quanto ao início e extensão da comunicação patrimonial e constatado o risco de dilapidação patrimonial por um dos cônjuges, devem ser mantidas as medidas cautelares, a fim de se preservar os bens que eventualmente integrarão a partilha. (TRIBUNAL DE JUSTIÇA DE MINAS GERAIS. AI: 09441596320238130000, Relator: Des.(a) Ivone Campos Guilarducci Cerqueira (JD Convocado), Data de Julgamento: 28/07/2023, Câmara Justiça 4.0 – Especializada, Data de Publicação: 31/07/2023).

De forma mais grave, alude-se às situações que envolvam a incapacidade do detentor e gestor do patrimônio, conduzindo a família nos termos da norma cogente, a ingressar com pedido de curatela,[93] com participação obrigatória do Ministério Público,[94] cuja atividade econômica restará sujeita ao procedimento judicial e aos respectivos prazos. A aquisição de insumos, a venda de bens e a realização de garantias creditórias restarão condicionadas à decisão judicial, cujos prazos, não raras vezes, corresponderão às necessidades sazonais da atividade e não às necessidades sazonais da atividade agrícola.

De modo mais grave, infere-se os efeitos deletérios, familiares e patrimoniais, que poderão ressoar negativamente diante do evento morte do detentor e gestor da atividade, em especial quando analisado sob a ótica de que nas atividades agrícolas a exploração é exercida de forma pessoal. Um processo de inventário e todas as complexidades advindas, sejam elas de origem material, procedimental ou em particular daquelas oriundas das relações humanas, poderão por certo inviabilizar não apenas a manutenção da atividade econômica, mas em especial a continuidade e a sobrevivência da atividade, conforme tratar-se-á adiante.

2.6.2 Repercussões *causa mortis*. A morte e os seus impactos no agronegócio

No âmbito do agronegócio, as repercussões patrimoniais e os impactos familiares adjacentes provocados pelo evento morte, poderão ser diversos, a depender da existência ou não de um tratamento jurídico adequado às particularidades de cada núcleo familiar. A ausência de um tratamento patrimonial e sucessório poderá provocar vários entraves à manutenção e à sobrevivência da atividade produtiva, em especial diante de um processo litigioso de inventário.

Compreender quais os impactos que eventualmente um processo judicial poderá provocar na atividade econômica e em todo núcleo familiar revela-se de significativa importância, quando analisado sob a perspectiva da manutenção e da transmissibilidade da atividade agrícola e sua função social.

O primeiro elemento a observar refere-se ao fato de que a exploração da atividade rural no País é realizada de forma pessoal, e em sua maioria pelo regime jurídico de pessoa natural (pessoa física); ou seja, pelo exercício da atividade por meio de produtor individual, ainda que a atividade contemple a participação

93. Código Civil. "Art. 1.767. Estão sujeitos a curatela: I – aqueles que, por causa transitória ou permanente, não puderem exprimir sua vontade; II – (Revogado); III – os ébrios habituais e os viciados em tóxico; V – os pródigos."

94. CPC. "Art. 752. Dentro do prazo de 15 (quinze) dias contado da entrevista, o interditando poderá impugnar o pedido. § 1º O Ministério Público intervirá como fiscal da ordem jurídica."

de todo núcleo familiar. Tal fato decorre, entre outros fatores, além daqueles de natureza cultural e econômica, do tratamento legal conferido pelo Código Civil, mais especificamente pelo disposto no art. 971,[95] que atribui ao exercente de atividade econômica rural, denominado empresário rural, tratamento legal distinto, que tem a faculdade, o direito subjetivo de se submeter ou não ao regime jurídico empresarial. O tratamento *sui generis* confere equiparação àquele que exerce empresa agrária, faculta-lhe a inscrição no registro público de empresas mercantis, no caso de ser empresário individual.[96]

Da faculdade legal infere-se que muitos produtores exercem a atividade rural na modalidade de pessoa natural; ou seja, na qualidade de empresário rural sem registro correspondente, apenas por meio de inscrição nos órgãos fazendários. Todos os registros rurais, fiscais e fazendários encontram-se vinculados em regra a uma só pessoa da família, como por exemplo a inscrição Estadual de produtor rural, que permite o desenvolvimento de uma atividade agrícola ou pecuária. Dados do censo agropecuário de 2017[97] revelam que dos mais de cinco milhões de estabelecimentos rurais do País, 76,8% foram caracterizados como pertencentes à agricultura familiar, e cerca de 72% da totalidade são explorados sob o regime de produtor individual, seguido pelo regime de condomínio rural, consórcio ou união de pessoas. A exploração por meio de sociedade anônima ou por cotas de responsabilidade limitada representa menos de 0,26%.

Por meio desses dados, é possível inferir que os impactos do evento morte no âmbito do agronegócio poderão representar, além de perdas de natureza econômica, graves óbices para a manutenção da atividade produtiva, e gerar consequências para além do espaço familiar, ao considerar a relevância econômica que a atividade representa, cuja continuidade produtiva infere-se fundamental ao desenvolvimento socioeconômico do País.

No âmbito familiar, considera-se que o espolio substituirá a titularidade do autor da herança nos respectivos registros; se houver o falecimento do titular do patrimônio, todos os bens e atividades realizadas em nome do *de cujus* serão conduzidas ao inventário; far-se-á necessária a regularização e a substituição ativa nos respectivos órgãos para que a atividade seja mantida, assim como a sujeição de todo patrimônio do autor da herança aos procedimentos legais correspondentes.

95. "Art. 971. O empresário, cuja atividade rural constitua sua principal profissão, pode, observadas as formalidades de que tratam o art. 968 e seus parágrafos, requerer inscrição no Registro Público de Empresas Mercantis da respectiva sede, caso em que, depois de inscrito, ficará equiparado, para todos os efeitos, ao empresário sujeito a registro."
96. RIZZARDO, 2024. p. 579.
97. SANTANA, Adrielli Santos de; SANTOS, Gesmar Rosa dos. **Os agricultores e seus estabelecimentos**: dados e índices selecionados do censo agropecuário de 2017. Disponível em: https://repositorio.ipea.gov.br/bitstream/11058/10490/1/brua_23_artigo16.pdf. Acesso em: 28 out. 2024.

Nos termos do art. 1.784, do Código Civil, aberta a sucessão, a herança transmite-se, desde logo aos herdeiros legítimos e testamentários. Se houver bens, estes serão apurados mediante o procedimento de inventário ou arrolamento, a fim de que se formalize a transmissão dos bens do *de cujus* aos seus sucessores, podendo ser realizado pela via judicial ou extrajudicial. Nesta última modalidade, somente se preenchidos os requisitos do artigo 610, § 1°, do Código de Processo Civil;[98] se houver litígio entre os sucessores, o procedimento deverá ser obrigatoriamente judicial e obedecer o procedimento previsto nos arts. 610 a 657, do Código de Processo Civil, e 1.991 a 2.2027, do Código Civil; e se houver incapazes ou ausentes, a presença do Ministério Público será obrigatória.[99]

Na prática, infere-se que o litígio poderá instaurar-se desde a nomeação do inventariante, ao considerar não apenas a legitimidade concorrente prevista no art. 616, do Código de Processo Civil, entre a pessoa que estiver na posse e administração do espólio e demais herdeiros ou nomeados, a exemplo do cônjuge ou companheiro, mas diante da controvérsia ainda pungente acerca da possibilidade de modificação da ordem de preferência diante de situação fática concreta.[100] Acrescente-se a isto a existência de famílias recompostas ou reconstituídas,[101] filhos de origens diversas, novo relacionamento afetivo, disputas pela administração do patrimônio, entre outras, cujas situações certamente poderão incrementar ou acirrar a litigiosidade presente.

Na modalidade do rito do inventário comum, em regra instaurada diante de um litígio entre os sucessores, todas as fases procedimentais deverão ser rigorosamente cumpridas, desde as primeiras declarações até as últimas declarações

98. CPC. "Art. 610. Havendo testamento ou interessado incapaz, proceder-se-á ao inventário judicial. § 1° Se todos forem capazes e concordes, o inventário e a partilha poderão ser feitos por escritura pública, a qual constituirá documento hábil para qualquer ato de registro, bem como para levantamento de importância depositada em instituições financeiras."

99. CPC "Art. 178. O Ministério Público será intimado para, no prazo de 30 (trinta) dias, intervir como fiscal da ordem jurídica nas hipóteses previstas em lei ou na Constituição Federal e nos processos que envolvam: I – interesse público ou social; II – interesse de incapaz; III – litígios coletivos pela posse de terra rural ou urbana."

100. STJ. REsp n° 2.082.386 – SC (2023/0161755-0) Relatora: Ministra Nancy Andrighi. "Embora não haja discricionaridade na escolha do inventariante pelo juiz, é consolidado o entendimento doutrinário e jurisprudencial segundo o qual a ordem de preferência para nomeação do inventariante poderá ser modificada judicialmente, ainda que em caráter excepcional, desde que existam razões fundadas para tanto. Precedentes". Data do julgamento. 12.09.2023.

101. Famílias recompostas, reconstituídas ou mosaico, são aquelas famílias oriundas de núcleos diversos, em que um ou ambos os parceiros advêm de relacionamentos anteriores, inclusive com filhos, formando ou não nova prole comum. Anota Waldyr Grisard Filho que as famílias reconstituídas são marcadas pela ambiguidade, por uma "estrutura complexa, conformada por uma multiplicidade de vínculos e nexos, na qual alguns de seus membros pertencem a sistemas familiares originados em uniões precedentes" (GRISARD FILHO, Waldyr. **Famílias reconstituídas**. 2. ed. São Paulo: Revista dos Tribunais, 2.010, p. 85).

à efetivação da partilha (arts. 610 a 658 do Código de Processo Civil). Disso decorrem entre outros, as questões afetas às obrigações legais do inventariante, entre essas a administração do espólio nos termos do art. 618, do mesmo *códex*, e do art. 75, inciso VII, do Código Civil.

A administração deverá ser realizada dentro dos ditames e limites legais, o que no agronegócio poderá representar dificuldades concretas para a manutenção da atividade, ao considerar inicialmente o tempo de duração de um processo litigioso de inventário não inferior a um ano e nove meses, segundo dados do Conselho Nacional de Justiça (CNJ).[102] A depender de fatores variáveis como o grau de litigiosidade, a quantidade de herdeiros, o tipo de bens e dívidas, e o local de abertura do inventário, a sua duração poderá superar décadas.

Somado a isto, agrega-se a particularidade relacionada ao fator sazonal da atividade agrícola, cujo fator temporal revela-se fundamental. Ao considerar o ciclo biológico como elemento característico da atividade rural, vislumbra-se que o momento de preparação do solo, o plantio, a colheita ou a engorda de um animal são fatores extremamente importantes, cujas variáveis relacionam-se desde o tipo de atividade explorada ao local da exploração e aos fatores climáticos. O controle sobre o tempo correto de cada ato relacionado ao ciclo biológico, alinhado aos fatores externos climáticos, é fundamental para a atividade.

Menciona-se como exemplo uma cultura de soja: entre o plantio e a colheita do grão, que pode variar a depender da região, entre de 90 a 120 dias; a cultura do milho entre 120 a 180 dias; a engorda de um boi no pasto pode levar em torno de 6 a 8 meses para atingir o peso ideal para a comercialização. Diante de um processo de inventário, o controle e a previsibilidade mínima restarão certamente prejudicados, se considerarmos simplificadamente apenas o tempo médio de um processo de inventário.

Além do controle relacionado à sazonalidade de cada atividade, as questões afetas às despesas e aos investimentos necessários para a manutenção e a continuidade da atividade, as quais, em se tratando de propriedade rural ou de atividades agrárias, em regra, revelam-se consideráveis. A alienação de bens ou a realização de despesas para a conservação de bens e atividades do espólio, à par de tratar-se de uma obrigação do inventariante, somente poderá ser realizadas por meio de pedido incidental de alvará judicial, condicionado à autorização judicial e ouvidos os interessados, nos termos do art. 619, do CPC;[103] ou seja, por

102. CNJ. **Justiça em Números**. (2024). Disponível em: https://www.cnj.jus.br/wp-content/uploads/2024/05/justica-em-numeros-2024-v-28-05-2024.pdf. Acesso em: 10 out. 2024.

103. "Art. 619. Incumbe ainda ao inventariante, ouvidos os interessados e com autorização do juiz: I – alienar bens de qualquer espécie; II – transigir em juízo ou fora dele; III – pagar dívidas do espólio; IV – fazer as despesas necessárias para a conservação e o melhoramento dos bens do espólio."

tratar-se de medida excepcional antes de ultimada a partilha, estará sujeita, além do deferimento do juízo do inventário, do prazo judicial para análise do pleito, da manifestação dos demais herdeiros e, em regra, a sua respectiva concordância,[104] o que pode representar mais uma dificuldade para a sobrevivência da atividade.

O mesmo se aplica à aquisição de insumos e à obtenção de linhas de crédito, por meio de custeio agrícola ou pela venda de safra futura para a aquisição de insumos, como o caso dos contratos de Barter,[105] essenciais para a continuidade de muitas atividades agrícolas, as quais certamente diante de uma demanda judicial restarão inviabilizados ou de obtenção dificultosa, seja por eventual litigiosidade entre os herdeiros, seja pela burocracia jurisdicional e rigidez procedimental no que tange aos limites e entraves existentes à administração patrimonial do inventariante. Além das dificuldades relacionadas à manutenção da atividade produtiva ao longo de um processo de inventário e às perdas relacionadas ao sobrestamento da atividade, considera-se igualmente os custos de um processo de inventário e a sujeição às perdas financeiras, que no caso do agronegócio poderão ser maiores.

O alto valor agregado à propriedade imobiliária, em regra o bem ativo de maior valor do espólio, impactará economicamente tanto o aspecto tributário, ao considerar que a base de cálculo do imposto sobre a transmissão *causa mortis* e a doação (ITCMD) será sobre o valor venal dos bens ou direitos transmitidos,[106]

---

104. TJ/MG. AGRAVO DE INSTRUMENTO – INVENTÁRIO – ALIENAÇÃO ANTECIPADA DE SEMOVENTES – DISCORDÂNCIA DOS DEMAIS HERDEIROS. – A alienação dos bens do espólio antes da partilha é medida excepcional que demanda autorização judicial, desde que comprovada necessidade e concordância expressa dos interessados, conforme se extrai do artigo 619, inciso I, do CPC – Evidenciado a ausência de concordância entre os herdeiros, inviável se torna a expedição de alvará para alienação antecipada dos semoventes. (TRIBUNAL DE JUSTIÇA DE MINAS GERAIS. AI: 29569973820228130000, Data de Julgamento: 16/03/2023, 8ª Câmara Cível Especializada, Data de Publicação: 20/03/2023).

105. *Barter* é uma relação de troca em que o produtor rural adquire sementes, fertilizantes, agroquímicos, entre outros insumos, sob a condição de pagá-los ao fim da safra. O preço é calculado mediante a previsão de produtividade da área e pago em sacas de determinado produto após a colheita.

106. APELAÇÃO CÍVEL. REMESSA NECESSÁRIA AVOCADA. DIREITO TRIBUTÁRIO. IMÓVEL. AVALIAÇÃO DA RECEITA ESTADUAL. BASE DE CÁLCULO DO ITCD. VALOR VENAL. AUSÊNCIA DE NECESSÁRIA EQUIVALÊNCIA COM O VALOR VENAL PARA FINS DE IPTU E ITBI. REVISÃO DO VALOR ARBITRADO PELA FAZENDA. NECESSIDADE DE DILAÇÃO PROBATÓRIA. 1. A Lei Estadual n . 8.821/1989, em seu art. 12, prescreve que a apuração da base de cálculo do ITCD é realizada por intermédio de avaliação levada a efeito pela Fazenda Pública Estadual. Nesse sentido, a base de cálculo do ITCD deve ser o valor venal do imóvel, mensurado por intermédio de avaliação levada a efeito pela Fazenda Estadual ou por meio de avaliação judicial, de acordo com as normas técnicas de avaliação, conforme prevê a legislação estadual por meio do art. 14 do Decreto Estadual n. 33.156/1989, "A jurisprudência do Superior Tribunal de Justiça sedimentou a compreensão de que o valor venal apontado no art. 38 do Código Tributário, base de cálculo do imposto de transmissão", "[...] é o real valor de venda do bem, o qual pode coincidir com o valor de mercado, não se confundindo com o valor venal adotado para fins de IPTU ou ITR, cuja incidência se dá sobre o valor estanque da propriedade" (AgInt no AREsp n. 1.176.337/SP, relator Ministro Gurgel de Faria, Primeira Turma, julgado em 1/6/2020, DJe de 9/6/2020). (TJ-RS – Apelação / Remessa Necessária:

nos termos do art. 38, do Código Tributário Nacional,[107] cuja alíquota será variável de acordo com o Estado membro e a localização dos bens, quanto nos custos e emolumentos judiciais, os quais serão em regra atribuídos sobre o valor total dos bens partilháveis.

Soma-se a isto, as perdas financeiras que podem advir da necessidade de venda parcial do bem para fins de quitação das dívidas e impostos devidos, bem como considerar a depreciação econômica dos ativos imobilizados situados em processo de inventário, seja pela necessidade momentânea da venda do bem, seja pelo fato de estarem inseridos em um contexto de litígio, o que em regra é causa de desvalorização mercadológica do bem.

Tais fatores per si revelam a importância da realização de um planejamento sucessório capaz de promover a estabilidade das relações pessoais e econômicas, por meio da utilização de instrumentos legais aptos a garantir a manutenção e a transmissibilidade da atividade produtiva, cuja relevância social infere-se indubitável. A finitude, vislumbrada como termo, revela-se elemento central quando analisada sob a ótica do agronegócio como negócio familiar e atividade que apresenta em sua sazonalidade elemento essencial.

A contextualização das finalidades do planejamento e consequentemente os limites legais postos pelo ordenamento vigente, analisados sob a perspectiva civil constitucional do Direito sucessório e da autonomia privada devem orientar a instrumentalização das diferentes ferramentas legais, cujos limites e possibilidades serão funcionalização não apenas às expectativas do detentor do patrimônio e as particularidades de seu respectivo núcleo familiar, mas às regras sucessórias cogentes.

50272778120238210019 NOVO HAMBURGO, Relator: Laura Louzada Jaccottet, Data de Julgamento: 31/07/2024, Segunda Câmara Cível, Data de Publicação: 01/08/2024). No mesmo sentido, AGRAVO DE INSTRUMENTO – INVENTÁRIO – CÁLCULO DO ITCD – AVALIAÇÃO JUDICIAL DOS BENS DO ESPÓLIO – POSSIBILIDADE – AUSÊNCIA DE PRECLUSÃO – RECURSO CONHECIDO E IMPROVIDO. A teor do que dispõe o art. 127, I, a, do CTE, a base de cálculo do imposto de transmissão causa mortis, o ITCD, na hipótese de sucessão legítima processada mediante inventário, é o valor venal dos bens deixados, fixados por avaliação judicial, de tal sorte que na ação de inventário a avaliação administrativa não é absoluta. Não se vislumbra a ocorrência do venire contra factum proprium na discordância da Procuradoria-Geral do Estado quanto ao valor recolhido do ITCD, uma vez que o art. 139 do Código Tributário Estadual confere à Procuradoria do Estado o dever de fiscalização, judicial e extrajudicial, de todos os atos relativos ao tributo, sem prejuízo das atribuições próprias da Secretaria de Estado de Fazenda. Recurso conhecido e improvido. (TJ-MS – Agravo de Instrumento: 1423424-76.2023 .8.12.0000 Campo Grande, Relator.: Des. Luiz Antônio Cavassa de Almeida, Data de Julgamento: 08/03/2024, 5ª Câmara Cível, Data de Publicação: 11/03/2024).

107. CTN. Art. 38. A base de cálculo do imposto é o valor venal dos bens ou direitos transmitidos.

3
O PLANEJAMENTO SUCESSÓRIO: LIMITES E POSSIBILIDADES

Planejar, segundo o dicionário,[1] significa antever, organizar, ter como intenção ou objetivo demonstrar um propósito para realizar alguma coisa. O planejamento sucessório apresenta-se como conjunto de projeções e estratégias jurídicas, que visam a organizar a transferência de bens e direitos de uma pessoa para seus herdeiros ou beneficiários, a fim de garantir que essa transição ocorra de forma eficiente e segura. Afigura-se, deste modo, como um importante instrumento jurídico de natureza multidisciplinar, assentado em diferentes propósitos e objetivos, os quais serão orientados em conformidade com os desejos do titular do patrimônio, mas especialmente com a ordem jurídica, como adiante tratado.

3.1 CONCEITO E FINALIDADES

No plano conceitual, o planejamento sucessório é um conjunto de atos e negócios jurídicos, efetuados por pessoas que mantêm entre si alguma relação jurídica familiar ou sucessória,[2] que visam, por meio de diferentes instrumentos, à transferência de ativos de uma pessoa previamente ao seu falecimento. Segundo Daniele Teixeira,[3] "é o instrumento que permite a adoção de uma estratégia voltada para a transferência eficaz e eficiente do patrimônio de uma pessoa após a sua morte".

O planejamento sucessório visa a utilização de estratégias jurídicas legais capazes de promover a organização do patrimônio e da sucessão, tendo por característica ínsita relacionar-se com outras áreas do conhecimento, sejam elas familiares, contratuais ou tributárias entre outras. Nas palavras de Rolf Madaleno, permite às pessoas "preverem quem, quando, como e com quais propósitos serão utilizados os bens destinados a seus herdeiros legítimos e testamentários, redu-

---

1. MICHAELIS. Planejar. **UOL**. Disponível em: https://michaelis.uol.com.br/busca?id=NyPAE. Acesso em: 10 nov. 2024.
2. HIRONAKA, Giselda Maria Fernandes Novaes; TARTUCE, Flávio. Planejamento sucessório: conceito, mecanismos e limitações. **Revista Brasileira de Direito Civil**, v. 21, n. 3, p. 87-87, 2019.
3. TEIXEIRA, Daniele Chaves. **Planejamento sucessório**: pressupostos e limites. Belo Horizonte: Fórum, 2017, p. 135.

zindo conflitos, fortalecendo vínculos, identificando lideranças",[4] ao assegurar maior eficiência na partilha de bens.

Menciona-se igualmente o denominado planejamento patrimonial, cujo objetivo principal infere-se na organização e na rentabilização de bens e recursos por meio de estratégias de investimento; auxilia na otimização tributária, na gestão patrimonial e na maior eficiência econômica do patrimônio; contempla, do mesmo modo, a compartimentação patrimonial por meio de estratégias jurídicas de tutela do patrimônio; pode-se mencionar a título de exemplo, mas não limitados a estes, a segmentação patrimonial em distintas pessoas jurídicas: a constituição de *offshores*; *trusts*; previdência; seguros; fundos de investimentos, entre outros, que visam a reduzir em especial o impacto fiscal sobre a gestão do patrimônio e o consequente incremento patrimonial.

Impende pontuar, contudo, que o planejamento patrimonial, equivocadamente mencionado de forma indistinta como sinônimo de planejamento sucessório, difere-se em relação a este, seja quanto aos seus objetivos centrais, considerando que o objetivo basilar do planejamento patrimonial é a rentabilização e otimização de recursos, mas em especial, quanto à incidência das regras sucessórias, considerando-se que "a função do direito sucessório é estabelecer o destino das situações jurídicas transmissíveis do autor da herança".[5] Apesar de configurarem importantes ferramentas de gerenciamento patrimonial e de riscos, referidas espécies possuem distinções jurídicas relevantes quando se trata da incidência das regras sucessórias, aí incluídos os princípios constitucionais que orientam e fundamentam esta disciplina legal.

Dessa forma, o planejamento patrimonial poderá tornar-se um planejamento sucessório a partir do momento da incidência das regras sucessórias em uma dada situação jurídica, seja por força da existência de herdeiros legítimos ou herdeiros necessários, ou pela utilização de instrumentos clássicos de planejamento sucessório disciplinados pela norma cogente, como o caso do testamento ou da instituição de legado.

Pontua-se do mesmo modo, que a pactuação de regime de bens sem comunicabilidade patrimonial, ou eventual modificação judicial posterior do regime de bens inicialmente adotado, poderá ser incluído como modalidade de planejamento patrimonial, diante da ausência de meação e consequentemente de aquestos. Contudo, a depender do regime de bens adotado, o cônjuge figurará

4. MADALENO, Rolf. **Planejamento sucessório**. Disponível em: https://ibdfam.org.br/assets/upload/anais/299.pdf. Acesso em: 9 set. 204.
5. TEIXEIRA, Daniele Chaves. Noções prévias do direito das sucessões. Sociedade, funcionalização e planejamento sucessório. In: TEIXEIRA, Daniela Chaves (Coord.). **Arquitetura do Planejamento Sucessório**. 2. ed. Belo Horizonte: Fórum, 2.019. p. 24.

na qualidade de herdeiro concorrente[6] e, portanto, incidirão as disposições legais correlatas à sucessão, a limitar consequentemente no plano da legalidade o objeto e a extensão de eventual planejamento patrimonial, conforme será tratado em capítulo próprio.

No que tange às razões ou propósitos do planejamento, estes são diversos, podendo-se mencionar três eixos principais: de ordem econômica; de ordem social; e de natureza familiar.

A primeira, de ordem econômica, agrega elementos relacionados à redução de custos e gestão tributária. O planejamento permite em muitas situações a redução das cargas fiscal e tributária incidentes sobre o patrimônio, a evitar que os herdeiros sejam onerados de forma excessiva, ou tenham de se desfazer de parte do patrimônio para o pagamento de tributos, em especial do Imposto sobre Transmissão Causa Mortis e Doação (ITCMD). Estados como Mato Grosso do Sul, Alagoas e Maranhão, que ainda adotam redução na alíquota na realização de doação em vida, incentivam a realização da antecipação patrimonial para evitar a incidência da alíquota máxima em sede de inventário. A título de exemplo, menciona-se o Estado de Mato Grosso do Sul,[7] cuja incidência tributária do ITCD para fins de doação tem atualmente uma redução de 50% da alíquota, que passa de 6% para de 3%, ou no caso de doação com reserva de usufruto o percentual será reduzido para 2%, sendo 1% apenas apurado quando ocorrer o levantamento do usufruto, o que importa em considerável economia tributária e redução de custos futuros.

No mesmo sentido, infere-se que a reforma tributária oriunda da Emenda Constitucional n° 132, em fase de regulamentação, é igualmente um incentivo à alta procura por instrumentos de planejamento sucessório, diante das futuras mudanças das regras tributárias, em especial do aumento da alíquota incidente sobre a transmissão *causa mortis*, ao considerar que todos os Estados da Federação deverão ter alíquota progressiva de ITCMD, cujo teto será de 8%; mantém-se, contudo, a possibilidade de diferenciação das alíquotas cobradas sobre heranças e as de doação, conforme a regra de cada Estado-membro da Federação.

Objetiva-se igualmente a redução dos elevados custos jurídicos diante da necessidade da abertura de inventário. A porcentagem de taxação dos herdeiros, a considerar os custos tributários (ITCMD, ITBI e IR), administrativos (emolu-

---

6. Código Civil. "Art. 1.829. A sucessão legítima defere-se na ordem seguinte: I – aos descendentes, em concorrência com o cônjuge sobrevivente, salvo se casado este com o falecido no regime da comunhão universal, ou no da separação obrigatória de bens (art. 1.640, parágrafo único); ou se, no regime da comunhão parcial, o autor da herança não houver deixado bens particulares;"
7. SEFAZ. **ITCD**. Informações Importantes Acerca dos Procedimentos do ITCD no Estado do MS. Disponível em: https://www.sefaz.ms.gov.br/itcd-informacoes-importantes/. Acesso em: 10 nov. 2024.

mentos), judiciais (custas processuais, periciais, honorários), pode chegar a 37%.[8] A título de exemplo, no Estado de São Paulo[9] as taxas judiciárias apenas a título de custas iniciais correspondem a 1,5% sobre o valor da causa no momento da distribuição. Soma-se a isto a ausência de previsibilidade quanto aos possíveis custos futuros de eventual sucessão.

No âmbito social, os fatores são igualmente diversos. Sob um primeiro aspecto, vislumbrou-se uma crescente mudança social, diante da pandemia de Covid-19, que provocou não apenas efeitos severos nos mais diversos aspectos da sociedade, mas sob outro prisma impulsionou a quebra de paradigmas quando se trata do tabu morte, ao considerar que culturalmente o Brasil era um país que não mostrava afeição para o planejamento; tratava-se de mau agouro dentro do seio familiar falar sobre a morte e mais ainda sobre o destino dos bens. Contudo, apenas em relação à formalização de testamentos, dados do Colégio Notarial do Brasil revelaram um significativo aumento de 133% no número de testamentos entre abril e julho de 2020. O número de registros de testamentos no País passou de 38.566 em 2012 para 52.275 em 2021, um crescimento de 35,5%.[10] Famílias de diferentes estratos econômicos foram conduzidas a refletir sobre a finitude da vida e passaram a analisar concretamente o destino patrimonial de seus bens ante a possibilidade iminente do evento jurídico morte e os seus possíveis reflexos. As redes sociais da mesma forma representam um considerável viés condutor, cujo assunto passou a ser propalado de forma cada vez mais frequente e de certa forma acessível a grande parte da população.

Pontua-se ainda questões relacionadas às instabilidades econômica, política e em especial de ordem judicial como motivadores da contratualização das relações e do planejamento sucessório; considera-se a volatilidade das decisões e dos entendimentos jurisprudenciais. Menciona-se a título de exemplo algumas decisões oriundas das cortes superiores, a exemplo do julgamento dos Recursos Extraordinários nº 646.721-RS e 878.694-MG, em que o STF fixou a tese de Repercussão Geral nº 809, declarou ser "inconstitucional a distinção de regimes sucessórios entre cônjuges e companheiros", e reconheceu a inconstitucionalidade do art. 1.790 do Código Civil, que disciplinava a ordem de vocação

8. GARCIA, André Novais. Como fica o imposto sobre herança e doações com a reforma tributária. **UOL**. Disponível em: https://economia.uol.com.br/noticias/redacao/2024/07/19/como-fica-o-imposto-sobre-heranca-e-doacoes-com-a-reforma-tributaria.htm. Acesso em: 3 set. 2024.
9. TRIBUNAL DE JUSTIÇA DE SÃO PAULO. **Taxa Judiciária**. Recolhimento pelo Portal de Custas. Disponível em: https://www.tjsp.jus.br/IndicesTaxasJudiciarias/DespesasProcessuais/TaxaJudiciaria. Acesso em: 10 nov. 2024.
10. GARCIA JÚNIOR, José Silvano. Dispara o número de testamentos no Brasil nos últimos anos. **Migalhas**. Disponível em: https://www.migalhas.com.br/depeso/390294/dispara-o-numero-de-testamentos-no-brasil-nos-ultimos-anos. Acesso em: 10 nov. 2024.

hereditária distinta àqueles que viviam em união estável, sem enfrentar, contudo, expressamente a inclusão do companheiro no rol do art. 1.845, ou seja, daqueles expressamente inseridos no rol dos herdeiros necessários. Referido *decisum* lançou luzes à insegurança jurídica, ressoando na doutrina tanto vozes favoráveis[11] quanto contrárias[12] à equiparação de regime sucessório.

Menciona-se do mesmo modo, o entendimento oriundo do STJ, Recurso Especial nº 1.472.945/SP, ao reconhecer que o cônjuge, mesmo casado sob o regime de separação convencional de bens, tem o direito a concorrer à herança com os descendentes do falecido.

Insere-se neste contexto a dificuldade em estabelecer-se critérios objetivos e distintivos de algumas relações afetivas, diante das similitudes fáticas hodiernas, a exemplo do que se infere das relações de namoro (fato social sem repercussões jurídicas),[13] ou um "namoro qualificado"[14] a uma relação de união estável (ato-fato jurídico apto a produzir efeitos). Famílias passaram a compreender os impactos das relações afetivas no âmbito patrimonial e sucessório, o que conduziu muitas pessoas a repensarem as suas relações e a necessidade de contratualizar e organizar o seu patrimônio, em especial no âmbito das famílias recompostas.

No mesmo sentido, vislumbra-se a possibilidade de reforma do Código Civil, objeto do projeto de Lei nº 4/2025, apresentado no Senado por uma comissão de juristas, que, se aprovada, provocará, entre mais de mil alterações, profundas mudanças nos regimes de bens e sucessórios.

O terceiro aspecto de ordem familiar relaciona-se em especial à necessidade de mitigar ou reduzir os conflitos familiares e à transição patrimonial ordenada. As novas conformações familiares, hodiernamente de caráter heterogêneo e plural, exigem um tratamento cada vez mais particularizado às necessidades e realidades daquele núcleo. A sociedade não é mais a mesma; as famílias não são mais as mesmas, assim como o patrimônio e a sua continuidade adquiriram novas perspectivas. A complexidade humana e a contextualização de cada núcleo familiar em seu seio social e interpessoal refletem a pluralidade dos contextos familiares não mais restritas a um modelo hermético e tampouco

11. Menciona-se favoráveis a inclusão do companheiro no rol de herdeiros necessários: Flavio Tartuce, José Fernando Simão, Giselda Hironaka, Marcelo Truzzi, entre outros.
12. Em posição contrária, alude-se Mario Delgado, Rodrigo da Cunha Pereira, Elder Gomes Dutra.
13. Para Zeno Veloso, não é a "mera intenção de constituir família" apta a caracterizar a união estável, mas, sim, a efetiva "convicção de que se está criando uma entidade familiar, assumindo um verdadeiro e firme compromisso, com direitos e deveres pessoais e patrimoniais semelhantes aos que decorrem do casamento, o que tem de ser aferido e observado em cada caso concreto, verificados os fatos, analisados o comportamento, as atitudes, consideradas e avaliadas as circunstâncias" (VELOSO, 2016).
14. TRIBUNAL DE JUSTIÇA DO RIO DE JANEIROS. REsp nº 1.454.643/RJ, relator ministro Marco Aurélio Bellizze, 3ª Turma, julgado em 3/3/2015, DJe de 10/3/2015.

estático. Segundo dados do IBGE,[15] apenas na comparação realizada entre os anos de 2020 e 2021, ocorreu um aumento superior a 16,8 % na quantidade de divórcios realizados no País, um salto de 386 mil para 420 mil; constatou-se uma redução do tempo médio entre a data do casamento e a data do divórcio; de outro lado, houve um aumento da taxa de nupcialidade legal de 23,2% em relação ao ano de 2020.

A sociedade contemporânea, diante da fluidez das relações, demanda cada vez mais por autonomia e liberdade, conduz de forma crescente a busca por instrumentos que possam estabelecer segurança jurídica em tais relações, afasta ou minimiza efeitos patrimoniais e pessoais deletérios não pretendidos.

Infere-se, do mesmo modo, a contínua profissionalização dos negócios familiares e a compreensão da necessidade da utilização de instrumentos de governança e de planejamento jurídico. No caso do agronegócio, constata-se cada vez mais o aumento das exigências legais relacionadas à produção e à presença progressiva do uso da tecnologia no campo; exige-se continuamente a profissionalização da atividade por meio de uma gestão pessoal e patrimonial, em especial daquelas inseridas em um contexto familiar, o que, como já mencionado, representa o maior contingente produtivo do agronegócio.

Ao planejar a sua sucessão, o indivíduo pode expressar a sua vontade de maneira clara, com respeito aos seus valores e prioridades, por meio de múltiplos instrumentos, seja através de doações em vida, testamentos, legados, ou a utilização de instrumentos societários como a constituição de estruturas jurídicas por meio de *holdings*. Ao antecipar e organizar a transmissão de seus bens, o titular não apenas protege os seus herdeiros de potenciais conflitos e dificuldades econômicas futuras, mas perpetua o seu legado imaterial de forma consciente e planejada, promove a utilidade do patrimônio aos interesses de necessidades individuais de cada herdeiro ou legatário. Nessa perspectiva, múltiplas são as razões e possibilidades de utilização de instrumentos jurídicos aptos a garantirem a transmissão patrimonial de forma segura e eficaz, a fim de evitar contendas e litígios futuros.

O planejamento sucessório é um processo[16] e não um único ato em si, e disso decorrem alguns elementos que orientam a realização de um planejamento. Não há como sustentar a ideia de um planejamento sucessório estático; considera-se não apenas a necessária e continua adequação às normas legais cogentes, mas principalmente da fluidez das relações pessoais, do meio social e da finitude da

15. AGÊNCIA NOTÍCIAS. **Portal**. Disponível em: https://agenciadenoticias.ibge.gov.br/media/com_mediaibge/arquivos/4f5a6837a849be3a0df906d55d1aca25.pdf. Acesso em: 10 nov. 2024.
16. TEIXEIRA, 2017, p. 135.

vida; trata-se do planejamento de um organismo vivo, em constante transformação. A customização do planejamento, ou seja, a personalização do que se pretende às possibilidades fáticas e cogentes, conduz a estruturação singularizada do planejamento. Neste sentido, infere-se em primeiro momento a necessária acepção do regime jurídico sucessório sob a perspectiva constitucional, a qual permitirá a utilização dos instrumentos de planejamento inseridos sob a ótica da legalidade.

3.2 A SUCESSÃO NA PERSPECTIVA CIVIL CONSTITUCIONAL

> A continuidade da vida na humanidade através da cadeia ininterrupta de gerações, que se sucedem através da renovação constante dos elementos que a compõem, implica necessariamente a continuidade no gozo dos bens, necessários à conservação e ao desenvolvimento progressivo da própria vida.[17]

Morrer é um fato inevitável da experiência humana. É o termo da existência, cujo advérbio *quando* é legado aos mistérios da vida.

Apesar da existência da pessoa natural findar-se com a morte,[18] o fenômeno sucessório surge, diante da necessidade de preencher o vácuo de titularidade deixado pelo falecimento do de cujus, como garantia social de transmissão e continuidade do acervo patrimonial deixado por uma pessoa falecida, cujo direito de herança integra o rol dos direitos e garantias fundamentais da pessoa humana. Trata-se, segundo a lição de Pontes de Miranda, o "vir em seguida, no espaço e no tempo".[19]

O direito hereditário ou das sucessões, como leciona Clóvis Beviláqua, é o complexo de princípios, segundo os quais se realiza a transmissão do patrimônio de alguém que deixa de existir; essa transmissão constitui a sucessão; o patrimônio transmitido é a herança; quem recebe a herança é herdeiro ou legatário.[20]

Etimologicamente, sucessão origina-se do latim *successio*, do verbo *succedere* (sub+ cedere); ou seja, a substituição por uma coisa ou pessoa que vem

17. Texto original em italiano: "*La continuità della vita nell'umanità traverso la catena non interrotta delle generazioni, che si succedono mediante il rinnovarsi costante degli elementi ond'essa si compone, implica necessariamente la continuità nel godimento dei beni, necessari alla conservazione e allo sviluppo progressivo della vita stessa*". CIMBALI, Enrico. **La nuova fase del diritto civile nei rapporti economici e sociali con proposte di riforma della legislazione civile vigente**. Unione tipografico-editrice, 1895.
18. Código Civil. Art. 6º A existência da pessoa natural termina com a morte; presume-se esta, quanto aos ausentes, nos casos em que a lei autoriza a abertura de sucessão definitiva.
19. PONTES DE MIRANDA, Francisco Cavalcanti. **Tratado de Direito Privado**. São Paulo: Revista dos Tribunais, 1984. t. LVI.
20. BEVILÁQUA, Clóvis. **Direito das Sucessões**. 5. ed. São Paulo: Paulo de Azevedo LTDA. 1955. p. 11.

depois de outra.[21] Segundo Itabaiana de Oliveira,[22] a sucessão "é a continuação em outrem de uma relação jurídica que cessou com o respectivo sujeito"; contudo, a ideia de sucessão não é exclusiva ao Direito hereditário; encontra-se em outros ramos do Direito, em especial no Direito civil, a exemplo da cessão de direitos, sub-rogação, novação e a sucessão contratual.

A sucessão hereditária funda-se na propriedade e na família,[23] cujas situações jurídicas patrimoniais são, em regra, suscetíveis de transmissão; a família fornece os critérios para o estabelecimento da ordem de vocação hereditária.[24] Como leciona Francisco Cahali, "a transmissão *causa mortis* é a decorrência lógica da propriedade, tal como caracterizada, dentre outros aspectos, pela perpetuidade e estabilidade da relação jurídica formada; ou sob outro ângulo, é o complemento do direito de propriedade".[25]

Neste sentido, possui intrínseca vinculação ao direito de propriedade, cuja transmissão patrimonial decorre o princípio da saisine – *droit de saisine*, princípio basilar que estabelece que no momento da morte de uma pessoa, a propriedade e a posse dos bens do falecido são automaticamente transferidas para os herdeiros legítimos e testamentários. Essa ficção jurídica[26] visa a instrumentalizar a continuidade do patrimônio e permitir que no exato momento da morte os herdeiros sucedam automaticamente o falecido, independentemente de qualquer formalidade.

Tem suas raízes na necessidade de garantir a continuidade da posse e da titularidade dos bens, cujo objetivo é evitar o vácuo jurídico que poderia ocorrer entre o falecimento e o processo formal de inventário, ao assegurar que os herdeiros possam imediatamente exercer os seus direitos sobre o patrimônio deixado para preservar a integridade dos bens e a proteção dos interesses envolvidos. Neste sentido elucida Giselda Hironaka:[27] "O morto agarra o vivo, é o que diz o famoso adágio francês. Esta é a origem do chamado *droit de saisine*, ou princípio de *saisine*, que traduz a própria essência ou fundamento do direito das sucessões"; a autora complementa: "nem mesmo a morte do titular pode interromper ou

21. FARIAS, Cristiano Chaves de; ROSENVALD, Nelson. **Curso de direito civil**. 10. ed. Salvador: JusPodivm, 2022, p. 3.
22. OLIVEIRA, Itabaiana. **Tratado de Direito das Sucessões**. 4. ed., rev. e atual. São Paulo: Max Limonad, 1952, n. 20, p. 52.
23. OLIVEIRA, 1952. p. 49.
24. NEVARES, Ana Luiza. **A função promocional do testamento**. Rio de Janeiro: renovar, 2009. p. 53.
25. CAHALI, Francisco José. HIRONAKA, Giselda Maria Fernandes Novaes. **Direito das Sucessões**. 4. ed., rev., atual. e ampl. São Paulo: Revista dos Tribunais, 2012. p. 24.
26. CAHALI, Francisco José. **Direito das sucessões**. São Paulo: Del Rey, 2007.
27. HIRONAKA, Giselda Maria Fernandes Novaes. **Morrer e suceder**: passado e presente da transmissão sucessória concorrente. São Paulo: Revista dos Tribunais, 2011.

nulificar o direito de propriedade, pois o domínio e a posse dos bens de alguém imediatamente transmitem-se aos herdeiros, ainda que estes desconheçam esta sua qualidade ou o fato da morte".

O instituto tem origem no Direito francês medieval,[28] mais especificamente no período feudal, em que a terra era a principal fonte de riqueza e poder, cuja continuidade da posse desses bens era crucial para a estabilidade social e econômica. O termo *saisine* deriva do verbo francês *saisir*, que significa tomar posse ou apoderar-se. A ideia central do princípio de *saisine* surgiu para evitar-se a restituição de terras ao senhor feudal e, desse modo, o comprometimento da sobrevivência dos integrantes familiares;[29] garantia-se que, com a morte do proprietário, a posse e o controle de seus bens fossem imediatamente transferidos aos herdeiros, sem interrupção.

O princípio em estudo foi posteriormente incorporado ao Código Napoleônico (Código Civil francês de 1804), que influenciou muitos sistemas jurídicos ao redor do mundo,[30] incluindo o brasileiro. No Brasil, o princípio da *saisine* está consagrado no Código Civil em seu art. 1.784,[31] e reflete essa tradição jurídica que visa a garantir a segurança e a continuidade patrimonial após o falecimento de uma pessoa; o quinhão hereditário passa a integrar o patrimônio do herdeiro como um direito e decorre entre os seus efeitos correlatos a legitimação sucessória, a lei aplicável à sucessão.

Com a abertura da sucessão, transmite-se desde logo aos herdeiros, por força da *saisine*, a herança; trata-se segundo a lição de Clóvis Beviláqua, da "projeção da personalidade jurídica do homem sobre os bens";[32] constitui a herança o elemento objetivo da sucessão, por meio da totalidade de "relações econômicas, essa universalidade de direitos e obrigações, que forma o patrimônio". A herança é garantia constitucional, expressamente disciplinada no inciso XXX do art. 5º,

---

28. Esclarece o Prof. Caio Mário que, "Na Idade Média, institui-se a praxe de ser devolvida a posse dos bens, por morte do servo, ao seu senhor, que exigia dos herdeiros dele um pagamento para autorizar a sua imissão. No propósito de defendê-lo dessa imposição, a jurisprudência no velho direito costumeiro francês, especialmente no Costume de Paris, veio a consagrar a transferência imediata dos haveres do servo ao seus herdeiros, assentada a fórmula: Le serf mort saisit le vif, son hoir de plus proche" (SILVA, Caio Mário da; DO RÊGO, Carlos Edison Monteiro Filho. **Instituições de direito civil**: Sucessões. 3. ed. São Paulo: Forense, v. VI, p. 15).
29. MAIA JÚNIOR, Mairan Gonçalves. **Sucessão Legítima**: as regras da sucessão legítima, as estruturas familiares contemporâneas e a vontade. 2. ed. São Paulo: Thomson Reuters Brasil, 2020. p. 111.
30. Entre as legislações que também adotaram o princípio de saisine, destacam-se: Código Civil Francês (artigo 718 a 724), Código Civil Italiano (artigo 456), Código Civil Espanhol (artigo 657 a 661), Código Civil Chileno (artigo 955), Código Civil Venezuelano (artigo 986 e 988), Código Civil Japonês (artigo 964 e 992), entre outros.
31. "Art. 1.784: Aberta a sucessão, a herança transmite-se, desde logo, aos herdeiros legítimos e testamentários."
32. BEVILÁQUA, Clóvis. **Direito das Sucessões**. 2. ed. Rio de Janeiro: Freitas Bastos, 1932, p. 15.

da Constituição, cuja sucessão na perspectiva civil constitucional relaciona-se intrinsecamente não apenas ao direito de propriedade como direito fundamental, mas igualmente sob a perspectiva da solidariedade familiar e a dignidade humana de todos os seus partícipes. Como leciona Marcelo Truzzi Otero, a transmissão da herança deve igualmente corresponder "a função promocional que cada situação jurídica carrega consigo" [...] focada na tutela existencial de cada um dos sucessores" e no dever de solidariedade familiar.

Além da transmissão imediata da herança, vigora no sistema jurídico brasileiro o princípio da unicidade da sucessão, consubstanciado nos arts. 91 e 1.791, do Código Civil, cuja universalidade de direito, nas palavras de Orlando Gomes "caracteriza-se pela indiferença de seus elementos e sua permutabilidade, sem que contravenha a sua unidade".[33] Há, portanto, a universalidade da herança (*iuris*), mediante um caráter unitário, de natureza imóvel (art. 80, inciso II, do Código Civil) e indivisível até a respectiva atribuição do quinhão e da partilha.

A transmissão patrimonial no âmbito jurídico sucessório exsurge por meio de ato *inter vivos*, ou *causa mortis*. O art. 1.786, do Código Civil, em análise conjunta ao disciplinado no artigo 5º., inciso XXX, da Constituição, estabelece que as fontes ou elementos normativos que disciplinam as regras sucessórias dar-se-á "por lei ou por disposição de última vontade". A sucessão legítima decorre da lei, "quando o falecido não houver disposto, no todo ou em parte, dos bens, em testamento valido, ou quando não pode dispor de parte desses bens por ter herdeiros necessários. Na segunda hipótese "dá-se inevitavelmente";[34] trata-se da transmissão *causa mortis* deferida às pessoas indicadas na lei como herdeiros do autor da herança,[35] consubstanciada no art. 1.829, do Código Civil,[36] que estabelece a ordem de vocação hereditária, trata-se de pedra angular da sucessão legítima, que traduz o modo pelo qual o legislador regulou a distribuição em classes preferenciais das pessoas que serão chamadas a suceder.[37]

Inseridos na sucessão legítima, encontram-se os herdeiros necessários ou reservatários, destinatários da proteção sucessória denominada legítima, correspondente a 50% da quota legitimária, cujos herdeiros reservatários são aqueles

33. GOMES, Orlando. **Sucessões**, 6. ed. Rio de Janeiro: Forense, 1996. p. 39.
34. GOMES, 1996. p. 39.
35. CAHALI; HIRONAKA, 2012. p. 145.
36. "Art. 1.829. A sucessão legítima defere-se na ordem seguinte: I – aos descendentes, em concorrência com o cônjuge sobrevivente, salvo se casado este com o falecido no regime da comunhão universal, ou no da separação obrigatória de bens (art. 1.640, parágrafo único); ou se, no regime da comunhão parcial, o autor da herança não houver deixado bens particulares; II – aos ascendentes, em concorrência com o cônjuge; III – ao cônjuge sobrevivente; IV – aos colaterais."
37. ITABAIANA OLIVEIRA, Arthur Vasco. **Tratado de direito das sucessões**, São Paulo: Max limonad, 1952, p. 169.

inseridos no rol do art. 1.845, do Código Civil, ou seja, descendentes, ascendentes e o cônjuge,[38] em regime de concorrência sucessória.

O Código Civil de 2002 modificou o regime sucessório do cônjuge na sistemática do Código Civil de 1916, o qual figurava naquele diploma no terceiro lugar na ordem de vocação hereditária (CC/1916, art. 1.603, inciso III), podendo ser afastado da sucessão (CC/1916, art. 1.725), foi alçado à categoria de herdeiro necessário, com cota mínima de ¼ da herança, sem prejuízo do direito real de habitação, tendo sido elevado à centralidade da ordem de vocação hereditária, o que atualmente representa objeto de profunda controvérsia social, ao considerar as novas configurações familiares e a autonomia privada que encontra na legítima um dos maiores obstáculos à liberdade de disposição patrimonial, conforme será tratado no capítulo seguinte.

Os herdeiros necessários têm direito à quota legitimária, calculada não apenas com base no valor dos bens existentes na data de abertura da sucessão, mas também sobre os bens doados sujeitos à colação, nos termos do art. 1.857, do Código Civil.

Pondera-se, contudo, que para grande parte da doutrina incluir-se-ia no rol dos herdeiros necessários igualmente o companheiro,[39] diante da decisão do Supremo Tribunal Federal, que fixou a tese de Repercussão Geral n° 809,[40] ao declarar ser "inconstitucional a distinção de regimes sucessórios entre cônjuges e companheiros", e reconhecer a inconstitucionalidade do art. 1.790, do Código Civil, sem enfrentar, contudo, expressamente a inclusão do companheiro no rol do art. 1.845, ou seja, daqueles inseridos no rol dos herdeiros necessários. Referido *decisum* lançou luzes à insegurança jurídica e ressoou na doutrina, tanto vozes favoráveis quanto contrarias[41] à equiparação do regime sucessório, cuja celeuma continua presente e promove consideráveis impactos no âmbito da instrumentalização dos planejamentos sucessórios.

Deste modo, apesar de uma considerável parte da população discordar da inclusão dos companheiros no rol dos herdeiros necessários, entendemos que, para alcançar a segurança jurídica necessária ao planejamento, dentro dos entendimentos jurisprudenciais atuais, forçoso revela-se a inclusão do companheiro

38. "Art. 1.845. São herdeiros necessários os descendentes, os ascendentes e o cônjuge."
39. Menciona-se alguns doutrinadores como Giselda Hironaka, Flavio Tartuce, Zeno Veloso e Marcelo Truzzi.
40. STF. "No sistema constitucional vigente, é inconstitucional a distinção de regimes sucessórios entre cônjuges e companheiros, devendo ser aplicado, em ambos os casos, o regime estabelecido no art. 1.829 do CC/2002".
41. Em posição contrária, alude-se Mario Delgado, Rodrigo da Cunha Pereira, Elder Gomes Dutra.

em sua quota legitimária correspondente no planejamento, sob pena de eventual nulificação futura.

A sucessão testamentária "pressupõe uma aquisição de situação jurídica decorrente da intervenção volitiva do autor da herança, o testador".[42] O testador por meio de ato unilateral, estabelece a distribuição de seus bens mediante o exercício da autonomia privada; contudo, se houver herdeiros necessários, o testador só poderá dispor da metade da herança;[43] se falecer sem deixar testamento *ab intestato* ou se não houver bens não compreendidos em testamento ou este for invalidado, subsistirá a sucessão legítima.[44]

Não apenas o testamento afigura-se como modalidade de intervenção volitiva de disposição patrimonial do autor da herança, ingressando nesta seara todos os instrumentos legais permitidos pelo ordenamento como expressão da autonomia privada, a exemplo da doação, da partilha em vida, e do fideicomisso, entre outras modalidades inseridas no contexto do planejamento sucessório. No espaço constitucional e infraconstitucional vigente, a autonomia privada do detentor do patrimônio encontrará nas regras de solidariedade e nos fins sociais almejados pelo Estado os limites legais para a sua efetivação, em especial diante da presença de herdeiros necessários e da proibição de pactos sucessórios, considerando-se a atual sistemática sucessória vigente, conforme será tratado no capítulo a seguir.

3.3 A AUTONOMIA PRIVADA E OS LIMITES LEGAIS AO PLANEJAMENTO

A autonomia privada apresenta-se como um dos princípios fundamentais do sistema do Direito privado brasileiro, reconhecendo uma esfera privada de atuação com eficácia jurídica, por meio da manifestação da liberdade tutelada pelo ordenamento jurídico.[45] Para Pietro Perlingieri,[46] trata-se do poder reconhecido ao indivíduo, para determinar vicissitudes jurídicas como consequência de comportamentos livremente adotados, cuja autonomia privada enquanto exercício da liberdade constitui instrumento da dignidade humana.[47]

42. ITABAIANA OLIVEIRA, 1952, p. 261.
43. "Art. 1.789. Havendo herdeiros necessários, o testador só poderá dispor da metade da herança."
44. "Art. 1.788. Morrendo a pessoa sem testamento, transmite a herança aos herdeiros legítimos; o mesmo ocorrerá quanto aos bens que não forem compreendidos no testamento; e subsiste a sucessão legítima se o testamento caducar, ou for julgado nulo."
45. MEIRELES, Rose melo Vencelau. **Autonomia privada e dignidade humana**. Rio de Janeiro: Renovar, 2009. p. 73.
46. PERLINGIERI, Pietro. **O direito civil na legalidade constitucional**. Tradução de Maria Cristina De Cicco. Rio de Janeiro: Renovar, 2008. p. 334-338.
47. BARBOZA, Heloisa Helena Gomes. Reflexões sobre autonomia negocial. In: TEPEDINO, Gustavo. FACHIN, Luiz Edson (Coords.) **O direito e o tempo**: embates jurídicos e utopias contemporâneas – Estudos em homenagem ao professor Ricardo Pereira Lira. Rio de Janeiro: Renovar, 2008. p. 410.

A autorregulamentação do indivíduo, que figura como expressão da dignidade humana, encontrará nos limites legais cogentes o espaço de exercício de sua liberdade. Menezes Cordeiro[48] ao discorrer sobre a autonomia privada e sua acepção binária, aduz que, em sentido amplo, a autonomia equivale ao espaço de liberdade; em sentido estrito, corresponderia ao espaço de liberdade jurígena, àquela pela qual as pessoas podem desenvolver as atividades jurídicas que bem entenderem. Deste modo, a liberdade de disposição patrimonial será exercida pelo detentor do patrimônio, mas estará circunscrita ao espaço normativo constitucional vigente, cujos limites, no âmbito do planejamento sucessório, encontram na legítima e na vedação aos pactos sucessórios os seus maiores obstáculos.

Para alguns autores[49] a observância desses elementos legais tratar-se-ia de "regra de ouro do planejamento sucessório", sob as quais, se houver violação, será hipótese de nulidade absoluta; a primeira relacionada à proteção da quota dos herdeiros necessários ou reservatários, denominada legítima, cujo fundamento é "equilibrar a autonomia do proprietário com o princípio da solidariedade familiar"; a segunda refere-se à vedação dos pactos sucessórios ou *pacta corvina*, retirada do art. 426, do Código Civil, cujo texto legal estabelece a impossibilidade de ser objeto de contrato herança de pessoa viva.

A legítima corresponde, no atual sistema jurídico nacional, a 50% do patrimônio do autor da herança (art. 1.846 do Código Civil de 2002). A outra metade corresponde à parte disponível. Como aludido no capítulo anterior, por força do art. 1.845, são herdeiros necessários os descendentes, ascendentes e o cônjuge, incluindo-se, do mesmo modo, para grande parte da doutrina, o companheiro.

A proteção legitimária no Brasil, no percentual de 50%, remonta à Lei Feliciano Pena (Decreto nº 1.839/1907), cujo percentual mantém-se até os dias atuais. Como explicita Eduardo de Oliveira Leite, a legítima tem origem no Direito romano, intimamente relacionada com o dever de solidariedade familiar, e o dever moral *post mortem* que pesava sobre um parente em relação aos mais próximos.[50] Referidos herdeiros são titulares de uma qualidade legitimária, que não pode ser afastada pela simples vontade do detentor do patrimônio; considera-se tratar-se de norma de ordem pública, salvo nas situações expressamente previstas em lei;[51] apresentam-se como "um sucessor universal privilegiado, por

48. MENEZES CORDEIRO, António Manuel da Rocha e. **Tratado de direito civil português**. Parte geral, Coimbra: Almedina, 2007, t. I, p. 391.
49. HIRONAKA; TARTUCE, 2019.
50. LEITE, Eduardo de Oliveira. **Comentários ao novo Código Civil**. Rio de Janeiro: Forense, 2003. v. XXI. p. 264.
51. "Art. 1.961. Os herdeiros necessários podem ser privados de sua legítima, ou deserdados, em todos os casos em que podem ser excluídos da sucessão."

força do *officium pietatis*, isto é, da afeição presumida e do dever de amparo que o autor da herança deve ter em relação a seus familiares mais próximos, aqueles a quem a lei garante uma quota mínima da herança", como elucida Luiz Paulo Vieira de Carvalho.[52]

Deste modo, diante da existência de herdeiros necessários, se houver eventual doação que extrapole a quota legitimária, esta será nulificada quanto à parte que exceder, ou seja, quanto à parte inoficiosa, nos termos do art. 545, do Código Civil;[53] a invalidação igualmente se aplica a negócios jurídicos que promovam lesão direta à legítima, por meio de utilização disfuncional da personalidade jurídica ou diante de simulação (art. 167 do Código Civil), como no caso de adoção de estruturas jurídicas ou *holdings* utilizadas para esvaziar o patrimônio do detentor do patrimônio[54] em desacordo com as regras sucessórias.

No que tange à vedação aos pactos sucessórios, ou em latim *pacta corvina*,[55] sua disciplina é extraída do art. 426, do Código Civil, ao dispor que "não pode ser objeto de contrato a herança de pessoa viva". Sua violação, representaria hipótese de "nulidade absoluta virtual",[56] nos termos do art. 166, inciso VII, do Código Civil. A regra remontaria ao Direito romano e sua suposta imoralidade. Nas palavras de Francisco José Cahali[57] "não trata o direito sucessório de herança de pessoa viva. [...] a proibição ao chamado pacta corvina encontra fundamento no só fato de que apenas com o falecimento se transmite o acervo hereditário".

Referidos pactos, divididos classicamente em três categorias principais: pacto aquisitivo ou *de sucedendo*; pacto renunciativo ou *de non sucedendo*; e pacto sobre sucessão de terceiro ou *de heditate tertii*,[58] a priori não seriam

52. CARVALHO, Luiz Paulo Vieira de. **Direito das sucessões**. 3. ed. São Paulo: Atlas, 2.017, p. 464.
53. "Art. 549. Nula é também a doação quanto à parte que exceder à de que o doador, no momento da liberalidade, poderia dispor em testamento."
54. "As nulidades decorrentes de simulação podem ser suscitadas por qualquer interessado, assim entendido como aquele que mantenha frente ao responsável pelo ato nulo uma relação jurídica ou uma situação jurídica que venha a sofrer uma lesão ou ameaça de lesão em virtude do ato questionado. (...). Ainda que, como regra, a legitimidade para contestar operações internas da sociedade seja dos sócios, hão de ser excepcionadas situações nas quais terceiros estejam sendo diretamente afetados, exatamente como ocorre na espécie, em que a administração da sócia majoritária, uma holding familiar, é exercida por usufrutuário, fazendo com que os nu-proprietários das quotas tenham interesse jurídico e econômico em contestar a prática de atos que estejam modificando a substância da coisa dada em usufruto, no caso pela diluição da participação da própria holding familiar em empresa por ela controlada" (STJ, REsp 1.424.617/RJ, Terceira Turma, Rel. Ministra Nancy Andrighi, DJE 16/06/2014).
55. A expressão "pacta corvina" advém do latim e significa "acordo do corvo".
56. HIRONAKA; TARTUCE, 2019.
57. CAHALI; HIRONAKA, 2012. p. 41.
58. Conforme elucida Elder Gomes Dutra "o conceito e a classificação dos pactos sucessórios estudados até os dias de hoje tem origem no direito romano. Basicamente os pactos sucessórios podem ser

admitidos no Direito brasileiro por afronta à norma de ordem pública, inadmitindo-se disposição em contrário pelas partes. Contudo, parte da doutrina, a exemplo de Mário Delgado, Maria Berenice Dias[59] e Rolf Madaleno,[60] defendem a possibilidade de pactos renunciativos, por não afetarem a vedação do art. 426, do Código Civil, cuja abdicação não conduziria a nenhum benefício ao herdeiro renunciante.

Mario Delgado defende a possibilidade de renúncia prévia ao Direito concorrencial, argumentando não configurar ato imoral, assim como não é renunciar à meação; para o mencionado autor, insere-se no quadro mais amplo da autonomia patrimonial da família, consentânea com a atual realidade social, podendo ser feito *de lege lata*, ou seja, sem a necessidade de alteração legislativa do art. 426, do Código Civil.[61] Para Rolf Madaleno, pactuar a renúncia prévia de uma herança concorrente não se confundiria com uma herança regular, legítima ou obrigatória, pois, "quem tem expectativa de direito são os herdeiros necessários. Os herdeiros concorrentes têm expectativa de fato e, portanto, eles podem conjunta e reciprocamente renunciar dessa herança concorrente".[62]

João Ricardo Brandão Aguirre posiciona-se em sentido diverso. Para o autor, a liberdade das disposições antenupciais "encontra austeros limites no direito sucessório, cuja rigidez sistemática ancora-se na rigorosa proibição da cessão e,

compreendidos em três categorias fundamentais: 1° o pacto aquisitivo ou de sucedendo, que equivale instituição de um herdeiro pela via contratual, a título universal ou singular 2°) o pacto renunciativo ou de non sucedendo, que corresponde a renúncia por um dos contraentes à sucessão do outro, vale dizer, a caracterização d pacto renunciativo exige a intervenção no ato do autor da herança; e 3°) pacto sobre a sucessão de um terceiro ou de hereditate tertii, que se constitui por um ato bilateral inter vivos efetuado entre dois interessados em relação à sucessão de uma outra pessoa viva, que permanece estranha ao acordo celebrado, razão pela qual, a rigor, não se trata de pacto sucessório, já que não regula a sucessão de nenhum dos contratantes. (DUTRA, Elder Gomes. **Premissas para um direito sucessório mínimo**: a superação dos obstáculos ao efetivo Planejamento Sucessório no Brasil. Londrina: Thoth, 2021. p. 146/147.

59. DIAS, Maria Berenice. **Manual das Sucessões**. 8. ed., rev., atual. e ampl. São Paulo: JusPodivm, 2022. p. 266.
60. "O pacto sucessório negativo ou de renúncia em nada afeta a vedação do art. 426 do Código Civil a despeito do pacta corvina, haja vista que a renúncia hereditária por antecipação não abarca qualquer gesto objeto de cobiça e expectativa pela morte do titular dos bens, pois como antes dito, a sua prévia abdicação não traz nenhum benefício ao herdeiro renunciante" (MADALENO, Rolf. **Renúncia de herança no pacto antenupcial**. Revista do IBDFAM: Famílias e Sucessões, Belo Horizonte, v. 27, maio/jun. 2018, p. 50).
61. DELGADO, Mario. Da renúncia prévia ao direito concorrencial por cônjuges e companheiros. **CONJUR**, 7 abril de 2019. Disponível em: https://www.conjur.com.br/2019-abr-07/processo-familiar-renuncia-previa-direito-concorrencial-conjuge-companheiro. Acesso em: 10 nov. 2024.
62. MADALENO, ROLF. Disponível em: https://ibdfam.org.br/noticias/10346/Novo+C%C3%B3digo+-de+Normas+da+Corregedoria+Geral+da+Justi%C3%A7a+do+TJRJ+traz+mudan%C3%A7as+a-cerca+da+escritura+de+reconhecimento+de+uni%C3%A3o+est%C3%A1vel. Acesso em: 10 nov. 2024.

também, da renúncia a direitos hereditários em momento anterior ao da abertura da sucessão";[63] no mesmo sentido, aduz que atos jurídicos que tenham por objeto fraudar a proibição legal são nulos pela regra do art. 166, inciso VI, do Código Civil, por inequívoca caracterização da fraude à lei imperativa.

É neste sentido o entendimento atualmente fixado pelo STJ, acerca da impossibilidade de afastamento das regras sucessórias por meio de renúncia previa ao Direito concorrencial ou à herança.[64] Ao considerar que o art. 104, do Código Civil,[65] contempla os planos de validade e eficácia do negócio jurídico, vislumbra-se que a validade do negócio será aferida no momento de sua realização; considera-se que a licitude do negócio jurídico se encontra inserida no plano da validade. Logo, atos ou negócios jurídicos que apresentem elementos de ilicitude não serão aptos a produzir efeitos.

Contudo, contrariando mencionado entendimento adotado pelo STJ, em setembro de 2022, a Corregedoria Geral de Justiça do Estado do Rio de Janeiro, inseriu em seu novo Código de Normas (Provimento CGJ n. 87/2022) o art. 390, prevendo entre outras disposições, a possibilidade em escritura de reconhecimento de união estável, cláusula de renúncia ao direito concorrencial a pedido das partes, desde que advertidas quanto à sua controvertida eficácia.

Em sentido semelhante, o Conselho Superior da Magistratura do Tribunal de Justiça de São Paulo (TJ-SP), em decisão proferida no ano de 2024, no julgamento da Apelação Cível nº 1000348-35.2024.8.26.0236,[66] contrariando o

---

63. AGUIRRE, João Ricardo Brandão. Algumas reflexões sobre o planejamento sucessório: a escolha de algumas veredas pode não levar à terra prometida. In: TEIXEIRA, Daniela Chaves (Coord.). **Arquitetura do Planejamento Sucessório**. Belo Horizonte: Fórum, 2.021, t. II. p. 380-381.
64. "É inviável a pretensão de estender o regime de bens do casamento, de separação total, para alcançar os direitos sucessórios dos cônjuges, obstando a comunicação dos bens do falecido com os do cônjuge supérstite. As regras sucessórias são de ordem pública, não admitindo, por isso, disposição em contrário pelas partes. [...]. Conforme já decidido por esta Corte, 'O pacto antenupcial que estabelece o regime de separação total de bens somente dispõe acerca da incomunicabilidade de bens e o seu modo de administração no curso do casamento, não produzindo efeitos após a morte por inexistir no ordenamento pátrio previsão de ultratividade do regime patrimonial apta a emprestar eficácia póstuma ao regime matrimonial" (SUPERIOR TRIBUNAL DE JUSTIÇA. RESP 1.294.404/RS, Rel. Ministro RICARDO VILLAS BÔAS CUEVA, TERCEIRA TURMA, julgado em 20/10/2015, DJe de 29/10/2015)" (STJ, Ag. Int. no REsp. 1.622.459/MT, Quarta Turma, Rel. Min. Raul Araújo, julgado em 03/12/2019, DJE 19/12/2019).
65. "Art. 166. É nulo o negócio jurídico quando: I – celebrado por pessoa absolutamente incapaz; II – for ilícito, impossível ou indeterminável o seu objeto; III – o motivo determinante, comum a ambas as partes, for ilícito; IV – não revestir a forma prescrita em lei; V – for preterida alguma solenidade que a lei considere essencial para a sua validade; VI – tiver por objetivo fraudar lei imperativa; VII – a lei taxativamente o declarar nulo, ou proibir-lhe a prática, sem cominar sanção."
66. Apelação Cível 1000348-35.2024.8.26.0236, da Comarca de Ibitinga, relator Desembargador Francisco Loureiro. ACORDAM, em Conselho Superior da Magistratura do Tribunal de Justiça de São Paulo, proferir a seguinte decisão: "Por maioria de votos, deram provimento ao recurso para julgar improcedente a dúvida e determinar o registro do pacto antenupcial, nos termos do voto do Desembargador Relator Francisco Loureiro. Vencidos os Desembargadores Fernando Torres Garcia, Beretta da Silveira

entendimento até então adotado pela mesma corte, em sede de procedimento de dúvida, o corregedor do TJ/SP Francisco Loureiro decidiu pela possibilidade da inclusão da cláusula de renúncia a concorrência sucessória em pacto antenupcial, ressaltando, contudo que "o registro não significa a chancela judicial à validade da cláusula, mas tão somente que não se deve negar eficácia perante terceiros ao pacto antenupcial, até que em momento e na esfera própria a questão da nulidade eventualmente seja arguida e decidida".

Ou seja, citado entendimento atribui ao juízo do inventário na esfera jurisdicional, decidir acerca da validade da cláusula, sem afetar as demais disposições. Trata-se de um considerável avanço em relação à liberdade, à autonomia privada e à necessidade de readequação legislativa em alinhamento às expectativas sociais e às novas realidades familiares. Contudo, sob a perspectiva do planejamento, há que se ter cuidado redobrado em relação à aposição de tais disposições, justamente por se tratar de entendimento controverso, e em especial, diverso daquele adotado até então pelas Cortes Superiores.

Não apenas a legítima e a vedação aos pactos sucessórios afiguram-se como normas cogentes limitadoras à autonomia privada; outras disposições cogentes do Direito das sucessões apresentam-se neste turno, a exemplo da necessidade de aposição da justa causa para clausulação da legítima imposta pelo art. 1.848, do Código Civil, assim como as regras atinentes à colação. Semelhante situação infere-se quanto ao direito real de habitação, que nos termos do art. 1.831, do Código Civil, assegura ao cônjuge (e igualmente ao companheiro[67]), independentemente do regime de bens, o direito real de habitação sobre o imóvel destinado a residência, cuja norma de ordem pública de natureza sucessória não admite a renúncia prévia.

Há limitações correlatas à manifestação de vontade, seja do titular do patrimônio ou do beneficiário, a exemplo do que se infere da disciplina da doação, que nos termos do art. 539, do Código Civil,[68] exige a aceitação do donatário; o mesmo ocorre em relação à partilha em vida,[69] ou no caso da constituição de pessoa jurídica, como pontuam Daniel Bucar e Daniele Teixeira.[70] A formação

---

e Xavier de Aquino, que votaram por negar provimento ao recurso. Declararão votos divergentes os Desembargadores Fernando Torres Garcia e Beretta da Silveira.", de conformidade com o voto do Relator, que integra este acórdão. 1º out. 2024.

67. STJ. EREsp 1.520.294 e Aglnt no Resp 1.757.984.
68. "Art. 539. O doador pode fixar prazo ao donatário, para declarar se aceita ou não a liberalidade. Desde que o donatário, ciente do prazo, não faça, dentro dele, a declaração, entender-se-á que aceitou, se a doação não for sujeita a encargo."
69. "Art. 2.018. É válida a partilha feita por ascendente, por ato entre vivos ou de última vontade, contanto que não prejudique a legítima dos herdeiros necessários."
70. BUCAR, Daniel. TEIXEIRA, Daniele Chaves. **As armadilhas do planejamento sucessório.** Disponível em: https://www.conjur.com.br/2020-jul-17/bucar-teixeira-armadilhas-planejamento-sucessorio/. Acesso em: 10 nov. 2024.

de sociedades empresárias para a concentração do patrimônio, com eleição de um ou alguns dos herdeiros para administração, exige a união e a organização de pessoas, de modo que a manifestação de vontade permanece como requisito essencial,[71] ao considerar o elemento essencial às sociedades o *affectio societatis*, cujo elemento subjetivo (*animus*) consiste na intenção do sócio de constituir e de permanecer em uma sociedade.

Infere-se que tanto a legítima quanto a vedação aos pactos sucessórios representam consideráveis entraves à autonomia privada e consequentemente ao planejamento sucessório. Referidos óbices legais encontram forte coro social e doutrinário no que tange à necessidade de revisitação e alteração dos referidos institutos,[72] diante de "regras sucessórias que não acompanharam as modificações vivenciadas pela família hodierna".[73]

No que tange à vedação dos pactos sucessórios ou *pacta corvina*, extraída do art. 426, do Código Civil, observa-se do mesmo modo uma aproximação à flexibilização quanto ao instituto em prol da autonomia privada, em especial quanto à contratualização do Direito sucessório, na medida em que se vislumbra a ideia de que senão o próprio indivíduo, detém o conhecimento para destinar o seu patrimônio, em especial diante das novas configurações familiares e rearranjos sociais como tendências do Direito de família; urge "uma compreensão funcionalizada da autonomia privada e do papel do planejamento patrimonial-sucessório, como forma de se construir um "Direito Sucessório mínimo".[74]

No tocante à legítima, infere-se uma aproximação doutrinária, não de exclusão total, mas de possível redução e funcionalização constitucional a equalizar a autonomia privada e as regras de solidariedade familiar, em especial no que tange às questões afetas à vulnerabilidade,[75] a remodelar a legítima para que as restrições à autonomia privada fundadas na solidariedade familiar se justifiquem na proteção daqueles que necessitem.

---

71. TEPEDINO, Gustavo; OLIVA, Milena Donato. Teoria Geral do Direito Civil. In: TEPEDINO, Gustavo (Org.). **Fundamentos de direito civil**. Rio de Janeiro: Forense, 2020. p. 127-128.
72. Menciona-se o anteprojeto de reforma do Código Civil apresentado ao Senado em 2024, que entre diversas alterações propostas, apresentaram a exclusão do cônjuge da condição de herdeiro necessário, mantendo-se apenas como herdeiro legitimo, assim como a inclusão do parágrafo primeiro no artigo 426 autorizando a renúncia antecipada à herança.
73. MAIA JÚNIOR, 2020, p. 252.
74. DUTRA, 2021, p. 255.
75. Neste sentido aduzem Ana Brochado e Simone Tassinari: "há de se ter um olhar para questões atinentes às vulnerabilidades, considerando-se que a "liberdade e solidariedade devem integrar o acervo de ocupações dos grupamentos familiares, que, mais do que primar pelos direitos, devem se constituir na faceta dos deveres e responsabilidades". (TASSINARI, Simone; TEIXEIRA, Ana Carolina Brochado. Futuros possíveis para o planejamento sucessório. **Revista Brasileira de Direito Civil**, v. 29, n. 03, p. 101-101, 2021).

Se no século passado justificava-se a higidez legitimária como forma de proteção à família, na sociedade contemporânea, ao considerar a fluidez das relações e as novas formações familiares, tal higidez não se revela mais consentânea às aspirações sociais. A sociedade não é mais a mesma. As famílias não são mais as mesmas, assim como o patrimônio e a sua transmissibilidade adquiriram novas perspectivas. Os novos formatos familiares, seja em uma perspectiva conjugal com as famílias recompostas ou paralelas, cujas relações atuais constituem-se com maior frequência, seja no aspecto parental e das novas parentalidades calcadas no afeto, demandam novas soluções e liberdades capazes de promover a solução de controvérsias inseridas nesses novos arranjos afetivos, o que exige a preservação de "espaços de não interferência estatal".[76]

A celeuma ganha novas proporções não apenas diante da igualdade de trato sucessório entre cônjuges e companheiros, mas especialmente pelas novas realidades familiares. As novas configurações familiares e os novos direitos conferidos conduzem à liberdade, mas carregam consigo óbices legais para a livre disposição patrimonial. "Mudam as instituições. Mudam os institutos jurídicos. Muda a família. Mudam as relações familiares, não para serem outras, mas para desempenharem novos papeis";[77] contudo, esses novos papéis deparam-se com duas situações diametralmente opostas: de um lado, a liberdade em relacionar-se e estabelecer novas relações afetivas; de outro, a rigidez quanto à autodeterminação patrimonial, em especial no âmbito da sucessão legítima, diante de regras sucessórias que não acompanharam as modificações vivenciadas pela família hodierna.

A autorregulamentação sob a perspectiva patrimonial ressoa socialmente sob diversos graus e interesses, especialmente quando analisado sob a tríade da autodeterminação do titular do patrimônio, dos novos modelos familiares contemporâneos e as regras sucessórias vigentes. No que tange à equalização entre esses três elementos – autonomia privada, novos modelos familiares e regras sucessórias, vislumbra-se, em realidade, um descompasso cristalino entre os anseios sociais e a norma posta, especialmente no que tange às limitações impostas em relação à legítima e à concorrência sucessória de cônjuges e companheiros.

Superar antigos preceitos faz parte da evolução social, mas certamente demandam tempo e maturação necessária para que possam ser ressignificados. A compatibilização das regras sucessórias com as novas realidades sociais e fa-

76. MULTEDO, Renata Vilela. **Liberdade e Família.** Limites para a intervenção do Estado nas relações conjugais e parentais. Rio de Janeiro: Processo, 2017, p. 43-45.
77. HIRONAKA, Giselda Maria Fernandes Novaes. A incessante travessia dos tempos e renovação dos paradigmas: a família, seu status e seu enquadramento na pós-modernidade In: SOUZA, Ivone Cândido Coelho de (Org.). **Direito de família, diversidade e multidisciplinariedade.** Porto Alegre: IBDFAM, 2.017, p. 14.

miliares faz-se necessária, objetiva-se um Direito sucessório mínimo, mediante a intervenção estatal somente nas situações que demandam a proteção de vulneráveis, o que concede ao autor da herança espaço para o exercício de sua liberdade de disposição patrimonial.

Não obstante a expectativa social concreta de ampliação da liberdade sucessória, fato indubitável é que, enquanto não realizadas as alterações nas normas postas cogentes, todo planejamento deverá ser orientado sob a ótica da legalidade, circunscrito às normas de ordem pública, cuja violação ensejará a invalidade do ato ou negócio jurídico.

Por sua vez, há espaço para a liberdade. Há espaço para a acomodação dos interesses individuais e familiares no ordenamento cogente, por meio da realização de planejamento sucessório que, por diferentes instrumentos disponíveis no ordenamento pátrio, harmonize a autonomia privada da vontade do titular do patrimônio por meio da determinação de seus destinatários, sucessores e na forma pela qual a herança será distribuída, cujos limites serão pautados pela norma cogente.

Mesmo diante de reformas legislativas, a exemplo da reforma Tributária ou do Código Civil, é possível antever possíveis mudanças ou adequar planejamentos já realizados às novas realidades, considerando-se igualmente o processo não estático e orgânico do próprio planejamento. Nas palavras do grande poeta gaúcho Érico Veríssimo, "quando os ventos de mudança sopram, umas pessoas levantam barreiras, outras constroem moinhos".[78] Toda dificuldade e toda mudança, são a porta de entrada para novas possibilidades e novos entendimentos, devendo o planejamento por certo acompanhá-las. Contudo, deverá sedimentar-se em bases legais sólidas, sob pena de invalidade dos instrumentos e pactuações realizadas.

Sob outro prisma, se em primeiro momento o respeito aos limites cogentes devem orientar a realização de qualquer planejamento sucessório, infere-se que no caso do agronegócio, a atividade apresenta particularidades outras que impactarão o modo pelo qual eventual planejamento será conduzido, seja quanto aos aspectos relacionados à presença maciça familiar na atividade, seja por elementos próprios e inerentes da atividade econômica, que necessariamente deverão compor a análise jurídica desta espécie de planejamento.

Sob esta perspectiva, a análise de tais particularidades, revela-se indispensável para a consecução de um planejamento que atenda não apenas as expectativas do detentor do patrimônio, mas que promova a sua função social, em seus diversos níveis, em especial quanto a manutenção e continuidade da atividade produtiva, tão essencial à sociedade de um modo geral.

---

78. VERÍSSIMO, Erico. **O continente**. Editora Companhia das Letras, 2004. v. 2.

4
PARTICULARIDADES DO PLANEJAMENTO SUCESSÓRIO NO AGRONEGÓCIO: ELEMENTOS QUE IMPACTAM O MODO PELO QUAL O PLANEJAMENTO SERÁ REALIZADO

Além do agronegócio apresentar uma vasta heterogenia, seja sob o aspecto econômico, social, regional, cultural e familiar, o que per si já representa um elemento distintivo das demais atividades econômicas, sob outro ângulo, a atividade agrega elementos correlatos a própria natureza da atividade, demandando uma análise criteriosa quanto aos possíveis impactos destes elementos no planejamento, em especial nas espécies de instrumentos jurídicos utilizados.

A escolha de um ou de diferentes mecanismos de planejamento, deverá agregar além dos pressupostos e limites legais indissociáveis, as particularidades correlatas a própria atividade e aquele núcleo familiar. É necessário "dar um passo atrás", para que a análise jurídica possa agregar todas as possibilidades, distinções e necessidades daquela realidade posta, antes de definir qual o melhor instrumento de planejamento adequado àquele núcleo.

No tocante as particularidades, optou-se de forma didática, abordar aquelas que apresentam, não apenas maior grau de distinção em relação às demais atividades econômicas, mas em especial àquelas de presença habitual nas atividades assim chamadas "dentro da porteira", relacionados ao setor primário, foco do presente trabalho.

Dentre essas particularidades, vislumbra-se que o primeiro elemento característico que impactará a condução do planejamento situa-se no perfil familiar do agronegócio, que além de apresentar uma ampla diversidade, seja quanto as relações familiares, seja quanto ao tamanho, ao local e ao tipo de atividade exercida, apresenta elementos próprios relacionados à forma de transmissão intergeracional da atividade e do patrimônio familiar. Não há como instrumentalizar um planejamento sucessório no âmbito do agronegócio sem antes promover a inexorável análise da perspectiva familiar da atividade.

4.1 ELEMENTO FAMILIAR. QUESTÕES SINGULARES DA SUCESSÃO FAMILIAR NO AGRONEGÓCIO

"Família é prato difícil de preparar. São muitos ingredientes"[1].

No contexto atual, estabelecer ou delimitar o conceito da família contemporânea não se revela tarefa simplista. Certamente, são muitos ingredientes. A família monogâmica, patriarcal, outrora constituída unicamente pelo matrimonio indissolúvel, não representa hodiernamente o modelo experimentado por inúmeras famílias. O reconhecimento de novas entidades familiares, a exemplo da união estável e das relações homoafetivas, assim como a dissolubilidade direta do casamento e a isonomia, entre os filhos homens e mulheres, conferida pela Constituição de 1988, formam a família plural contemporânea, cuja estrutura, permeada de uma constante liquidez em suas relações, como as qualifica Bauman,[2] revela-se per si, potencial instaurador de conflitos.

A liberdade e a autonomia privada encontram barreiras significativas no Direito brasileiro quanto à livre disposição dos bens e consequentemente no planejamento sucessório que, como delineado anteriormente, encontra limites legais, seja quanto à legítima, seja quanto aos chamados pactos sucessórios e demais regramentos cogentes. Tais ingredientes, somados à pluralidade dos contextos familiares, podem impor obstáculos para a manutenção e a transmissão da atividade econômica intergeracional, especialmente na falta de um planejamento adequado às particularidades e anseios de cada núcleo familiar.

As densidades, aspectos emocionais e pessoais de cada indivíduo, somadas à instabilidade das relações afetivas atuais, podem conduzir a situações conflituosas no momento da sucessão. São filhos de relacionamentos e origens distintas, novos cônjuges e parceiros, novos núcleos, cujas estruturas se imiscuem formando a nova família contemporânea.

Nas famílias agrárias ou agrofamílias não é diferente. Em realidade, tais elementos podem adquirir contornos mais complexos, dada a característica familiar da atividade econômica e a não rara sobreposição dos papéis familiares na gestão do negócio, ao considerar que, como mencionado, trata-se de atividade exercida de forma pessoal, cuja administração e titularidade dos bens em regra são concentrados nos patriarcas da família. Dos mais de cinco milhões de estabelecimentos rurais do País, cerca de 72% são explorados sob o regime de produtor individual, revelando-se número considerável quando analisado sob

1. AZEVEDO, Francisco. **Arroz de palma**. 12. ed. São Paulo: Record, 2014, p. 11.
2. BAUMAN, Zygmunt. **Amor líquido**: sobre a fragilidade dos laços humanos. Companhia das letras, 2004.

a ótica sucessória. O ciclo de vida do negócio acompanha em regra o ciclo de vida de seu proprietário, imiscui-se e atrela-se a sua existência em um só, cujo processo sucessório de transferência de gestão e de transferência patrimonial revelam-se complexos.

Tantos os ativos patrimoniais quanto a condução da atividade rural encontram-se concentradas sob a titularidade de uma única pessoa, em regra dos patriarcas e/ou das matriarcas da família, o que pode gerar consideráveis impactos, em especial diante do óbito dos titulares e gestores da atividade; como aludido em capitulo anterior, poderá representar tanto impactos sob o ponto de vista financeiro, quanto nas dificuldades relacionadas à transmissão e à continuidade da atividade, dada a pessoalidade da condução dos negócios.

Do mesmo modo, a atividade rural apresenta distinções quando analisado sob a ótica a transmissibilidade da atividade econômica, considerando-se que, apesar da alta mecanização da atividade e das transformações tecnológicas que vem ocorrendo no campo, a atividade dada a sua própria característica sazonal e elementos correlatos, exige uma participação pessoal muito maior que as demais atividades. O trabalho no campo exige não apenas aptidão, mas conhecimento sobre o próprio local e suas peculiaridades. A exploração de uma atividade pecuária no Pantanal, é absolutamente diversa daquela realizada nos pampas gaúchos. Diferentemente de uma indústria que apresenta uma regularidade, certa previsibilidade e possibilidade de terceirização da gestão, na atividade agrária, os obstáculos são maiores, não bastando simplesmente querer continuar o negócio, é necessário ter conhecimento para tanto, cuja presença do elemento humano é condicionante fundamental, mesmo em tempos de alta mecanização. É a máxima popular "o olho do dono que engorda o gado".

Outro aspecto relevante quando se trata de sucessão no agronegócio infere-se no elemento imaterial que vincula muitas famílias à atividade econômica. Este elemento em um primeiro momento, revela-se no apego a condução da própria atividade e as consequentes dificuldades em se transferir o controle do negócio às novas gerações.

Ao considerar que os ativos patrimoniais representam o patrimônio pessoal dos proprietários, sua gestão encontra-se em regra sob a sua exclusiva administração e controle. Suas habilidades e conhecimentos adquiridos ao longo dos anos sempre foram condicionantes ao crescimento do empreendimento e à construção do patrimônio. A possibilidade em se ter um membro da geração descendente na administração e na operação da atividade pode gerar inseguranças, em especial quando os detentores do patrimônio encontram-se em idade avançada. A proposição da utilização de instrumentos de planejamento que afastem o detentor do patrimônio por completo desta gestão, serão possivelmente por estes refutadas.

O segundo elemento imaterial infere-se no vínculo emocional que conecta alguns núcleos familiares, seja em relação ao bem imóvel rural em que o núcleo familiar sedimentou as suas raízes, mas igualmente aos elementos históricos familiares e valores imateriais que compõem aquelas gerações. Trata-se do legado familiar, elemento imaterial que reúne aspectos relacionados ao propósito, princípios e valores familiares que sustentam o conjunto familiar. Importa mencionar que para fins do presente estudo utiliza-se neste tópico o termo legado como figura de linguagem, a representar os valores familiares, históricos e patrimoniais de uma família, representado por bens tangíveis e intangíveis.

Distingue-se, portanto a sucessão do agronegócio das demais atividades econômicas, do mesmo modo, quando o bem imaterial, o patrimônio intangível mais importante a muitas famílias, transcende o seu valor econômico, especialmente a seus patriarcas. No caso das famílias agrícolas, o valor emocional atribuído à terra e ao legado familiar contribui para que os patriarcas/matriarcas da família almejem a continuidade e transmissão geracional da atividade. Existe um elemento anímico que, segundo Clóvis Beviláqua refere-se ao elemento familial, que predispõe a transmissão e a continuidade patrimonial ao núcleo familiar:

> sedimento deixado na alma humana, por um longo passado de comunhão no grêmio da família primitiva, sedimento que se traduz por uma predisposição favorável à distribuição do patrimônio entre os próximos parentes, e ter-se-á reconhecido o poder deste elemento familial.[3]

Vislumbra-se que referido elemento imaterial agrega um vetor emocional à atividade e à forma pela qual o planejamento sucessório será conduzido, eis que para muitos núcleos familiares o elemento fundamental para a continuidade do negócio não perpassa unicamente pela maximização de lucro, mas a manutenção e a preservação dos bens e de seu legado às futuras gerações.

Não obstante as transformações e as novas reconfigurações familiares ao longo do tempo, a família continua a ser uma unidade distinta de outras formas de organização social e econômica, cujas relações conduzem a negócios menos estáveis, justamente diante da presença de fatores pessoais e emocionais que contribuem para a instauração de conflitos. Faz sentido, portanto, que uma maneira comum de se referir ao seu legado de empresa familiar seja relacionar o impacto que o propósito, os valores e os princípios da família tiveram e continuarão a ter em seus negócios.[4]

---

3. BEVILÁQUA, 1955. p. 53.
4. KPMG. **O legado duradouro das empresas familiares**. Disponível em: https://kpmg.com/br/pt/home/insights/2021/04/legado-duradouro-empresas-familiares. Acesso em: 10 ago. 2024.

Por meio de tradições, histórias pessoais e princípios, o legado familiar, em sua acepção imaterial, é o tecido conectivo que une muitas famílias a um propósito de manutenção do patrimônio e da respectiva sucessão transgeracional. Esses ativos tangíveis e intangíveis, representam, portanto, a história familiar, que no agronegócio entrelaçam-se com a exploração da atividade.

Dada a natureza familiar do agronegócio, a sucessão familiar intergeracional no agronegócio representa a transmissão material e imaterial de todos esses elementos. Como mencionam Norma Kiyota e Miguel Angelo Perondi,[5] em contraste com outras áreas na sociedade contemporânea, o trabalho na agricultura permanece uma atividade herdada; isto é, a transferência do controle e da propriedade do empreendimento ocorre entre membros da mesma família. Para além de questões econômicas, o elo imaterial mantém muitas famílias no campo e na exploração da atividade passada de pai para filho.

Como o sucessor geralmente é filho do gestor, além dos bens físicos são transferidos bens intangíveis, como o conhecimento tácito adquirido através da convivência durante as atividades cotidianas do gestor.[6] Deste modo, a sucessão geracional no âmbito da exploração agropecuária deve ser compreendida como um processo e como uma transferência de recursos (materiais e imateriais) como explicitam Lobley et al.:[7]

> Sucessão não é um evento único, mas é (ou deveria ser) um processo que tem lugar em um período de tempo extenso. Sucessão é o processo de transferência da gestão dos recursos do empreendimento. Este pode envolver a transferência da unidade de produção familiar a um sucessor (ou múltiplos sucessores), ou pode envolver a transferência do capital necessário para estabelecer um novo empreendimento agrícola. Desta forma, é possível distinguir entre sucessão do agricultor e sucessão da ocupação de agricultor.

Um dos objetivos comuns das famílias proprietárias de fazendas é a transmissão para a geração seguinte de um empreendimento sólido, que lhe propicie sustento e ofereça boas perspectivas.[8] Conforme mencionam Walber Oliveira e José Eustáquio Filho,[9] do ponto de vista teórico, os empreendimentos familiares desafiam um dos pressupostos centrais da teoria neoclássica da firma, que é a busca pela maximização do lucro. Neste sentido:

5. KIYOTA, N.; PERONDI, M. A. (2015b). Sucessão geracional na agricultura familiar. Uma questão de renda? In: BUAINAIN, A. M. et al. (Editores técnicos). **O mundo rural no Brasil do século 21**: a formação de um novo padrão agrário e agrícola. Brasília: Embrapa, 2015b, p. 1013.
6. KIYOTA; PERONDI, 2015b, p. 1.013.
7. LOBLEY, M.; BAKER, J. R.; WHITEHEAD, I. **Farm succession and retirement**: some international comparisons. Journal of Agriculture, Food Systems and Community Development, Ithaka, v. 1, n. 1, ago. 2010.
8. GASSON; ERRINGTON, 1993.
9. OLIVEIRA; VIEIRA FILHO, 2019.

> Ao considerar as fazendas familiares, deve-se ter em conta que o patrimônio relacionado ao negócio – terra, lavouras, instalações, máquinas e demais benfeitorias – constitui (ou pode constituir) parte importante da riqueza do patriarca/proprietário. Nesse sentido, a condução do negócio pode visar outras prioridades que não a maximização do lucro da atividade, como autonomia, independência financeira, sobrevivência e tranquilidade.

Os bens intangíveis familiares entrelaçam-se e adquirem outros contornos quando analisados sob a ótica da sucessão no agronegócio. O lucro analisado sob esta perspectiva nem sempre figura como vetor principal para a manutenção da atividade.

Depreende-se que em relação às agrofamílias ou às fazendas familiares, a maior dificuldade de tais unidades é estabelecer a cisão entre a família e a gestão, o que conduz muitas famílias à constituição de estruturas jurídicas capazes de promove-la e o seu consequente gerenciamento por meio de uma gestão profissionalizada e compartimentada, por meio de instrumentos de governança, especialmente as que possuem altos valores agregados em ativos econômicos, a fim de manter a continuidade da atividade. Conforme leciona Fernanda Versiani,[10] os principais motivos para o fracasso da sucessão intergeracional seriam: a existência de conflitos mal resolvidos; a sobreposição de papeis familiares e societários; e a falta ou insucesso do planejamento sucessório.

Contudo, nem sempre a constituição de estruturas jurídicas ou *holdings* será a melhor solução para um dado contexto familiar, seja porque os herdeiros ou as gerações futuras não apresentam o mesmo envolvimento emocional, objetivos ou aptidão para a exploração da atividade, seja pela ausência da presença de um elemento fundamental a alguns tipos societários, a *affectio societatis*, cujo elemento subjetivo configura-se no *animus* em permanecer em sociedade.

Do mesmo modo, muitas famílias não se encontram preparadas para uma nova realidade empresarial ou de nova gestão, cuja preparação pessoal e familiar deve por certo anteceder qualquer instrumento jurídico, por meio de alinhamentos estratégicos, uma vez que juntar todos os ingredientes familiares em um único caldeirão pode ser fatal à atividade, como menciona Roberta Nioac Prado:[11]

> Notadamente a partir da segunda geração de uma família empresária ou investidora, é preciso ter claro que estamos tratando de um pessoas que não se escolheram para serem sócias de uma empresa, proprietárias de bens, embora, por questões jurídicas, possam ficar amarrados toda uma vida, em razão do inexorável processo de sucessão de seus pais, avós, bisavós e assim por diante.

---

10. VERSIANI, Fernanda. **Usufruto de participações societárias**: uma visão de planejamento sucessório em empresas familiares. Belo Horizonte: D'Placido, 2020, p. 48.
11. PRADO, Roberta Nioac. **Manual prático e teórico da empresa familiar**. São Paulo: Saraiva, 2023. p. 5.

Neste sentido, a análise quanto aos instrumentos perpassará a simples viabilidade ou as vantagens econômicas ou tributárias daquele instrumento, mas a aptidão e preparação familiar para esta nova realidade.

Sobre a perspectiva familiar da atividade, infere-se igualmente que cerca de 90% das empresas no Brasil são de origem familiar e empregam 75% da mão de obra no País, conforme apontam dados do Instituto Brasileiro de Geografia e Estatística (IBGE);[12] ou seja, ainda que os núcleos familiares inseridos no contexto do agronegócio estejam porventura organizados em estruturas jurídicas, a família permanece em regra à frente da atividade. De outro vértice, dados do Banco Mundial[13] revelam que apenas 4% das empresas familiares chegam à terceira geração. No mesmo sentido, estima-se que nos Estados Unidos, mais de 60% das fortunas não passam da segunda geração e em 90% dos casos não passam da terceira.[14] Infere-se, portanto, que a continuidade transgeracional do agronegócio dependerá de inúmeros fatores, mas em especial da existência de planejamento patrimonial e sucessório destas famílias.

Pondera-se igualmente o natural conflito entre gerações, seja entre os interesses e as expectativas pessoais do detentor do patrimônio, seja entre os interesses pessoais dos herdeiros, algumas vezes conflitantes diante da diferença geracional existente e do tipo de administração realizada, ou pela ausência de interesse ou aptidão à continuidade do negócio.

Em se tratando de um negócio familiar e diante de fatores relacionados à transmissão do patrimônio material e imaterial familiar, vislumbra-se algumas dificuldades no âmbito do agronegócio quando se inicia o processo de transição geracional, seja diante da relutância da geração mais antiga em transmiti-la aos seus sucessores, ao apego às tradições e dificuldades em promover mudanças na estrutura gerencial em prol da modernização da atividade e em especial quanto à aptidão das novas gerações.

A atividade rural no Brasil desenvolve-se de forma cada mais mecanizada, atenta às necessidades do mercado e às questões ambientais, mudando o perfil das atividades e dos seguimentos econômicos. Atualmente, é possível identificar uma mudança significativa nesse cenário, quando as novas gerações, que muitas vezes passaram a assumir o trabalho da família, trazem junto uma nova mentalidade

12. RÁDIOS.EBC. **Revista Brasília**, v. 1, 2024. Disponível em: https://radios.ebc.com.br/revista-brasilia/2024/01. Acesso em: 6 jul. 2024.
13. RÁDIOS.EBC, 2024.
14. CNN Money. **Squandering the family fortune**: Why rich families are losing money (25 jun. 2014). Disponível em: http://money.cnn.com/2014/06/25/luxury/family--wealth/index.html. Acesso em: 11 set. 2024.

para as execuções[15] no campo mediante o uso de tecnologia, da biotecnologia, pela digitalização do campo, pela atenção à gestão dos recursos naturais e o surgimento de novos modelos de negócios voltados para o campo. Muitos jovens passaram a interessar-se pelas atividades no âmbito rural, diante das novas oportunidades e perspectivas de trabalho, assim como pelos consideráveis ganhos financeiros que a atividade apresenta.[16]

De outro lado, existe o perfil de novas gerações que não intencionam atuar diretamente no campo, mas apenas auferir a renda proveniente da atividade ao arrendar a área herdada ou vende-la a terceiros. O apego imaterial à história familiar no exercício da atividade pode ser muito maior do detentor do patrimônio, que almeja a continuidade da atividade, do que de seus herdeiros. Sob este aspecto, encontra-se um elemento de extrema valia no que tange à avaliação quanto aos instrumentos utilizados para a concretização de um planejamento sucessório, uma vez que a intenção sobre a continuidade ou não da atividade agrícola pelos herdeiros deverá ser um dos critérios norteadores de eventual planejamento.

A compreensão perpassa exclusivamente a vontade do titular do patrimônio, uma vez que no âmbito da continuidade da atividade produtiva torna-se necessário distinguir-se os herdeiros que intencionam conduzir a atividade produtiva dos herdeiros que intencionam apenas usufruir economicamente. Tais elementos relacionados à aptidão dos herdeiros e à intenção quanto à continuidade da atividade devem por certo orientar igualmente a realização do planejamento sucessório; considera-se os impactos no modo como o planejamento será conduzido a partir dessas perspectivas; abre-se a possibilidade de diferentes estratégias jurídicas particularizadas a cada classe de herdeiros.

No contexto da sucessão, a dinâmica familiar constitui, portanto, elemento fundamental a ser considerado. A gestão do empreendimento familiar não obedece a uma lógica cartesiana, sob a imposição da racionalidade e da impessoalidade; ao contrário, tem o desafio de conciliar a condução do negócio, que exige objetividade, com os valores, a cultura e os laços familiares, do que dependem a sua continuidade e o seu sucesso após a primeira geração.

O elemento imaterial, o vínculo, que se denomina legado familiar, conecta os detentores do patrimônio aos seus bens e conquistas de uma vida inteira, deve possuir relevância ao realizar-se um planejamento. Disso depreende-se que, além

15. EPOCA NEGOCIOS. **Nova geração busca tecnologia e sustentabilidade no futuro do agro**. Disponível em: https://epocanegocios.globo.com/colunas/coluna/2023/07/nova-geracao-busca-tecnologia-e-sustentabilidade-no-futuro-do-agro.ghtml. Acesso em: 9 set. 2024.
16. ESTADÃO. Tecnologia estimula volta de jovens ao campo. **Notícias do Campo**. Disponível em: https://summitagro.estadao.com.br/noticias-do-campo/tecnologia-estimula-volta-de-jovens-ao-campo/. Acesso em: 5 out. 2024.

de elementos relacionados a dinâmica familiar e a própria atividade, vislumbra-se indispensável para a realização de um planejamento sucessório adequado a análise criteriosa sobre a compatibilidade ou não, entre os interesses do detentor do patrimônio e os seus respectivos herdeiros; para a transferência do legado familiar, entre outros fatores, deverá existir aptidão e interesse dos herdeiros em permanecer na atividade, sob pena do planejamento tornar-se nascedouro de novas disputas e contendas familiares.

Vislumbra-se a sucessão familiar como organismo vivo, um processo em constante renovação que deve ser orientado sob a ótica singular e funcionalizada dos preceitos cogentes e de cada núcleo familiar, cujo objetivo não deve limitar-se unicamente à redução de custos ou de fatores econômicos, mas igualmente sob a ótica pessoal dos indivíduos que compõem o núcleo familiar, suas expectativas, crenças e valores, mas sobretudo a redução de futuros litígios em prol da manutenção do *continuum* produtivo.

Infere-se, portanto, que o elemento familiar e suas particularidades corresponderá a um dos pilares fundamentais para a realização do planejamento, cuja análise deverá perpassar, desde as relações pessoais de cada ente familiar, as relações existentes entre si, e quais as aptidões pessoais e os objetivos futuros dos herdeiros. Compreender a estrutura familiar e suas relações revela-se uma condição *sine qua non* para o sucesso do planejamento sucessório no agronegócio.

A par desses fatores que per si revelam a importância do planejamento patrimonial e sucessório capaz de manter a sobrevivência e a continuidade da atividade econômica, há outras particularidades que se conectam à exploração do agronegócio que exigem tratamento jurídico adequado, tais como questões ambientais, agrárias ou contratuais. Menciona-se, a título de exemplo, as exigências legais como a realização de georreferenciamento de áreas rurais; o mínimo legal de parcelamento rural quando de eventual dissolução de condomínio; a existência de reserva legal ou de áreas de proteção permanente; os contratos agrários que não se extinguem automaticamente diante do óbito de um dos contratantes, aspectos intrínsecos estes que não apenas se inter-relacionam, mas que igualmente deverão ser observados quando da realização de um planejamento sucessório, o que impacta consideravelmente em sua estruturação.

Diferentemente de outras atividades, a atividade relacionada ao campo apresenta outra característica própria, relacionada à sujeição do ciclo biológico e às atividades na natureza, cujos elementos incidentais podem fugir ao controle da atividade humana, que impacta diretamente no exercício da atividade econômica e na sua transmissibilidade, conforme será demonstrado no próximo tópico.

4.2 AGRARIEDADE

> "Era uma noite de lua cheia, de ar parado e frio. Avistou o pai, que caminhava para a lavoura. Seguiu-o com os olhos e viu-o ficar olhando longamente a terra, como se o calor de seu olhar pudesse fazer as sementes germinarem".[17]

Segundo Fernando Sodero, a atividade agrária:

> É o complexo das operações realizadas pelo rurícola, profissionalmente, visando à produção da terra, num processo agrobiológico no qual participa ativamente, sendo certo que seus atos não se executam isoladamente, mas com a colaboração ativa do processo evolutivo da própria natureza.[18]

Neste sentido, revela-se que a atividade agrária resulta da atuação do homem sobre a terra para fins de produção, com a interferência dos recursos naturais e das atividades da natureza. Emilio Gischkow[19] afirma que a atividade agrária "é o resultado da atuação humana sobre a natureza, em participação funcional, condicionante do processo produtivo". Prossegue, ao ressalvar que: "essa participação, o chamado processo agrobiológico, não se exaure com a atividade do homem sobre a terra, pois é condicionante de outras relações de ordem social".

O cerne da atividade agrária, segundo Giselda Hironaka,[20] reside no "processo agro biológico que se cumpre na terra, por meio do trabalho humano, tendo como meta a obtenção dos frutos ou produtos daí resultantes". Conforme explicita a autora, os atos agrários que se complementam para formar a atividade agrária compõem-se de três elementos essenciais: o homem, na qualidade de executor da atividade, sendo este imprescindível,[21] porquanto de sua participação dependerá em grande parte o êxito ou fracasso da atividade; o meio ambiente, onde se processam os atos agrários; e por último o processo agrobiológico, relacionado aos fatores da natureza.

Dentro os critérios para a caracterização da atividade agrária e quanto às limitações de sua incidência, cita-se a Teoria da Agrariedade, formulada pelo italiano Antonio Carrozza, que a conceituou como:

---

17. VERISSIMO, Erico. **O tempo e o vento**. São Paulo: Companhia das letras, 2004. O continente – v. 1, p. 202.
18. SODERO, Fernando Pereira. Atividade agrária e agrariedade. **Rivista di Diritto Agrario**. Milano, Giuffrè, v. 57, n. 1, 1978.
19. GISCHKOW, Emilio Alberto Maya. **Princípios de Direito Agrário**. São Paulo: Saraiva, 1988. p. l.
20. HIRONAKA, Giselda Maria Fernandes Novaes. **A atividade agrária e a proteção ambiental**: simbiose possível. São Paulo: Cultural Paulista, 1997, p. 31.
21. SODERO, 1978.

> Atividade produtiva agrícola o desenvolvimento de um ciclo biológico concernente à criação de animais ou vegetais, que resulta ligado diretamente ou indiretamente ao desfrute das forças e dos recursos naturais, e que se resolve economicamente na obtenção de frutos (vegetais ou animais), destinados ao consumo, seja como tais, seja prévia uma ou mais transformações.[22]

Diante dessa constatação, Carrozza formulou a Teoria da Agrariedade, embasada em um conceito extrajurídico do fenômeno, que destaca o fator comum entre as atividades agrárias, o desenvolvimento de um ciclo biológico, concernente tanto à criação de animais como de vegetais, ligado direta ou indiretamente ao desfrute das forças e dos recursos naturais, resultando na obtenção de frutos (vegetais ou animais).[23]

Nas palavras de Flávia Trentini,[24] a Teoria da Agrariedade dá realce ao "risco particular ao qual é submetida a atividade agrícola. Risco que pode ser definido como biológico, em razão da vulnerabilidade climática a que ciclos animais e vegetais estão expostos".

A sujeição do ciclo biológico aos riscos da natureza é o que diferencia a atividade agrária das atividades comercial e industrial, pois enquanto na primeira o ciclo biológico está condicionado às forças da natureza - sobre as quais nem sempre o homem pode intervir - nas demais ele é totalmente controlável pela ação do produtor, exceto em caso de força maior; ou seja, o elemento relacionado aos eventos e intempéries naturais compõem um elemento intrínseco da atividade rural, sob a qual a atividade fundamenta-se, cujo elemento condiciona a atividade agrária e a distingue das demais atividades. A atividade agrária é uma empresa a céu aberto, sujeita, por certo, a uma vulnerabilidade muito maior que as demais atividades econômicas.

Secas extremas no Pantanal ou na região Nordeste, eventos climáticos como a inundação ocorrida no Rio Grande do Sul, são fatores que fogem do controle humano, promovem profundo impacto em todas as relações, sejam elas de ordem econômica, social ou familiar. As enchentes no Rio Grande do Sul ocorridas em 2024 ocasionaram perdas no setor agropecuário superiores a R$ 3.1 bilhões, segundo a Federação da Agricultura do Rio Grande do Sul (FARSUL).[25] Do mesmo modo, estudos apontam que eventos como os mencionados serão cada vez mais recorrentes. Somente em 2023, o País teve 1.161 desastres naturais, mais

---

22. CARRROZZA, Antonio. L'Autonomia del diritto agrário. **Manuale di Diritto Agrario Italiano**. Turim: UTET, 1980.
23. CARROZZA, A. **Lezioni sul diritto agrario.** Elementi di teoria generale. 2. ed. Milano: Giuffrè, 1988. p. 29.
24. TRENTINI, Flávia. **Teoria Geral do Direito Agrário Contemporâneo**. São Paulo: Atlas, 2012. p. 3.
25. AGRORECEITA. **Impacto das enchentes no agro do Rio Grande do Sul**. Disponível em: https://agroreceita.com.br/impacto-das-enchentes-no-agro-do-rio-grande-do-sul. Acesso em: 9 set. 2024.

de três por dia, em média, revelando-se um recorde desde o início dos registros, em 2011, segundo o Centro Nacional de Monitoramento e Alertas de Desastres Naturais (CEMADEN).[26]

Disso depreende-se a fragilidade da atividade, a qual, mesmo diante do constante uso da tecnologia e do controle de riscos agrobiológicos para fins de redução de riscos, estará inserida em posição de sujeição do ciclo biológico a um risco concreto que se diferencia das demais atividades.

O momento do plantio à colheita, a engorda e o abate de um animal dependerão não apenas dos esforços humanos, mas dos fatores ambientais relacionados ao momento climático adequados e riscos biológicos de cada atividade, para que venham a produzir resultados esperados. Para além dos riscos biológicos, a atividade agraria é igualmente sujeita a riscos de mercado, como a constante variação de preços de insumos, bens e das próprias commodities, assim como dos contextos políticos econômicos não apenas do País, mas de todo mercado mundial. No mesmo sentido, os riscos serão variáveis a depender igualmente do contexto e da capacidade econômica da empresa que explora a atividade.

Além do conceito relacionado aos critérios biológicos e demais elementos naturais que influem no resultado da atividade, o conceito de agrariedade expande-se e relaciona-se atualmente às características e à identidade das sociedades rurais, abarca aspectos sociais, culturais, econômicos e ambientais que são próprios do meio rural. A agrariedade refere-se à identidade e às particularidades do espaço rural, destaca-se por sua ligação intrínseca com a terra, a produção agrícola, as práticas tradicionais e a cultura local.

Trata-se, portanto, de termo que transcende a atividade econômica para englobar um modo de vida e um conjunto de valores que definem a relação entre a comunidade rural e o território que ocupa. Relaciona-se à agrariedade para além da ligação à terra e da sujeição ao ciclo biológico, com as práticas agrícolas, as comunidades, a sustentabilidade e a preservação ambiental. Disso depreende-se que a atividade agrária tem um regime jurídico amplo e complexo, que envolve conceitos dos Direitos agrário, civil, ambiental, tributário, trabalhista, empresarial entre outros, que lhe conferem uma natureza jurídica própria.

No âmbito constitucional, vislumbram-se os instrumentos de concretização dos fundamentos e objetivos fundamentais da República Federativa do Brasil, em especial no que tange ao direito de propriedade (CF, arts. 5º, inciso XXII), sua

26. EXAME. **Era dos extremos**: eventos climáticos intensos serão mais frequentes no Brasil. Disponível em: https://exame.com/esg/era-dos-extremos-eventos-climaticos-intensos-serao-mais-frequentes--no-brasil/. Acesso em: 9 set. 2024.

função social (CF, arts. 5º, inciso XXIII, 184, 185 e 186), direito ao meio ambiente ecologicamente equilibrado (CF, art. 225) entre outros.

No âmbito infraconstitucional, entre inúmeras normas cogentes, vislumbra-se em especial, o Estatuto da Terra (Lei nº 4.504, de 1964), disposições no Código Civil, Código Florestal (Lei nº 12.651/2012) e Lei do Agro (Lei nº 13.986/20) que instituiu novos instrumentos e garantias do Crédito Rural. O Estatuto da Terra como mencionado, compõe um dos principais instrumentos legais disciplinadores do uso, ocupação e relações fundiárias no Brasil, assim como contratos agrários típicos, como o arrendamento e a parceria rural.

A agrariedade é, portanto, um conceito que revela a especialidade da atividade e sua conexão com o meio ambiente e demais relações socioeconômicas, cuja sujeição da atividade encontra-se atrelada a fatores relacionados ao ciclo biológico e aos riscos da natureza, o que diferencia a atividade rural das demais atividades comercial e industrial. Neste sentido, revela-se indispensável compreender e agregar estes conceitos sob a ótica do planejamento sucessório no agronegócio, em especial no tange aos riscos da atividade e toda a sua sujeição aos elementos de ordem natural; deve o planejamento ponderar e incorporar aos instrumentos previstos no ordenamento, critérios capazes de garantir segurança jurídica àquele núcleo familiar.

Pode-se mencionar como exemplo a instituição de seguros e garantias financeiras ao exercício da atividade, contratos e acordos sociais com cláusulas específicas, como por exemplo limites ao tipo de atividade exercida, emprego de tecnologia, ou cláusulas restritivas, a exemplo de cláusula de inalienabilidade, como forma de proteção patrimonial, como será tratado no capítulo seguinte.

Somado a esses elementos característicos da atividade agrária, infere-se que a natureza das diferentes atividades econômicas, ou seja, uma atividade pecuária, agrícola ou agroindustrial, assim como o tipo de exploração da atividade, seja de forma pessoal ou por uma empresa, conduzem a diferentes particularidades e caminhos pelo qual o planejamento será construído, como será abordado no próximo item.

4.3 REGIMES JURÍDICOS DE EXPLORAÇÃO DA ATIVIDADE RURAL

Ao considerar a multiplicidade de atividades econômicas que envolvem o agronegócio, vislumbra-se a presença de particularidades relacionadas ao regime de exploração da atividade rural conferida pela norma cogente, em especial aquelas de natureza primária, as quais impactarão o modo pelo qual o planejamento será realizado.

Por atividade rural compreende-se, segundo o disposto no art. 2º, da Lei nº 8.023/1990, as atividades de agricultura, pecuária, extração e exploração vegetal e animal, apicultura, avicultura, cunicultura, suinocultura, sericicultura, piscicultura e outras culturas animais; a transformação de produtos agrícolas ou pecuários, sem que sejam alteradas a composição e as características do produto in natura e não configure procedimento industrial feita pelo próprio agricultor ou criador; a transformação de produtos decorrentes da atividade rural, sem que sejam alteradas a composição e as características do produto in natura.

A atividade rural no Brasil é exercida em regra de duas formas: por meio de pessoa física ou natural, em que o produtor rural exercerá pessoalmente a atividade econômica, sem o respectivo registro público de empresas mercantis, apenas nos respectivos órgãos fazendários estaduais por meio de cadastro de produtor rural, cuja opção em regra é exercida por aquele pequeno produtor que atua com menos burocracia de forma simplificada. A outra forma de exploração poderá ser por meio de pessoa jurídica, mediante inscrição no registro público; adota-se uma personalidade jurídica própria, seja na qualidade de empresário individual, ou por meio de sociedade limitada ou demais tipos societários. Há também a possibilidade de exploração da atividade agrícola por meio de condomínio rural, consórcio ou cooperativas.

A possibilidade de exploração econômica da atividade rural sem registro público decorre expressamente da disciplina do art. 971, do Código Civil, que contempla a liberalidade do produtor rural em exercer a atividade, seja no regime jurídico de pessoa física ou no regime jurídico de pessoa jurídica:

> Art. 971. O empresário, cuja atividade rural constitua sua principal profissão, pode, observadas as formalidades de que tratam o art. 968 e seus parágrafos, requerer inscrição no Registro Público de Empresas Mercantis da respectiva sede, caso em que, depois de inscrito, ficará equiparado, para todos os efeitos, ao empresário sujeito a registro.

Neste sentido, a pessoa que exerce a atividade econômica rural tem a faculdade de se submeter ou não ao regime jurídico empresarial, segundo previsto no art. 971, do Código Civil; afasta-se da teoria clássica da empresa, ou seja, da necessária inscrição em registro público, para que seja reconhecida como atividade empresária, nos termos do que dispõe o art. 967, do mesmo diploma.[27]

O produtor rural não representa categoria jurídica específica no Direito brasileiro, embora a atividade exercida seja geradora de diversos regimes jurídicos em matéria tributária, previdenciária e de regulação da própria atividade.

---

27. "Art. 967. É obrigatória a inscrição do empresário no Registro Público de Empresas Mercantis da respectiva sede, antes do início de sua atividade."

Como alude Fábio Ulhôa,[28] "o código civil reservou para o exercente da atividade rural um tratamento específico, se o produtor requerer sua inscrição no registro das empresas, será considerado empresário e submeter-se-á às normas do direito comercial". Infere-se que a faculdade é de registro, de forma a equiparar ao empresário comum para todos os fins, trata-se de opção dada ao empresário rural, inclusive para efeito de pedido de recuperação de empresa e de falência,[29] sujeita-se, contudo, a regramentos de pessoa natural do Código Civil e à tributação peculiar da atividade agrícola, enquanto não registrado Registro Público de Empresas Mercantis.

O conceito de empresa rural que vige no sistema jurídico brasileiro, conforme elucida Fábio De-Mattia,[30] "se diferencia do instituto como concebido na legislação e doutrina italianas, onde nasceu e se desenvolveu a estruturação da empresa agrária", uma vez que esta, no sistema italiano, sujeita-se a uma disciplina própria. Para muitos autores, à exemplo de Arnaldo Rizzardo,[31] trata-se de impropriedade técnica a utilização do termo *empresa,* utilizado para expressar o padrão ideal de proveito do imóvel rural, "não se confundido com a empresa agrária em si, que é uma atividade com o elemento da lucratividade", regida pelo Direito de empresa.

Afasta-se, portanto, a empresa rural disciplinada pelo Estatuto da Terra e Decretos regulamentadores mencionados, da Empresa agrária ou empresa comercial em sentido lato, que compreende "uma atividade econômica organizada profissionalmente e destinada à produção e/ou circulação de bens e/ou serviços de natureza rural".[32] Em suma, conceitua-se a empresa agrária a que pratica ou executa atividades agrícolas ou rurais de cunho econômico e destina a produção ao mercado consumidor. A organização, a constituição e o funcionamento da empresa agrária submetem-se às regras do Código Civil, livro II – arts. 966 a 1.195, além de regulamentação específica, em especial a Lei nº **6.404**, de 15 de dezembro de 1976.

De outro lado, infere-se o conceito de empresário, pessoa natural que se constitui individualmente para realizar uma dada atividade, de modo a obter

28. ULHOA Coelho, Fábio. **Novo manual de direito comercial**: direito de empresa. rev., atual. e ampl. São Paulo: Thomson Reuters Brasil, 2020. p. 54.
29. A Lei nº 14.112/2020, permitiu que o produtor rural que atuava no regime de pessoa física, possa se utilizar do pedido de recuperação judicial, desde que registrado na Junta Comercial, podendo comprovar o desempenho de atividades rurais há pelos menos 2 anos.
30. DE-MATTIA, Fábio Maria. **Empresa agrária e estabelecimento agrário**. Disponível em: https://www2.senado.leg.br/bdsf/bitstream/handle/id/176341/000497675.pdf?sequence=1&isAllowed=y. Acesso em: 26 out. 2024. p. 10.
31. RIZZARDO, 2024. p. 583.
32. RIZZARDO, 2024. p. 582.

resultados econômicos, cujo conceito geral legal extraído do art. 966, do Código Civil, é "quem exerce profissionalmente atividade econômica organizada para a produção ou a circulação de bens ou de serviços". Sua inscrição no Registro Público de Empresas Mercantis, segundo o art. 967, do mesmo diploma, é em regra obrigatória; contudo, no caso do empresário rural individual, nos termos do mencionado art. 971, do Código Civil, observa-se a liberalidade de seu registro.

Uma vez inscrito, sujeitar-se-á ao regime jurídico empresarial; caso contrário, estará sujeito às leis civis ordinárias. Enquanto a ausência de registro permite uma maior flexibilidade e informalidade quanto ao exercício de suas atividades, os efeitos do registro conferem publicidade e formalidade, sujeitando o empresário rural ao regime empresarial comum.

Ao considerar o tratamento específico conferido pelo Código Civil à atividade rural, relativamente à faculdade de se submeter, ou não, ao regime jurídico empresarial, somado ao fato de que 77% dos estabelecimentos agrícolas do País foram classificados como agricultura familiar, infere-se, como demonstrado, que a maior parte da exploração agrícola no País é realizada em regime de pessoa física, ou seja, pelo produtor individual sem a constituição de registro, conforme mostram os dados do censo agropecuário de 2017.[33] Dos mais de cinco milhões de estabelecimentos rurais do País, cerca de 72% são explorados sob o regime de produtor individual, seguido pelo regime de condomínio rural, consórcio ou união de pessoas. A exploração por meio de sociedade anônima ou por cotas de responsabilidade limitada representa menos de 0,26%.

Contribuem para este considerável número, além dos fatores mencionados, questões afetas à simplificação das exigências fiscais, a heterogenia social e regional dos produtores familiares, assim como os incentivos governamentais como o acesso facilitado ao crédito rural, os programas de assistência técnica, os incentivos fiscais, em especial àqueles decorrentes da Política Nacional da agricultura familiar, oriundos da Lei nº 11.326/2006, a qual estabelece um conjunto de benefícios e direitos para os pequenos produtores rurais e agricultores familiares.

No regime tributário atual, inferiam-se algumas vantagens na exploração por meio de pessoa física considerando que, apesar do produtor rural ser contribuinte do ICMS (artigo 155, II, CF – LC nº 87/96), uma vez que exerce com habitualidade a venda de mercadorias, fruto de sua produção agrícola ou pecuária, em muitos Estados, possuem incentivos fiscais ou isenções. O mesmo ocorre em relação as contribuições de PIS/PASEP e Confins, (artigo 149, 195, CF; Leis

33. IPEA. **Repositório do Conhecimento do IPEA**. Disponível em: https://repositorio.ipea.gov.br/bitstream/11058/10490/1/brua_23_artigo16.pdf. Acesso em: 28 out. 2024.

9.718/98, 10.637/2002 e 10.833/2003; IN 2.121/22), exigidas sobre a receita bruta ou faturamento, por meio dos regimes cumulativo ou não cumulativo, tendo como contribuinte apenas a pessoa jurídica.

A depender da atividade econômica, ou seja, uma atividade de pecuária, agrícola, extrativista ou agroindustrial, sob a análise tributária, seus impactos e vantagens econômicas serão diversos, a depender do regime jurídico de exploração. A opção pelo regime jurídico de pessoa física ou jurídica, pelo lucro real ou presumido nas atividades, apresentam-se distinções consideráveis no âmbito de incidência tributária e da rentabilidade da operação. Um exemplo disso são as atividades relacionadas à pecuária, como menciona **Daniel Bijos Faidiga**,[34] em uma simulação prática comparativa entre a cria e recria de gado entre pessoa física ou jurídica:

> Trata-se de situação isenta de Funrural. Na pessoa física, pode-se pagar 5,5% IRPF + 0,2% de Senar, ou seja, um total de 5,7% do faturamento. Já a pessoa jurídica, no lucro presumido, tem tributação a 3,08% IRPJ/CSLL + 3,65% PIS/Cofins + 0,25% Senar = 6,98% do faturamento. Ou seja, tributar essa forma de pecuária na pessoa física é melhor. Contudo, se o produtor rural lida com a engorda e venda para frigorífico, a pessoa jurídica trará maior vantagem tributária. E daqui vemos que, diferente de várias outras análises tributárias mais padronizadas (prestação de serviços, venda de imóveis etc.) não há uma resposta única e padronizada. É sempre necessária a análise do tipo de atividade pecuária.

Contudo, o regime de exploração agrícola sofrerá profundas mudanças a partir da Reforma Tributária sobre o consumo, oriunda da Emenda Constitucional nº 132/2023 e regulamentação pela Lei Complementar nº 214/25, modificando contundentemente, não apenas as espécies de tributos, diante da extinção de tributos como PIS/Cofins e ICMS, trazendo em substituição a CBS, da União, e, o IBS (estados/municípios/DF), afetando os regimes tributários para o produtor rural (pessoa física e jurídica).

O produtor rural (física e jurídica) somente não será contribuinte do IBS/CBS, quando auferir receita bruta inferior a R$ 3,6 milhões no ano-calendário (Art. 26, VI; art. 164, LC 214/25). Por sua vez, a nova disciplina do artigo 164, § 6º, da Lei Complementar nº 214/2025, aduz que "Caso o produtor rural, pessoa física ou jurídica, tenha participação societária em outra pessoa jurídica que desenvolva atividade agropecuária, o limite previsto no caput deste artigo será verificado em relação à soma das receitas auferidas no ano-calendário por todas essas pessoas". Ou seja, ainda que o produtor esteja operando sob a pessoa física,

34. FADIGA, Daniel Bijos. A tributação da atividade pecuária é sempre pior na pessoa jurídica? Disponível em: Faidigahttps://www.conjur.com.br/2023-dez-08/a-tributacao-da-atividade-pecuaria-e-sempre-pior-na-pessoa-juridica. Acesso em: 10 nov. 2024.

caso possua participação societária em pessoa jurídica que desenvolva a atividade rural, seus rendimentos serão computados, o que impactará diretamente na constituição de holdings e empresas afins.

Por certo, afora toda a controvérsia pungente em relação a reforma tributária ainda em implementação, são diferentes variáveis, seja quanto ao tipo da atividade, a forma de exploração e os regimes jurídico e fiscal adotados, que igualmente deverão compor, de forma particularizada e customizada, os critérios condutores para a adequação e a utilização dos diferentes tipos de instrumentos de planejamento sucessório. Deste modo, o tipo de regime jurídico de exploração da atividade econômica, pessoa física ou jurídica, impactará o modo pelo qual o planejamento será realizado, sob diferentes aspectos, sejam eles econômicos, tributários, patrimoniais e sucessórios.

Sendo a atividade agrária explorada por meio de pessoa física, ou seja, de produtor individual que, como demonstrado, ainda é o tipo de exploração predominante, por força da norma cogente e em caso de falecimento do titular da exploração econômica da atividade, todos os bens e direitos que estiverem em seu nome estarão sujeitos a inventário, inclusive a manutenção da própria atividade. Disso decorre a necessidade de se compatibilizar, além da autonomia da vontade do titular do patrimônio, os possíveis impactos econômicos advindos do evento morte ou de eventual incapacidade, conduzindo a utilização de instrumentos capazes de minimizar referidos impactos.

No caso de a atividade ser explorada sob o regime de pessoa jurídica, a eventual participação e sucessão do *de cujus* no quadro societário estará sujeita não apenas à norma cogente, mas ao tipo societário, aos regramentos disciplinados por meio de contrato social ou estatuto, no caso de S.A. De outro lado, diferentemente ocorre se a exploração for realizada por meio de empresário individual, uma vez que não haverá transmissão de quotas ou continuidade da sociedade empresária, a qual cessará por força do óbito. O patrimônio da pessoa natural e do empresário individual são os mesmos, em vista disso o titular responderá de forma ilimitada pelas dívidas. A firma individual é mera extensão da pessoa física ou natural, sendo esta a responsável, com seus bens pessoais, pelos atos praticados pela empresa e a sua morte implica, necessariamente, no desaparecimento da firma por ele intitulada.[35]

35. TJ/SP. Apelação – Empresário Individual – Falecimento – Pedido de herdeiros do falecido para nomeação de administrador provisório da sociedade – Procedimento de jurisdição voluntária – Sentença de extinção sem resolução de mérito – Indeferimento da petição inicial – Apelação dos herdeiros – A empresa individual é mera ficção jurídica, criada para habilitar a pessoa natural a praticar atos de comércio e para obter vantagens tributárias, se confunde com a própria pessoa física do empresário – Doutrina e precedentes jurisprudenciais desta C. 1ª Câmara Reservada de Direito Empresarial e do

Deste modo, a forma de exploração da atividade rural será um dos critérios condutores para a adequação e a utilização dos diferentes tipos de instrumentos de planejamento, inserido sob as particularidades de cada produtor e de seu núcleo familiar. O mesmo se infere quanto ao tipo de atividade econômica explorada, ou seja, o tipo ou os tipos de atividade rural explorada.

Ao considerar o recorte sobre o segmento das atividades no agronegócio denominadas dentro da porteira, ou seja, de natureza primária, relacionadas ao processo produtivo realizado dentro da propriedade rural, tem-se em regra a sua relação direta com a propriedade imobiliária ou a propriedade fundiária, cujo regime jurídico e suas particularidades, impactarão diretamente o modo pelo qual um planejamento sucessório eventual será realizado. Posto isto, mediante critérios legais e de incidência comum, objetivou-se no próximo item analisar alguns elementos principais capazes de promover impactos diretos no planejamento.

4.4 QUESTÕES ATINENTES À NATUREZA IMOBILIÁRIA RURAL

O direito de propriedade no Brasil ao longo dos séculos sofreu profundas modificações. No período colonial, a distribuição de terra para fins de colonização e proteção territorial era realizada por meio das sesmarias, modo pelo qual a Coroa entregava grandes extensões de terras aos chamados sesmeiros, em regra pessoas de poder vinculadas à Corte, que tinham por obrigação "colonizar a terra, ter nela sua moradia habitual e cultura permanente, demarcar os limites, pagar tributos".[36]

Em 1822, o regime de sesmarias fora extinto e ressurgiu apenas em 1850; o primeiro diploma que tratou sobre as questões afetas à propriedade de imóveis rurais, respectivamente a Lei n. 601/1850, denominada Lei de Terras, a qual disciplinava a aquisição de terras devolutas por meio de aquisição monetária. A partir da edição dessa lei, a terra só poderia ser adquirida por meio de compra; não eram permitidas novas concessões de sesmaria, tampouco a ocupação por posse, com exceção das terras localizadas a dez léguas do limite do território.

E. STJ – O falecimento do empresário individual não acarreta transmissão de quotas, porque inexiste sociedade empresária, sequer unipessoal, respondendo com seus bens por eventuais dívidas contraídas em nome da empresa – Não há que se falar em continuidade de sociedade empresária, nem de administrador provisório para cumprir obrigações decorrentes do falecimento do empresário individual – Necessidade de abertura de inventário do falecido, cabendo ao inventariante a ser nomeado adotar medidas para baixa do CNPJ e extinção do registro do empresário individual perante a JUCESP, além de outras obrigações decorrentes do óbito de seu titular – Interesse processual não configurado – Sentença terminativa mantida – Recurso improvido (TJ-SP – AC: 10044281820218260278 SP 1004428-18.2021.8.26.0278, Relator: Jane Franco Martins, Data de Julgamento: 27/08/2021, 1ª Câmara Reservada de Direito Empresarial, Data de Publicação: 27/08/2021).

36. RIZZARDO, 2024, p. 11.

No caso da posse, seriam regularizadas todas as terras cultivadas ou com algum princípio de cultura e que constituíssem a morada habitual do posseiro.

No que diz respeito à imigração, a lei determinava a permissão de venda de terras aos estrangeiros e, caso houvesse interesse, estes poderiam naturalizar-se, como forma de substituição da mão de obra escrava, ao considerar que o ano da edição da Lei de Terras coincidia com o da Lei Eusébio de Queirós - Lei nº 581/1850, a qual determinava a proibição do tráfico de escravos em território brasileiro; contudo, as terras eram vendidas por um preço relativamente alto, o que dificultava a sua aquisição por parte dos colonos.[37] Referida Lei, segundo Arnaldo Rizzardo, "importou em banir o trabalhador da terra, levando a formar-se o latifúndio no Brasil",[38] uma vez que o alto custo de aquisição das terras impedia os pequenos agricultores em adquiri-las.

Por meio do Decreto nº 1.318/1854, instituiu-se o regime de registro de terras, conhecido como registro paroquial ou do vigário, pelo qual os vigários eram os encarregados de promover as declarações e registros de terras. Posteriormente mediante a promulgação da Constituição da República de 1891, as terras devolutas foram transferidas aos Estados.

Por sua vez, somente em 1964, por meio da Emenda Constitucional nº 10, foi conferida autonomia e competência legislativa exclusiva da União para legislar sobre a matéria; houve a promulgação naquele período do Estatuto da Terra, por meio da Lei nº 4.504/1964, que consolidou o Direito agrário como ramo autônomo e estabeleceu condicionantes ao uso e à propriedade, em especial a sua função social.

A partir do Estatuto da Terra e posteriormente por meio da Constituição de 1988, o direito de propriedade e os seus atributos, ou seja, usar, gozar e dispor da coisa, estão submetidos aos interesses coletivos, afastando-se a ideia de absolutismo irrestrito destes direitos. O direito de propriedade deve ser exercido em consonância com as suas finalidades econômicas e sociais, e o seu uso estará condicionado à sua função social, por meio de um dever ser de todo proprietário de áreas rurais. A exploração da terra estará condicionada invariavelmente ao uso funcionalizado da propriedade rural, ou seja, à sua função social.

O art. 186, da Constituição, assim como o art. 9º, da Lei nº 8.629/1993, estabelecem que a função social será atendida quando a propriedade rural atender simultaneamente quatro requisitos: aproveitamento racional e adequado da terra; utilização adequada dos recursos naturais e preservação do meio ambiente; ob-

37. ARQUIVO ESTADO. **Portal**. Disponível em: http://www.historica.arquivoestado.sp.gov.br/materias/anteriores/edicao02/materia02/. Acesso em: 22 out. 2024.
38. Ibidem., p. 12.

servância da legislação trabalhista; e que a exploração favoreça o bem-estar dos proprietários e trabalhadores. Todo imóvel rural que não atender à sua função social, diante da norma cogente, poderá ser desapropriado pela União, para fins de reforma agrária.[39]

Desse dever ser emergem diferentes elementos e limites correlatos ao uso e finalidades econômicas do imóvel rural, e condiciona o cumprimento de tais obrigações à sua função social. Dentre tais obrigações, inferem-se àquelas atinentes ao cumprimento do arcabouço jurídico ambiental, as quais indubitavelmente deverão compor qualquer planejamento que envolva áreas rurais, conforme estudar-se-á no tópico seguinte.

4.4.1 Questões ambientais

Das disposições constitucionais, em especial o texto contido no art. 225, vislumbra-se o direito fundamental ao meio ambiente equilibrado, em uma acepção social transindividual, relacionado à dignidade humana e ao direito à vida, assim como a função social da propriedade, que envolve a "adequação do direito de propriedade ao interesse coletivo, de modo a lhe retirar o caráter visto essencialmente sob o prisma individualista, excludente e absoluto que se formou ao longo da idade moderna".[40]

O direito constitucional à propriedade, outrora absoluto, é condicionado ao uso funcionalizado dos recursos naturais e aos fins sociais a que se destina. A legislação ambiental destinada às áreas rurais visa precipuamente à proteção ao meio ambiente, à redução do impacto das ações humanas e à garantia de sustentabilidade dos sistemas de produção.

O arcabouço jurídico ambiental, em especial a Lei nº 12.651/2012,[41] mais conhecida como o Código Florestal, estabelece, entre outros, obrigatoriedades relacionadas à destinação de área de reserva legal e áreas de preservação permanente em áreas rurais. Todo imóvel rural deverá obrigatoriamente possuir um registro público eletrônico denominado CAR – Cadastro Ambiental Rural, no âmbito do Sistema Nacional de Informação sobre o Meio Ambiente – SINIMA, cuja finalidade é integrar as informações ambientais das propriedades e posses

39. "Art. 184. Compete à União desapropriar por interesse social, para fins de reforma agrária, o imóvel rural que não esteja cumprindo sua função social, mediante prévia e justa indenização em títulos da dívida agrária, com cláusula de preservação do valor real, resgatáveis no prazo de até vinte anos, a partir do segundo ano de sua emissão, e cuja utilização será definida em lei."
40. RIZZARDO, 2024. p. 21.
41. BRASIL. **Lei 12.651 de 25 maio 2012.** Disponível em: https://www.planalto.gov.br/ccivil_03/_ato2011-2014/2012/lei/l12651.htm. Acesso em: 1º jul. 2024.

rurais concernentes às áreas de preservação permanente e de Reserva Legal, por meio de uma base de dados Nacional.

O inciso III, do art. 3º, do Código Florestal, **define como área de reserva legal a** "*área localizada no interior de uma propriedade ou posse rural, com a função de assegurar o uso econômico de modo sustentável dos recursos naturais do imóvel rural*". A Reserva Legal (RL) é um percentual da área coberta de vegetação nativa, localizada dentro de um imóvel rural.

Trata-se de obrigação legal, nos termos do art. 12 do referido regramento; todo imóvel rural deve manter uma área de reserva legal, considera-se os percentuais mínimos estabelecidos conforme o bioma e região. Pela legislação cogente, no bioma da Amazônia legal, a área de reserva legal deve atingir entre 50% a 80% da totalidade do imóvel. No cerrado da Amazônia legal será de 35%; em outros biomas e campos gerais será de 20%.[42]

A reserva legal deverá obrigatoriamente ser averbada junto ao Cadastro Ambiental Rural, que figura como instrumento obrigatório de toda propriedade rural regular, cuja aprovação da área destinada estará sujeita à aprovação do Poder Público, que considerará a sua natureza jurídica de limitação administrativa. Uma vez delimitada a área de reserva legal no CAR, o Código Florestal estabelece que não é possível a alteração de sua destinação em casos de transmissão ou desmembramento, salvo em situações específicas; ou seja, se houver o desmembramento ou a alienação do imóvel, a área que anteriormente foi destinada à reserva legal deverá ser preservada, eis que ocorre a sub-rogação, ou seja a transferência da obrigação, que impacta diretamente na forma como será conduzida eventual cisão da propriedade.

Tal situação decorre do fato de que a obrigação quanto às áreas de reserva legal tem natureza jurídica de Direito real, ou seja, de obrigação *propter rem* conforme já pacificado pelo STJ.[43] O mesmo se infere quanto às situações de ilícitos ambientais, conforme disposto na Súmula 623 também do STJ.[44] Deste modo, transmite-se o dever de instituir e conservar a Reserva legal, bem como o dever de recuperar áreas degradadas, independentemente de quem tenha cometido o

42. "Art. 16. Poderá ser instituído Reserva Legal em regime de condomínio ou coletiva entre propriedades rurais, respeitado o percentual previsto no art. 12 em relação a cada imóvel. Parágrafo único. No parcelamento de imóveis rurais, a área de Reserva Legal poderá ser agrupada em regime de condomínio entre os adquirentes."
43. STJ. Tema repetitivo 1204. As obrigações ambientais possuem natureza propter rem, sendo possível exigi-las, à escolha do credor, do proprietário ou possuidor atual, de qualquer dos anteriores, ou de ambos, ficando isento de responsabilidade o alienante cujo direito real tenha cessado antes da causação do dano, desde que para ele não tenha concorrido, direta ou indiretamente. DJU 29.09.2023.
44. STJ. Súmula 623 "As obrigações ambientais possuem natureza propter rem, sendo admissível cobrá-las do proprietário ou possuidor atual e/ou dos anteriores, à escolha do credor".

ilícito, transfere-se o passivo ambiental diante da natureza jurídica de tal obrigação. Ou seja, não apenas o bem será transferido, mas todos os seus passivos ambientais em eventual sucessão.

O parágrafo 1°, do art. 12, dispõe que "em caso de fracionamento do imóvel rural, a qualquer título, inclusive para assentamentos pelo Programa de Reforma Agrária, será considerada, para fins do disposto do caput, a área do imóvel antes do fracionamento"; ou seja, se houver o fracionamento ou o parcelamento da propriedade rural, a reserva legal deverá ser mantida dentro dos limites legais e da área aprovada e averbada.

A Reserva Legal deverá ser conservada com cobertura de vegetação nativa pelo proprietário do imóvel rural, possuidor ou ocupante a qualquer título, pessoa física ou jurídica, de Direito público ou privado. Admite-se a exploração econômica da Reserva Legal mediante manejo sustentável, previamente aprovado pelo órgão competente do Sisnama.[45] Para fins de manejo de Reserva Legal na pequena propriedade ou posse rural familiar, os órgãos integrantes do Sisnama deverão estabelecer procedimentos simplificados de elaboração, análise e aprovação de tais planos de manejo.

Em caso de área de posse, a área de Reserva Legal será assegurada por meio de termo de compromisso firmado pelo possuidor com o órgão competente do Sisnama, com força de título executivo extrajudicial que explicite, no mínimo, a localização da área de Reserva Legal e as obrigações assumidas pelo possuidor por força do previsto nesta Lei. A transferência da posse implicará a sub-rogação das obrigações assumidas no termo de compromisso.

No que tange às áreas de proteção permanente (APP), trata-se de área protegida, coberta ou não por vegetação nativa, com a função ambiental de preservar os recursos hídricos, a paisagem, a estabilidade geológica e a biodiversidade, a qual coexistirá a par da reserva legal, a depender do tipo de área. Diferentemente da obrigatoriedade da área de reserva legal, a existência de APP é condicionada a características específicas, inerentes ao local, à sua geografia e à sua hidrografia. Outro aspecto refere-se ao fato de que, por se tratar de área legalmente protegida, a exploração econômica relativamente a essas áreas não será permitida.

Assim, em determinadas circunstâncias, além da obrigação da existência da Reserva Legal em propriedades rurais, há também a delimitação da Área de Preservação Permanente (APP), resultando na diminuição da área disponível para atividades produtivas no imóvel, cujo computo será particularizado a cada área, a depender dos elementos naturais e geográficos.

45. Sistema Nacional do meio ambiente.

No entanto, a norma cogente possibilita a utilização de alguns instrumentos a fim de viabilizar a adequação dessas exigências, a exemplo da possibilidade de incluir a Área de Preservação Permanente (APP) no cálculo da Reserva Legal, nos termos do art. 15, do Código Florestal.[46] Menciona-se, igualmente, a possibilidade de alocação extra propriedade (em outro imóvel rural) em área de Servidão Ambiental mediante regime de compensação na forma instituída pelo § 1º, do art. 13, da Lei nº 12.651/2012,[47] desde que se trate do mesmo bioma.[48]

Do mesmo modo, permite a norma cogente a instituição da Reserva Legal em regime de condomínio ou coletivo entre propriedades rurais, respeitado o percentual previsto na legislação em relação a cada imóvel. Assim, no caso de parcelamento de imóveis rurais, a área de Reserva Legal poderá ser agrupada em regime de condomínio entre os adquirentes, conforme possibilita o art. 16 da mencionada norma;[49] as partes podem, diante da dissolução de condomínio ou de um regime de mancomunhão,[50] estabelecerem a instituição da reserva legal por meio de aquisição, arrendamento ou instituição de servidão ambiental.

---

46. "Art. 15. Será admitido o cômputo das Áreas de Preservação Permanente no cálculo do percentual da Reserva Legal do imóvel, desde que: I – o benefício previsto neste artigo não implique a conversão de novas áreas para o uso alternativo do solo; II – a área a ser computada esteja conservada ou em processo de recuperação, conforme comprovação do proprietário ao órgão estadual integrante do Sisnama; e III – o proprietário ou possuidor tenha requerido inclusão do imóvel no Cadastro Ambiental Rural - CAR, nos termos desta Lei. § 1º O regime de proteção da Área de Preservação Permanente não se altera na hipótese prevista neste artigo. § 2º O proprietário ou possuidor de imóvel com Reserva Legal conservada e inscrita no Cadastro Ambiental Rural - CAR de que trata o art. 29, cuja área ultrapasse o mínimo exigido por esta Lei, poderá utilizar a área excedente para fins de constituição de servidão ambiental, Cota de Reserva Ambiental e outros instrumentos congêneres previstos nesta Lei. § 3º O cômputo de que trata o caput aplica-se a todas as modalidades de cumprimento da Reserva Legal, abrangendo a regeneração, a recomposição e a compensação. (Redação dada pela Lei nº 12.727, de 2012). § 4º É dispensada a aplicação do inciso I do caput deste artigo, quando as Áreas de Preservação Permanente conservadas ou em processo de recuperação, somadas às demais florestas e outras formas de vegetação nativa existentes em imóvel, ultrapassarem: (Incluído pela Lei nº 12.727, de 2012). I – 80% (oitenta por cento) do imóvel rural localizado em áreas de floresta na Amazônia Legal; e (Incluído pela Lei nº 12.727, de 2012)."
47. "Art. 13, inciso I, § 1º No caso previsto no inciso I do *caput*, o proprietário ou possuidor de imóvel rural que mantiver Reserva Legal conservada e averbada em área superior aos percentuais exigidos no referido inciso poderá instituir Servidão Ambiental sobre a área excedente, nos termos da Lei nº 6.938, de 31 de agosto de 1981, e Cota de Reserva Ambiental."
48. "Art. 48. A CRA pode ser transferida, onerosa ou gratuitamente, a pessoa física ou a pessoa jurídica de direito público ou privado, mediante termo assinado pelo titular da CRA e pelo adquirente. [...] § 2º A CRA só pode ser utilizada para compensar Reserva Legal de imóvel rural situado no mesmo bioma da área à qual o título está vinculado. (Vide ADIN Nº 4.937) (Vide ADC Nº 42) (Vide ADIN Nº 4.901)."
49. "Art. 16. Poderá ser instituído Reserva Legal em regime de condomínio ou coletiva entre propriedades rurais, respeitado o percentual previsto no art. 12 em relação a cada imóvel. (Incluído pela Lei nº 12.727, de 2012). Parágrafo único. No parcelamento de imóveis rurais, a área de Reserva Legal poderá ser agrupada em regime de condomínio entre os adquirentes."
50. Mancomunhão ou "mão comum", é o estado em que os bens de um casal ou de uma união estável pertencem a ambos em partes iguais, antes da partilha.

A inobservância de tais critérios, além de representar possível impacto temporal ao planejamento, considerando o tempo necessário de tais adequações, as quais estarão sempre subordinadas à aprovação dos órgãos ambientais competentes, assim como aos necessários ajustes e acomodação dos interesses das partes, poderão impactar economicamente, considerando-se os custos envolvidos em tais regularizações, mas, de forma mais grave, poderão acarretar a inviabilização material do planejamento e gerar novos conflitos e litígios.

Menciona-se a título ilustrativo a seguinte situação: mediante instrumento de testamento, atribuiu-se para cada herdeiro uma parcela igualitária em hectares de respectiva área rural a ser partilhada; contudo, quando do cumprimento do testamento, afere-se que em uma das áreas destinadas a um dos herdeiros existe considerável área de preservação permanente, o que impactará a redução da área explorada pelo herdeiro. Referida situação poderá acarretar o incremento de conflitos, além de não representar o efetivo desejo do testador, cuja situação poderia ter sido objeto de adequação ou compensação em relação às áreas dos demais, caso expressamente previsto no instrumento.

Infere-se, portanto, que tais elementos legais específicos, sejam eles proibitivos ou permissivos, impactarão o modo pelo qual eventual planejamento patrimonial ou sucessório será realizado e nos seus respectivos instrumentos, em especial naqueles que envolvam extinção de condomínio, parcelamento ou partilha de área rural. O conhecimento de tais fatores permitirá não apenas a viabilidade material do planejamento, dentro dos limites e parâmetros legais exigidos, mas igualmente na promoção de uma partilha que atenda à função social da propriedade e à dignidade de seus partícipes.

Para além de tais limitações, a existência de bens imóveis rurais, condicionam o planejamento à outras situações e disposições legais, como o caso da exigência de georreferenciamento para qualquer ato que importe em alteração do registro, assim como os limites legais correlatos ao parcelamento rural como a seguir será delineado.

4.4.2 Georreferenciamento

Além da obrigatoriedade de todo imóvel rural efetivar inscrição junto ao CAR – Cadastro Ambiental Rural, outro importante aspecto correlato ao imóvel rural revela-se na obrigatoriedade da realização de georreferenciamento em quaisquer situações que envolvam áreas iguais ou acima de 25 hectares,[51] nos

51. Nos termos da Lei 10.267/01, após 2025, será obrigatório a realização de georreferenciamento, inclusive dos imóveis menores que 25 hectares. Contudo, já existem decisões de Tribunais Regionais determinando a realização do georreferenciamento em qualquer tamanho de área, nos casos em que houver

termos da Lei nº 10.267/2001. Todo imóvel rural deve possuir cadastro junto ao Cadastro Nacional de Imóveis Rurais – CNIR, que integra o Sistema Nacional do Cadastro Rural – SNCR, objetivando a unificação dos registros cadastrais e sobreposição de área, por meio de medições georreferenciadas dos limites dos imóveis.

O georreferenciamento é um procedimento realizado por meio do levantamento topográfico que mapeia a superfície do imóvel e produz dados de descrição precisos de sua forma, dimensão e localização. **O prefixo *geo* significa relação com a terra ou com o solo. Georreferenciar um imóvel rural é, portanto, torná-lo situado em um determinado ponto terrestre.** O trabalho realizado por profissional credenciado ao INCRA certificará e utilizará as informações produzidas para padronizar, regulamentar e identificar um imóvel rural, após o que referidos dados serão levados a registro na matrícula do imóvel pelo Oficial Registrador Imobiliário. Desta forma, será possível obter a Certificação do Imóvel Rural e garantir que os limites das áreas não se sobreponham a outras cadastradas no Sigef –[52] Sistema de Gestão fundiária do Governo Federal.

Nos termos das alterações promovidas na Lei de Registros Públicos,[53] em especial ao que dispõem os parágrafos terceiro e quarto do art. 176,[54] é obrigatória a realização do georreferenciamento para qualquer ato que importe em alteração no registro dos imóveis rurais, como compra e venda, desmembramento, remembramento, parcelamento, e prestação de garantia.

A descrição do imóvel rural deve conter informações como forma, dimensão e confrontações, além de características que garantam a precisão da localização do imóvel, em observância ao princípio da especialidade e da segurança jurídica, cuja finalidade é evitar a sobreposição de áreas. Mesmo em área que havia georreferenciamento registrado, em caso de remembramento de área, deverá ser realizado novo georreferenciamento para fins de readequação de seus limites e confrontações ou abertura de uma nova matrícula. **Nos casos**

---

desmembramento, parcelamento, ou transferência de titularidade: TJ/RS, ApCiv 70040904302, 29ª Câm. Civ. J. 6.7.2011, rel. Rubem Duarte.

52. INCRA. **Portal**. Disponível em: https://sigef.incra.gov.br/. Acesso em: 2 jul. 2024.
53. BRASIL. **Lei nº 6.015, de 31 de dezembro de 1973**. Lei de Registros Públicos DOU, de 31.12.1973, p. 13.528.
54. "Artigo 176 § 3º *Nos casos de desmembramento, parcelamento ou remembramento de imóveis rurais, a identificação prevista na alínea a do item 3 do inciso II do § 1º será obtida a partir de memorial descritivo, assinado por profissional habilitado e com a devida Anotação de Responsabilidade Técnica – ART, contendo as coordenadas dos vértices definidores dos limites dos imóveis rurais, georreferenciadas ao Sistema Geodésico Brasileiro e com precisão posicional a ser fixada pelo INCRA, garantida a isenção de custos financeiros aos proprietários de imóveis rurais cuja somatória da área não exceda a quatro módulos fiscais.* § 4º A identificação de que trata o § 3º tornar-se-á obrigatória para efetivação de registro, em qualquer situação de transferência de imóvel rural, nos prazos fixados por ato do Poder Executivo."

em que a nova descrição perimetral inserir ou alterar as medidas perimetrais constantes na matrícula, deve ser aplicado o rito da retificação de registro na forma do art. 213, da Lei nº 6.015/1973, exigindo-se declaração expressa dos confrontantes de que os limites divisórios foram respeitados.

Em caso de planejamento que envolva a partilha de bem imóvel rural, a necessidade de identificação do imóvel rural apresenta-se, sem distinção, em qualquer situação de transmissão, seja voluntária ou não, em casos de decisões judiciais e nas hipóteses de forma originária de transmissão da propriedade. É o que expressamente dispõe o § 3º, do art. 225, da Lei nº 6.015/1973.[55]

Incidirá, portanto, no caso de partilhas judiciais e o seu efetivo registro, o regramento contido no § 4º, do art. 176, da Lei de Registros Públicos, uma vez que a transmissão *causa mortis* caracteriza transmissão voluntária da propriedade. Neste sentido decidiu a Corregedoria do Tribunal de Justiça do Estado de São Paulo:[56] o registro da partilha ficará condicionado à realização de georreferenciamento do imóvel rural em qualquer situação de transferência, inclusive na hipótese de transmissão *causa mortis*. Não obstante a transmissão da propriedade ter ocorrido no momento da abertura da sucessão, por força do princípio da *saisine*, a partilha tem o efeito de encerrar o estado de indivisão e atribuir a cada herdeiro o quinhão correspondente, cujo registro da escritura pública de inventário e partilha junto ao Registro de Imóveis é requisito legal, inclusive em observância ao princípio da continuidade registral, sujeitando-se qualquer espécie de partilha ao cumprimento das exigências legais.

Referidas exigências legais poderão repercutir na realização de planejamento patrimonial ou sucessório, sob dois aspectos principais: primeiramente em seu aspecto econômico, ao considerar os custos relativos à realização do georreferenciamento, os quais serão variáveis a depender da área georreferenciada e das condições do terreno, por meio da remuneração do profissional contratado e custos para a sua respectiva certificação junto ao INCRA e o registro no Cartório de Registro de Imóveis. Outro aspecto refere-se ao impacto temporal no planejamento, considerando-se o tempo despendido necessário para a conclusão de

55. § 3º Nos autos judiciais que versem sobre imóveis rurais, a localização, os limites e as confrontações serão obtidos a partir de memorial descritivo assinado por profissional habilitado e com a devida Anotação de Responsabilidade Técnica – ART, contendo as coordenadas dos vértices definidores dos limites dos imóveis rurais, georreferenciadas ao Sistema Geodésico Brasileiro e com precisão posicional a ser fixada pelo INCRA, garantida a isenção de custos financeiros aos proprietários de imóveis rurais cuja somatória da área não exceda a quatro módulos fiscais.
56. Registro de Imóveis. Dúvida Negativa de registro de escritura pública de inventário e partilha. Imóvel Rural com Área superior a 100 hectares – Exigência de Georreferenciamento. Princípio da especialidade objetiva. Óbice mantido. Apelação a que se nega provimento. TJ/SP – Tribunal de Justiça do Estado de São Paulo. Apelação Cível nº 1000075-91.2020.8.26.0302, DJ, 04/12/2020.

todo procedimento até o seu efetivo registro, os quais serão variáveis, a depender da medição da área; a verificação da documentação registral do imóvel e de seus confrontantes, assim como das áreas georreferenciadas no INCRA; aprovação e registro junto a matrícula do imóvel.

Infere-se, portanto, que referidos fatores, sejam eles econômicos ou temporais, a depender do tipo de planejamento e instrumento utilizado, como por exemplo uma doação ou partilha em vida, impactarão consideravelmente a sua instrumentalização e conclusão, o que deverá ser considerado no momento da realização de planejamento que importe em partilha, remembramento, desmembramento ou alienação de áreas rurais.

4.4.3 Limites ao parcelamento rural

Outra particularidade inerente à questão imobiliária rural refere-se aos limites legais ao parcelamento de imóvel rural, quando da realização de qualquer ato que importe em alteração no registro, como compra e venda, desmembramento, remembramento ou parcelamento.

O Decreto nº 55.891/1965, ao regulamentar os dispositivos iniciais do Estatuto da Terra, estabeleceu parâmetros para o Módulo Rural, que representaria a área mínima necessária para a sobrevivência de uma família no campo, através de características regionais, localização do imóvel e aspectos econômicos. Esses dispositivos legais estabelecem parâmetros para a fixação de dois conceitos diversos: o módulo rural e o modulo fiscal.

O modulo rural, conforme expressamente disciplinado no inciso III, do art. 4º, da Lei 4.504/1964 – Estatuto da Terra, deriva do conceito de propriedade familiar e constitui uma unidade de medida relacionada aos atributos e características de cada propriedade, cuja área reflete o tipo de exploração predominante no imóvel rural, segundo sua localização, utilizado entre outros, para fins de critério de fração mínima de parcelamento – FMP, ou seja, a menor área em que um imóvel rural pode ser desmembrado em cada local. Não há um número estático desta medida em hectares, cuja variabilidade dependerá da região e do tipo de exploração, a exemplo do módulo de exploração hortigranjeiro; lavoura permanente ou temporária; exploração pecuária ou modulo de exploração florestal.

Conforme explicita Arnaldo Rizzardo,[57] "expressa a área mínima apta a ensejar a abertura de matrícula de imóvel rural, não se admitindo lançar no Registro de Imóveis área de dimensões inferiores, a fim de impedir a fragmentação dos imóveis rurais", cuja limitação, reflete a função social da propriedade rural.

57. RIZZARDO, 2024, p. 35.

Por sua vez, o módulo fiscal, que é definido como uma unidade de medida agrária que representa a área mínima necessária para as propriedades rurais serem consideradas economicamente viáveis, é estabelecido por cada município, e procura refletir a área média dos módulos rurais dos imóveis rurais do município, variando entre cinco e cento e dez hectares, a depender de sua localidade, cuja dimensão será utilizada para fins de determinação do Imposto Territorial Rural (ITR), nos termos do art. 50, do Estatuto da Terra.

Neste sentido, o art. 65, do Estatuto da Terra,[58] prevê que o imóvel rural não é divisível em áreas de dimensão inferior à constitutiva do módulo de propriedade rural, cujas dimensões são variáveis, a depender da zona de características econômicas e ecológicas homogêneas, distintamente, por tipos de exploração rural que nela possam ocorrer. Objetiva-se, portanto, a não constituição de minifúndios, ou seja, um imóvel de tamanho inferior à propriedade familiar, ao modulo rural ou ao modulo fiscal fixado para cada região, considerando-se que qualquer fração menor daquela estabelecida não atingiria a sua função econômica e social.

O mencionado artigo, respectivamente em seus parágrafos primeiro a sexto,[59] disciplina expressamente as limitações legais quanto às partilhas, em caso de sucessão *causa mortis* e nas partilhas judiciais ou amigáveis, as quais não poderão promover divisão dos imóveis em áreas inferiores às da dimensão do módulo de propriedade rural, assim como os herdeiros ou os legatários que adquirirem por sucessão o domínio de imóveis rurais, não poderão dividi-los em outros de dimensão inferior ao módulo de propriedade rural.

Ressalva-se, contudo, que o STJ,[60] ao disciplinar a matéria, ressalvou que "Não afronta o Estatuto da Terra a venda de partes em imóveis, que não alcancem

58. BRASIL. **Lei nº 4.504, de 30 de novembro de 1964.** Disponível em: https://www.planalto.gov.br/ccivil_03/leis/l4504.htm. Acesso em: 7 jul. 2024.
59. "Art. 65. O imóvel rural não é divisível em áreas de dimensão inferior à constitutiva do módulo de propriedade rural. § 1° Em caso de sucessão causa mortis e nas partilhas judiciais ou amigáveis, não se poderão dividir imóveis em áreas inferiores às da dimensão do módulo de propriedade rural. § 2º Os herdeiros ou os legatários, que adquirirem por sucessão o domínio de imóveis rurais, não poderão dividi-los em outros de dimensão inferior ao módulo de propriedade rural. § 3º No caso de um ou mais herdeiros ou legatários desejar explorar as terras assim havidas, o Instituto Brasileiro de Reforma Agrária poderá prover no sentido de o requerente ou requerentes obterem financiamentos que lhes facultem o numerário para indenizar os demais condôminos. § 4° O financiamento referido no parágrafo anterior só poderá ser concedido mediante prova de que o requerente não possui recursos para adquirir o respectivo lote. § 5º Não se aplica o disposto no caput deste artigo aos parcelamentos de imóveis rurais em dimensão inferior à do módulo, fixada pelo órgão fundiário federal, quando promovidos pelo Poder Público, em programas oficiais de apoio à atividade agrícola familiar, cujos beneficiários sejam agricultores que não possuam outro imóvel rural ou urbano. § 6º Nenhum imóvel rural adquirido na forma do § 5º deste artigo poderá ser desmembrado ou dividido."
60. TRIBUNAL DE JUSTIÇA DE GOIÁS. REsp 265.132/GO, 3ª T., j. 20.09.2004, Rel. Min. Antonio de Padua Ribeiro, DJU 22.11.2004.

o modulo regional, se a alienação é feita para o confrontante, caso em que, não configuraria o surgimento de minifúndio".

Referidos óbices legais revelam-se um obstáculo para algumas famílias, considerando-se as pequenas propriedades familiares que, diante do número de herdeiros ou da existência de litígios pessoais entre estes, tendem a não permanecer em condomínio, mas enfrentam referidos limites. Eventual planejamento que contemple a divisão equânime do ativo terra entre os herdeiros deve considerar para além dos limites legais quanto ao parcelamento do solo, a viabilidade objetiva da manutenção da atividade econômica, considerando-se as particularidades da atividade explorada.

A fragmentação da propriedade é igualmente uma preocupação, relativamente à continuidade da atividade produtiva, seja pela presença de muitos herdeiros ou diante da extensão da área, que diante de sua cisão inviabilizará a continuidade da atividade. No caso do agronegócio, vislumbra-se que a manutenção da unidade de exploração agrícola familiar transcende aos interesses familiares, dada a sua relevância social, como elucida Ana Nevares:[61]

> Na transmissão causa mortis da empresa agrícola, nela incluída a propriedade da terra, não estão em jogo apenas interesses puramente sucessórios – dar um titular a um patrimônio que perdeu o seu – mas, também, interesses socioeconômicos relativos à produtividade, ao uso racional e adequado do solo e à conservação de empregos.

Como menciona a autora, a relevância socioeconômica da manutenção da atividade agrária, que sistemas estrangeiros que objetivam a preservação da atividade explorada por núcleos familiares, a exemplo da Itália, existe um sistema sucessório denominado *Maso Chiuso*, tratando-se de uma propriedade fundiária que compreende a residência familiar e os seus anexos rurais, que permanecerá indivisível na hipótese de transmissão *causa mortis*, atribuída por meio de testamento ou pela autoridade judiciária, "sendo concentrada na figura de um sucessor único, que passará a ser devedor da massa hereditária pelo valor do mesmo",[62] atribuindo-se uma sucessão especial, por meio da preferência daquele que reúne as melhores condições para continuar a atividade agrícola. Nas palavras de Fabrizio Panza "o instituto conjuga o interesse à produção com a tutela da família que esteja estabelecida naquele local, desenvolvendo a própria atividade laborativa l'istituto coniuga l'interesse ala produzione con la tutela della famiglia che via sia insediata e svolga la própria attività lavorativa" (nossa tradução).[63] Contudo, no

61. NEVARES, 2009. p. 85.
62. Ibidem., p. 85
63. PANZA, Fabricio. Le sucessioni anomale con funzione produttiva. **Quaderni della Rassegna di Diritti Civile**, Napoli: ESI, 2000, p. 73. Texto original em italiano: "l'istituto coniuga l'interesse ala produzione con la tutela della famiglia che via sia insediata e svolga la própria attività lavorativa".

Brasil referido sistema seria inaplicável, diante do sistema sucessório calcado na universalidade da herança e na legítima.

Desta forma, eventual planejamento que envolva pequenas áreas rurais deverá objetivar equalizar os limites cogentes aos interesses de seus sucessores, e assegurar o cumprimento da função social da propriedade e, por certo, a redução de litígios.

Ao considerar-se as atividades dentro da porteira, ou seja, a produção agrícola e agropecuária, infere-se que, em regra, o bem de maior valor agregado é a propriedade rural em si, o bem imóvel onde é realizada a exploração agrícola, sob o qual incidem alguns aspectos que impactam a condução de planejamentos sucessórios relacionados ao agronegócio.

4.4.4 O alto valor agregado do bem imóvel rural

O Estatuto da Terra, em seu art. 4º,[64] delimita o conceito de imóvel rural ao prédio rústico de área contínua, independentemente de sua localização, utilizado para a exploração agrícola, pecuária, extrativa vegetal, florestal ou agroindústria. Para o Direito agrário, a destinação da atividade do imóvel rural é o que configura a sua caracterização e relevância, ou seja, o bem imóvel que tem uma atividade agrária,[65] e não exclusivamente a sua localização, cujo critério baseado na teoria de destinação é a posição atualmente dominante no STJ.[66]

A terra é um recurso natural não renovável e com dotação fixa;[67] é parte integrante do estabelecimento rural, em regra o bem de maior valor agregado, que possibilita a exploração da atividade pela empresa rural ou pela empresa agrária. Juntamente com o crescimento do agro, também houve o aumento do valor das propriedades rurais. Em estudo promovido pela *Informa Economics* FNP,[68] registrou-se aumento de 55% no valor das terras rurais nos últimos cinco anos, em especial nos Estados do Rio Grande do Sul, Santa Catarina, Paraná e São Paulo. Em outro estudo apurou-se uma valorização superior a 113%, mais que dobrando o seu valor. Entre 2019 e 2024, o valor médio das terras destinadas à agricultura

64. Estatuto da Terra. Art. 4º Para os efeitos desta Lei, definem-se: I – "Imóvel Rural", o prédio rústico, de área contínua qualquer que seja a sua localização que se destina à exploração extrativa agrícola, pecuária ou agroindustrial, quer através de planos públicos de valorização, quer através de iniciativa privada.
65. CASSETARI, Christiano. **Direito Agrário**. São Paulo: Atlas, 2012. p. 23.
66. REsp. 1.170.055/TO, 2ª T., j. 8.6.2010, rel. Min. Eliana Calmon, Dje 24.6.2010.
67. BACHA, Carlos José Caetano. STEGE, Alysson Luiz. HARBS, Ricardo. **Ciclos de preços de terras agrícolas no Brasil**. Disponível em: https://ainfo.cnptia.embrapa.br/digital/bitstream/item/160155/1/Ciclos-de-precos-de-terras-agricolas.pdf. Acesso em: 8 set. 2024.
68. IBFLORESTAS. **Terras Rurais no Brasil**. Disponível em: https://www.ibflorestas.org.br/conteudo/terras-rurais-no-brasil. Acesso em: 8 set. 2024.

passou de R$ 14.818,10 por hectare, em julho de 2019, para R$ 31.609,87 no mesmo mês de 2024, representando uma alta de 113%. No caso das terras para pastagem, a valorização foi ainda mais significativa, alcançando 116%, com o preço do hectare subindo de R$ 8.267,14 para R$ 17.886,94 no mesmo período.[69]

A concentração dos ativos na propriedade imobiliária rural pode tornar-se um obstáculo para a condução de planejamentos sucessórios sob dois aspectos principais: o primeiro relacionado ao alto valor agregado ao ativo imobiliário que impactará o valor do recolhimento dos tributos incidentes, em especial quanto ao ITCMD, ITBI e IR; e o segundo, quanto à ausência de liquidez para o pagamento dos tributos incidentes, considerando-se que o bem de maior valor em regra é a área rural objeto do planejamento.

O Código Tributário Nacional (CTN), em seu art. 38[70] estabelece que a base de cálculo para fins de ITCMD é o valor venal dos bens ou direitos transmitidos. Deste modo, o valor apurado para fins de recolhimento tributário em eventual doação, por exemplo, será considerado para fins de incidência da alíquota (cuja variabilidade dependerá de cada Estado membro em que se situa o bem) o valor venal, que representa uma estimativa de seu valor de mercado. Portanto, para a apuração do referido tributo, não será o valor atribuído para fins de ITR e tampouco aquele atribuído para efeitos fiscais lançados na declaração de imposto de renda, o que impactará consideravelmente no valor final dos tributos a serem recolhidos.

Alguns Estados, como menciona Daniel Bucar,[71] possuem isenção à transmissão hereditária de imóveis rurais, à exemplo do Estado do Acre,[72] ou com limites parametrizados à exemplo do Espirito Santo e Pará que condiciona a isenção a imóveis de área com até 25 hectares e de exploração familiar, desde que seja o único da mesma natureza, ou Rio Grande do Sul que limita a bem imóveis de valor até R$ 121.796,40 (cento e vinte e um mil reais, setecentos e noventa e seis reais e quarenta centavos), como forma de garantir a proteção Constitucional às pequenas propriedades familiares.

De outro lado, a par da atribuição de seu valor venal, infere-se que alguns Estados da Federação, a exemplo de Mato Grosso do Sul, Alagoas e Maranhão, impõem alíquota reduzida para fins de doação ou doação com reserva de usufruto,

---

69. Scot Consultoria. **Valorização das terras agrícolas no Brasil registra alta de 113% em cinco anos.** Disponível em: https://www.scotconsultoria.com.br/noticias/scot-na-midia/58407/valorizacao-das-terras-agricolas-no-brasil-registra-alta-de-113-em-cinco-anos.htm. Acesso em 18 jan. 2025.
70. CTN. Art. 38. A base de cálculo do imposto é o valor venal dos bens ou direitos transmitidos.
71. BUCAR, Daniel. **Planejamento Sucessório e a Isenção do ITCMD.** In: TEIXEIRA, Daniela Chaves (Coord.), Arquitetura do Planejamento Sucessório. Belo Horizonte: Fórum, 2.021, t. II. p. 109-110.
72. Art. 8°, I, b, Lei 271/13.

o que pode representar um incentivo à realização de planejamentos sucessórios, com redução de até 50% da alíquota de ITCMD, que além de impactar em considerável economia tributária, pode representar a redução de litígios se considerar a organização patrimonial e sucessória prévia, evitando-se o procedimento de inventário da área correspondente.

Do mesmo modo, ao partir de uma singela análise tributária, infere-se hodiernamente que muitos planejamentos sucessórios no agronegócio, envolvem a criação de sociedades empresárias, por meio de empresa agropecuária como mecanismo de gestão patrimonial, equivocadamente generalizadas com o nome "*holdings* rurais",[73] mediante a incorporação de imóveis rurais para o capital social de empresas. Contudo, tal fato poderá implicar consideráveis complexidades tributárias, notadamente na incidência e cálculo do Imposto sobre a Transmissão de Bens Imóveis (ITBI) e Imposto de Renda (IR).

A legislação tributária atual concede a possibilidade de tais bens serem incorporados à pessoa jurídica tanto por seu custo histórico, correspondente ao valor original de aquisição, registrado na declaração de renda pessoa física, quanto pelo valor de mercado, nos termos do art. 23, da Lei nº 9.249/1995.[74]

Por sua vez, infere-se a possibilidade de se obter a isenção relativa ao ITBI, consubstanciado ao que dispõem os arts. 156,[75] § 2°, da Constituição, e 36, inciso II, do CTN,[76] que conferem imunidade tributária nas situações expressamente previstas. Contudo, a matéria tornou-se objeto de constantes contendas judiciais, especialmente após a decisão do Supremo Tribunal Federal no Tema 796.[77] Aduz-se que a interpretação gerada conduz muitos municípios a promoverem a

73. "Essas empresas não podem ser classificadas, no sentido rigoroso do termo, como genuínas holdings. Se holding é uma pessoa jurídica que detém o controle acionário ou que participa de outras pessoas jurídicas, na maioria dos casos do agro não é isso o que acontece. Podem até existir holdings no agronegócio, e de fato elas existem, mas sua projeção é outra, é a de estruturas societárias controladoras de diversos negócios, por um pool de empresas". LOUBET. Leonardo. **Tributação Estadual e municipal no agronegócio: antes e depois da reforma tributária**. São Paulo: Noeses, 2024. p. 655.

74. "Art. 23. As pessoas físicas poderão transferir a pessoas jurídicas, a título de integralização de capital, bens e direitos pelo valor constante da respectiva declaração de bens ou pelo valor de mercado."

75. "Art. 156. Compete aos Municípios instituir impostos sobre: 2º O imposto previsto no inciso II: I – não incide sobre a transmissão de bens ou direitos incorporados ao patrimônio de pessoa jurídica em realização de capital, nem sobre a transmissão de bens ou direitos decorrente de fusão, incorporação, cisão ou extinção de pessoa jurídica, salvo se, nesses casos, a atividade preponderante do adquirente for a compra e venda desses bens ou direitos, locação de bens imóveis ou arrendamento mercantil".

76. CTN. "Art. 36. Ressalvado o disposto no artigo seguinte, o imposto não incide sobre a transmissão dos bens ou direitos referidos no artigo anterior: [...] II – quando decorrente da incorporação ou da fusão de uma pessoa jurídica por outra ou com outra."

77. STF. Tema 0796. Alcance da imunidade tributária do ITBI, prevista no art. 156, § 2º, I, da Constituição, sobre imóveis incorporados ao patrimônio de pessoa jurídica, quando o valor total desses bens excederem o limite do capital social a ser integralizado.

cobrança do ITBI sobre a diferença entre o valor de mercado e o custo histórico em processos de integralização de capital social com imóveis,[78] o que impactaria de forma considerável o custo desses planejamentos, inclusive àqueles já realizados, ao considerar o fato gerador e a prescrição quinquenal da Fazenda Pública.

Por certo, referida questão permanece latente e controversa, em especial diante da reforma tributária oriunda da Emenda Constitucional nº 123, e da consequente necessidade de regulamentação que ocorrerá nos próximos anos; revela-se imprescindível o exame quanto aos riscos tributários e econômicos correlatos.

Do mesmo modo, sob outro vértice, infere-se as questões afetas ao ganho de capital relativamente ao Imposto de Renda, ou seja, o saldo positivo entre o valor da compra de um imóvel e o valor de sua venda. Nos termos da Lei 12.259/2016,[79] a pessoa física pagará o tributo diante da diferença obtida na alienação de bens

---

78. "Conforme entendimento jurisprudencial, quando o valor venal do imóvel é superior ao da integralização do capital social da empresa com o bem, deve ser recolhido o ITBI sobre a diferença. Se o município concedeu a imunidade em relação à parcela do imóvel necessária à integralização do capital social e cobrou ITBI apenas sobre a parte excedente, não há ato ilegal praticado pela autoridade impetrada e nem direito líquido e certo a ser amparado" (Tribunal de Justiça de Mato Grosso. Apelação n° 1000832-52.2022.8.11.0102. Câmaras Isoladas Cíveis de Direito Público. Rel. Des. Mário Roberto Kono de Oliveira. DJe 04.06.2024). "Na incorporação de imóvel ao patrimônio de pessoa jurídica, para integralização do capital social, não há incidência do ITBI (art. 156, § 2°, inciso I, da CF). 2. A imunidade da operação de integralização de capital pelo sócio é incondicionada, ou seja, atinge todo o valor da operação, independentemente do valor do imóvel a ser incorporado ser o declarado no imposto de renda ou o valor de mercado, bem como independe se atividade preponderante da empresa é formada, em sua maioria, de receita proveniente de atividades imobiliárias" (Tribunal de Justiça de Goiás. Agravo de instrumento n° 5620501-41.2023.8.09.0151. 8ª Câmara Cível. Rel.ª Des. Juliana Pereira Diniz Prudente. DJe 28.10.2023). "O valor dos bens imóveis que superar o importe do capital a ser integralizado poderá ser objeto de tributação pelo Imposto sobre a Transmissão de Bens Imóveis (ITBI) (...)" (Tribunal de Justiça de Minas Gerais. Apelação n° 1.0000.20.024871-4/001. 6ª Câmara Cível. Rel. Des. Edilson Olímpio Fernandes. DJe 17.06.2020). "Diante do Tema 796/STF, bem como do exame da prova pré-constituída, a demonstrar que o valor dos imóveis excede ao valor do capital social, inexiste imunidade ao valor excedente" (Tribunal de Justiça da Bahia Apelação n° 8000406-60.2017.8.05.0231. 3ª Câmara Cível. Rel. Des. Francisco de Oliveira Bispo. Dje 09.04.2042.

79. Lei 13.259/2016. Art. 21. O ganho de capital percebido por pessoa física em decorrência da alienação de bens e direitos de qualquer natureza sujeita-se à incidência do imposto sobre a renda, com as seguintes alíquotas: I – 15% (quinze por cento) sobre a parcela dos ganhos que não ultrapassar R$ 5.000.000,00 (cinco milhões de reais); II – 17,5% (dezessete inteiros e cinco décimos por cento) sobre a parcela dos ganhos que exceder R$ 5.000.000,00 (cinco milhões de reais) e não ultrapassar R$ 10.000.000,00 (dez milhões de reais); III – 20% (vinte por cento) sobre a parcela dos ganhos que exceder R$ 10.000.000,00 (dez milhões de reais) e não ultrapassar R$ 30.000.000,00 (trinta milhões de reais); e IV – 22,5% (vinte e dois inteiros e cinco décimos por cento) sobre a parcela dos ganhos que ultrapassar R$ 30.000.000,00 (trinta milhões de reais).§ 3º Na hipótese de alienação em partes do mesmo bem ou direito, a partir da segunda operação, desde que realizada até o final do ano-calendário seguinte ao da primeira operação, o ganho de capital deve ser somado aos ganhos auferidos nas operações anteriores, para fins da apuração do imposto na forma do caput , deduzindo-se o montante do imposto pago nas operações anteriores. § 4º Para fins do disposto neste artigo, considera-se integrante do mesmo be ou direito o conjunto de ações ou quotas de uma mesma pessoa jurídica.

e direitos, conforme as alíquotas previstas. Já a pessoa jurídica, arcará de acordo com o tipo de regime tributário da empresa (lucro real, lucro presumido e simples nacional), incidente como um resultado não operacional ou, ainda, outras receitas ou outras despesas da empresa.[80]

A par das isenções e questões correlatas que não serão objeto de estudo no presente trabalho, outra questão que poderá impactar consideravelmente nos planejamentos quando da incorporação imobiliária em estruturas jurídicas infere-se no caso de venda posterior do bem pelos herdeiros, o que resultará na incidência do ganho de capital entre a diferença do valor histórico declarado e o valor da venda, podendo converter-se em custo extremamente elevado, que em algumas situações sequer justificaria a constituição de uma estrutura jurídica societária, caso fora objeto de análise inicial o propósito de venda da área pelos herdeiros quando da realização do planejamento.

A análise dos custos incidentes sobre eventual planejamento, considerando-se o alto valor imobiliário agregado às áreas rurais, perpassa também pelos objetivos econômicos futuros do núcleo familiar, em manter ou não a atividade econômica exercida e a propriedade rural, o que impactará os tributos incidentes e o tipo de instrumento de planejamento utilizado. A integralização de bem imóvel rural em uma estrutura jurídica, que em um primeiro momento pode ser obtida com isenção tributária mediante a incorporação imobiliária em seu valor fiscal, em um segundo momento, pode representar uma alta carga tributária, diante de uma posterior alienação pelos herdeiros. São, portanto, diferentes variáveis tributárias controversas nos tribunais superiores, assim como pendente de regularização como aquelas oriundas da reforma tributária que impactarão consideravelmente os valores incidentes em eventual planejamento.

Em não raras situações, os detentores do patrimônio, assim como os sucessores, não possuem liquidez para o recolhimento dos tributos, como por exemplo no caso de uma doação, eis que seu ativo de maior valor patrimonial está concentrado na própria área rural, vendo-se obrigado a vender parcela bem imóvel, a fim de conseguir instrumentalizar o planejamento, o que exigirá por certo a realização de novas medidas, como por exemplo, a realização de novo georreferenciamento e regularização da reserva legal e análise quanto aos limites do parcelamento do imóvel rural. Tal situação, além de poder representar impacto na própria atividade econômica, poderá sobrestar a realização do planejamento,

80. Lei 13.259/2016. "Art. 2º O ganho de capital percebido por pessoa jurídica em decorrência da alienação de bens e direitos do ativo não circulante sujeita-se à incidência do imposto sobre a renda, com a aplicação das alíquotas previstas no *caput* do art. 21 da Lei nº 8.981, de 20 de janeiro de 1995, e do disposto nos §§ 1º, 3º e 4º do referido artigo, exceto para as pessoas jurídicas tributadas com base no lucro real, presumido ou arbitrado."

que dependerá da alienação de bens para sua conclusão. Deste modo, infere-se que o alto valor agregado em regra aos imóveis rurais, deverá ser um dos critérios de condução da viabilidade material e econômica do planejamento sucessório, e consequentemente, as espécies de instrumentos utilizados.

4.4.5 Incidência de garantias reais e fiduciárias

Outro aspecto relevante quando se trata de bem imóvel rural e seus impactos na realização do planejamento sucessório, refere-se à existência de garantias reais ou fiduciárias, incidentes sobre o imóvel, situação muito presente nas atividades rurais, considerando-se os contínuos custeios e valores necessários para a aquisição de insumos e implementos, indispensáveis para a manutenção da atividade rural. Referidas garantias podem impedir ou sobrestar a utilização de determinado instrumento jurídico, cuja análise jurídica deverá perpassar necessariamente sobre tais elementos incidentes.

Dentre as principais garantias, infere-se que a hipoteca e a alienação fiduciária, são as garantias usualmente mais utilizadas na atividade rural. A hipoteca é direito real[81] que vincula o adimplemento da dívida à coisa dada em garantia, tratando-se de vínculo real com eficácia erga omnes. A alienação fiduciária por sua vez, é o negócio jurídico pelo qual se constitui a propriedade fiduciária em garantia sobre determinado bem,[82] regida pela Lei nº 9.514/1997. Menciona-se ainda, áreas submetidas ao regime de afetação, nos termos do artigo 7° da Lei 13.986/2020, usualmente conhecida como Lei do Agro,[83] tratando de direito real sobre o bem ou fração ideal, em operações financeiras destinadas a prestar

81. Art. 1.225. São direitos reais: (..) IX – a hipoteca.
82. PEREIRA, C. M. da S. **Instituições de Direito Civil**. 26. ed. Rio de Janeiro: Editora Forense, 2018. v. IV.
83. Lei 13.986/2022. "Art. 7º O proprietário de imóvel rural, pessoa natural ou jurídica, poderá submeter seu imóvel rural ou fração dele ao regime de afetação. Parágrafo único. No regime de afetação de que trata o caput deste artigo, o terreno, as acessões e as benfeitorias nele fixadas, exceto as lavouras, os bens móveis e os semoventes, constituirão patrimônio rural em afetação, destinado a prestar garantias por meio da emissão de Cédula de Produto Rural (CPR), de que trata a Lei nº 8.929, de 22 de agosto de 1994, ou em operações financeiras contratadas pelo proprietário por meio de Cédula Imobiliária Rural (CIR). § 1º No regime de afetação de que trata o *caput* deste artigo, o terreno, as acessões e as benfeitorias nele fixadas, exceto as lavouras, os bens móveis e os semoventes, constituirão patrimônio rural em afetação, destinado a prestar garantias por meio da emissão de Cédula de Produto Rural (CPR), de que trata a Lei nº 8.929, de 22 de agosto de 1994, ou em operações financeiras contratadas pelo proprietário por meio de Cédula Imobiliária Rural (CIR). (Redação dada pela Lei nº 14.421, de 2022). § 2º O patrimônio rural em afetação dado em garantia na forma deste artigo constitui direito real sobre o respectivo bem. (Incluído pela Lei nº 14.421, de 2022). § 3º Observado o disposto nesta Lei, o patrimônio rural em afetação em garantia submeter-se-á, ainda, às regras relativas ao instituto da alienação fiduciária de imóvel de que trata a Lei nº 9.514, de 20 de novembro de 1997, e à Lei nº 10.406, de 10 de janeiro de 2002 (Código Civil). (Incluído pela Lei nº 14.421, de 2022)".

garantias por meio da emissão de Cédula de Produto Rural (CPR) ou em operações financeiras contratadas pelo proprietário por meio de Cédula Imobiliária Rural (CIR).

Com efeito, o art. 1.419 do CC[84] estabelece que, nas dívidas garantidas hipotecárias, o bem dado em garantia fica sujeito, por vínculo real, ao cumprimento da obrigação, assegurando ao titular do direito real perseguir a coisa em poder de quem esteja, sendo indiferente qualquer ato translativo da propriedade. Sob outro vértice, o art. 1.475 do CC[85] possibilita a alienação do imóvel hipotecado, considerando-se a própria natureza jurídica desta espécie de garantia, ou seja, de conferir ao credor hipotecário, titular da garantia real, a garantia de sequela, a faculdade de perseguir o bem, penhorá-lo, aliená-lo judicialmente, no caso de inadimplência ou perecimento da coisa, o credor tem a faculdade de promover a venda judicial do bem, recebendo o produto até o valor total do crédito, com preferência.

Contudo, no caso de hipoteca rural, a venda de imóvel gravado com hipoteca, nos termos do art. 59 do Decreto-lei nº 167/67, depende de prévia anuência do credor.[86] De acordo com o entendimento adotado pelo Superior Tribunal de Justiça,[87] a lei especial prevalece sobre a regra de caráter geral afastando a regra do Código Civil, tratando-se de norma específica, que se destina a disciplinar o financiamento concedido para o implemento da atividade rural, a qual condiciona a transmissão da propriedade dos bens hipotecados por meio de cédula de crédito rural à prévia anuência do credor. Embora o direito de sequela seja inerente à hipoteca, a lei exigiu, em caso de cédula rural, a concordância, por escrito, do credor hipotecário.

O mesmo entendimento se aplica à situação de doação do bem hipotecado,[88] ou no caso de integralização de bem imóvel em pessoa jurídica,[89] fazendo-se ne-

84. "Art. 1.419. Nas dívidas garantidas por penhor, anticrese ou hipoteca, o bem dado em garantia fica sujeito, por vínculo real, ao cumprimento da obrigação."
85. "Art. 1.475. É nula a cláusula que proíbe ao proprietário alienar imóvel hipotecado. Parágrafo único. Pode convencionar-se que vencerá o crédito hipotecário, se o imóvel for alienado."
86. "Art 59. A venda dos bens apenhados ou hipotecados pela cédula de crédito rural depende de prévia anuência do credor, por escrito."
87. É necessária a prévia anuência do credor hipotecário, por escrito, para a venda de bens gravados por hipoteca cedular, nos termos do art. 59 do DL 167/67. 2. A regra geral do Código Civil não prevalece sobre a norma especial do art. 59 do DL 167/67, que disciplina o financiamento concedido para o implemento de atividade rural. 3. Recurso especial desprovido (REsp n. 908.752/MG, 4ª Turma, Rel.: Min. Raúl Araújo, j: 16/10/12, p: 26/10/12).
88. É necessária a prévia anuência do credor hipotecário, por escrito, para a transmissão de propriedade de bens gravados por hipoteca cedular de crédito rural. TJMS. Apelação Cível n. 0800530-90.2018.8.12.0046, Chapadão do Sul, 3ª Câmara Cível, Relator (a): Des. Odemilson Roberto Castro Fassa, j: 14/02/2019, p: 18/02/2019.
89. A integralização do capital social da empresa pode se dar por meio da realização de dinheiro ou bens móveis ou imóveis, havendo de se observar, necessariamente, o modo pelo qual se dá a transferência

cessária a anuência expressa do credor. Deste modo, eventual doação ou integralização do bem em estrutura jurídica em favor de herdeiros, estará condicionada não apenas ao próprio direito real de garantia, mas a concordância expressa do credor,[90] em se tratando de garantia sob imóvel rural.

No tocante a existência de alienação fiduciária incidente sobre o bem imóvel rural, nos termos da Lei 9.514/1997, é o negócio jurídico pelo qual o fiduciante (devedor), para garantir a obrigação por ele assumida, transfere ao fiduciário (credor) a propriedade resolúvel de coisa imóvel, muito comum no caso dos títulos de crédito de Cédula de Produto Rural – CPR e a Cédula de Crédito Bancário – CCB. O devedor mantém a posse direta do imóvel, mas o credor é o proprietário fiduciário até que a dívida seja quitada. O credor passa a deter a propriedade fiduciária do bem imóvel, a qual somente se resolve com o pagamento da dívida e seus encargos. Não quitado o débito, a propriedade do imóvel será consolidada em nome do credor fiduciário, nos termos do art. 26[91] da Lei 9.514/87.

Deste modo, diante da existência de alienação fiduciária no imóvel, eventual planejamento, dada a propriedade resolúvel, somente poderá promover a cessão, alienação ou incorporação do bem após o pagamento e reversão da propriedade. Situação semelhante ocorre no caso de bens imóveis rurais sujeitos ao regime de afetação, conforme dispõe a Lei nº 13.986/2020. O regime de afetação, permite

---

de titularidade de cada qual. Em se tratando de imóvel, como se dá no caso dos autos, a incorporação do bem à sociedade empresarial haverá de observar, detidamente, os ditames do art. 1.245 do Código Civil, que dispõe: transfere-se entre vivos a propriedade mediante o registro do título translativo no Registro de Imóveis. 1.2 O registro do título translativo no Registro de Imóveis, como condição imprescindível à transferência de propriedade de bem imóvel entre vivos, propugnada pela lei civil, não se confunde, tampouco pode ser substituído para esse efeito, pelo registro do contrato social na Junta Comercial, como sugere a insurgente. 1.3 A inscrição do contrato social no Registro Público de Empresas Mercantis, a cargo das Juntas Comercias, destina-se, primordialmente, à constituição formal da sociedade empresarial, conferindo-se-lhe personalidade jurídica própria, absolutamente distinta dos sócios dela integrantes. [...]. 5. Recurso especial improvido. (REsp 1743088/PR, Rel. Ministro Marco Aurélio Bellizze, Terceira Turma, julgado em 12/03/2019, DJe 22/03/2019).

90. EMBARGOS DE TERCEIRO – EXECUÇÃO DE TÍTULO EXTRAJUDICIAL – CÉDULA RURAL PIGNORATÍCIA – PENHORA DO BEM DADO EM GARANTIA – INTEGRALIZAÇÃO AO CAPITAL SOCIAL DE PESSOA JURÍDICA – ANUÊNCIA DO CREDOR – INEXISTENTE – TRANSFERÊNCIA NÃO EFETIVADA NO CARTÓRIO DE REGISTRO DE IMÓVEIS – RECURSO NÃO PROVIDO. Nos termos do art. 59 do Decreto-lei nº 167/67, a venda dos bens apenhados ou hipotecados pela cédula de crédito rural depende de prévia anuência do credor, por escrito. De acordo com o entendimento do Superior Tribunal de Justiça, em se tratando de bem imóvel, a incorporação haverá de observar, detidamente, os ditames do artigo 1 .245 do Código Civil, pois o registro do título translativo no CRI é condição imprescindível à transferência da propriedade de imóvel entre vivos. (TJ-MS – Agravo de Instrumento: 1412107-52.2021.8 .12.0000 Campo Grande, Relator.: Des. Julizar Barbosa Trindade, Data de Julgamento: 27/10/2021, 2ª Câmara Cível, Data de Publicação: 03/11/2021).

91. Art. 26. Vencida e não paga a dívida, no todo ou em parte, e constituídos em mora o devedor e, se for o caso, o terceiro fiduciante, será consolidada, nos termos deste artigo, a propriedade do imóvel em nome do fiduciário. (Redação dada pela Lei nº 14.711, de 2023).

que os proprietários de imóveis rurais, promovam a instituição e registro do patrimônio de afetação no Registro de imóveis, sobre a totalidade do terreno ou em parte dele e sobre as benfeitorias, excluindo os semoventes, as lavouras e os bens móveis. A instituição do patrimônio de afetação rural visa permitir que o proprietário possa prestar garantias por meio das Cédulas de Produto Rural (CPR), bem como, utilizá-las em garantias nas operações financeiras contratadas.

Por sua vez, a referida lei, dispõe expressamente acerca da impossibilidade da venda, doação ou parcelamento rural, nos termos do § 2º, do art. 10, dispondo que "o imóvel rural, enquanto estiver sujeito ao regime de afetação de que trata esta Lei, ainda que de modo parcial, não poderá ser objeto de compra e venda, doação, parcelamento ou qualquer outro ato translativo de propriedade por iniciativa do proprietário".

A exceção existe somente no caso de área rural constitutiva do patrimônio rural em afetação vinculado à Cédula Imobiliária Rural, que estiver contida em imóvel rural de maior área, ou quando apenas parte do patrimônio rural em afetação estiver a ela vinculado, permitindo o desmembramento da área e abertura nova matrícula própria correspondente. Contudo, vencido o título e não pago, o credor poderá exercer de imediato o direito à transferência, para sua titularidade, do registro da propriedade da área rural que constitui o patrimônio rural em afetação, ou de sua fração, nos termos do artigo art. 28 da Lei 13.986/2022.[92]

Deste modo, infere-se que às áreas rurais em garantia, estarão sujeitas ao regime jurídico próprio das garantias incidentes sobre o bem, limitando e condicionando o planejamento à estas situações.

4.4.6 Questões contratuais. Contratos agrários típicos.

O Estatuto da Terra[93] e o Decreto nº 59.566/1966,[94] como forma de regulamentar o uso e exploração econômica da terra, disciplinam duas espécies de contratos agrários típicos: o contrato de arrendamento e o contrato de parceria rural. O contrato de arrendamento, nos termos do que dispõe o art. 3º, do Decreto 59.566/1966:

---

92. Lei nº 13.986/2022. "Art. 28. Vencida a CIR e não liquidado o crédito por ela representado, o credor poderá exercer de imediato o direito à transferência, para sua titularidade, do registro da propriedade da área rural que constitui o patrimônio rural em afetação, ou de sua fração, vinculado à CIR no cartório de registro de imóveis correspondente."
93. Lei nº 4.504/1964.
94. "Art. 65. O imóvel rural não é divisível em áreas de dimensão inferior à constitutiva do módulo de propriedade rural. § 1° Em caso de sucessão causa mortis e nas partilhas judiciais ou amigáveis, não se poderão dividir imóveis em áreas inferiores às da dimensão do módulo de propriedade rural. § 2º Os herdeiros ou os legatários, que adquirirem por sucessão o domínio de imóveis rurais, não poderão dividi-los em outros de dimensão inferior ao módulo de propriedade rural."

> É o contrato agrário pelo qual uma pessoa se obriga a ceder à outra, por tempo determinado ou não, o uso e gozo de imóvel rural, parte ou partes do mesmo, incluindo, ou não, outros bens, benfeitorias e ou facilidades, com o objetivo de nele ser exercida atividade de exploração agrícola, pecuária, agroindustrial, extrativa ou mista, mediante, certa retribuição ou aluguel, observados os limites percentuais da Lei.

Ou seja, é aquele por meio do qual o proprietário de uma terra (arrendador) cede a sua propriedade rural para que um terceiro (arrendatário) possa explorá-la. Sua natureza jurídica assemelha-se ao contrato de locação urbano; contudo, a lei atribui-lhe elementos e particularidades cujos prazos, forma e valores estarão condicionados às regulamentações cogentes.

O art. 95, do Estatuto da Terra, estabelece expressamente os prazos mínimos de duração de contrato de arrendamento, presumindo-se no prazo mínimo de três anos o contrato por tempo indeterminado, os quais terminarão sempre depois de ultimada a colheita. O art. 13, do Decreto nº 59.566/1966, diferencia os prazos mínimos quanto ao tipo de exploração, sendo três anos para os contratos em que ocorra a atividade de exploração de lavoura temporária, a exemplo das culturas de soja, milho e arroz e nas atividades de exploração pecuária de pequeno e médio porte; cinco anos para os contratos em que ocorra a atividade de exploração de lavoura permanente, como o caso de frutas cítricas, café e cana de açúcar, assim como para a atividade de pecuária de grande porte para cria, recria e engorda; sete anos quando a atividade desenvolvida envolve a exploração florestal. Referidos prazos, como sedimentado pelo STJ,[95] "constituem norma cogente e de observância obrigatória, não podendo ser derrogado por convenção das partes".

A parceria rural, por sua vez, é o contrato agrário pelo qual uma pessoa obriga-se a ceder à outra, por tempo determinado ou não, o uso específico de imóvel rural ou de bens, mediante partilha de riscos e dos frutos, produtos ou lucros havidos nas proporções que estipularem. Assim dispõe o parágrafo primeiro do Estatuto da Terra:

> § 1º Parceria rural é o contrato agrário pelo qual uma pessoa se obriga a ceder à outra, por tempo determinado ou não, o uso específico de imóvel rural, de parte ou partes dele, incluindo, ou não, benfeitorias, outros bens e/ou facilidades, com o objetivo de nele ser exercida atividade de exploração agrícola, pecuária, agroindustrial, extrativa vegetal ou mista; e/ou lhe entrega animais para cria, recria, invernagem, engorda ou extração de matérias-primas de origem animal, mediante partilha, isolada ou cumulativamente, dos seguintes riscos:
>
> I – caso fortuito e de força maior do empreendimento rural;
>
> II – dos frutos, produtos ou lucros havidos nas proporções que estipularem, observados os limites percentuais estabelecidos no inciso VI do *caput* deste artigo;

95. STJ. REsp. 1.764.873, 3ª Turma, rel. Min. Paulo de Tarso Sanseverino. J. 14.05.2019, Dje de 21.05.2019.

III – variações de preço dos frutos obtidos na exploração do empreendimento rural.

A partilha dos riscos faz parte da natureza deste tipo de contrato, que poderá ser na modalidade de parceria agrícola; pecuária; agroindustrial; extrativista ou mista. Seu prazo de duração, assim como ocorre no contrato de arrendamento, é limitado à norma cogente; é o prazo mínimo de três anos em todos os casos de parceria, mas a depender do tipo de atividade, serão condicionados aos mesmos prazos do contrato de arrendamento.

O Código Civil não disciplina a matéria; a disciplina fica reservada à lei especial, notadamente a Lei nº 4.504/1964 (Estatuto da Terra) e seu Decreto regulamentador. Para além das diferenças contratuais e risco referentes a atividade que será desenvolvida pelos parceiros, infere-se que a tributação aplicável a cada tipo de contato será diversa, a depender de sua natureza jurídica.

Referidos contratos agrários, notadamente os de arrendamento ou parceria, podem ser escritos ou verbais. Caso seja verbal, presume-se ajustado às cláusulas obrigatórias, conforme prescreve o art. 11, do Decreto nº 59.566/1966. Tais relações contratuais impactarão a utilização da terra, os direitos de uso e gozo, e por certo a forma como se dará eventual planejamento, que não poderá ignorar tais relações jurídicas preexistentes. Se sob o imóvel rural estiverem vigentes contratos agrários, como arrendamento ou parceria, o planejamento deverá por certo observar não apenas as estipulações contratuais vigentes, mas em especial os limites, prazos e demais aspectos obrigatórios inerentes à essas figuras contratuais, estabelecidos pela norma cogente, inclusive quanto aos direitos de preferência correlatos; cumpre ao proprietário que pretende alienar o imóvel, a obrigação de oferecê-lo ao arrendatário, na forma do art. 92, § 3º, do Estatuto da Terra.

Diante da natureza de tais contratos e dos imperativos de ordem pública adequados à função social da propriedade, o Estatuto da Terra prevê que, em casos de encerramento do contrato de arrendamento rural, é necessária a notificação prévia do arrendatário seis meses antes do término do prazo ajustado para a sua extinção.[96] Na existência de benfeitorias necessárias, estas deverão igualmente ser indenizadas. Do mesmo modo, no caso de alienação do imóvel arrendado, o

96. "Art. 22. Em igualdade de condições com terceiros, o arrendatário terá preferência à renovação do arrendamento, devendo o arrendador até 6 (seis) meses antes do vencimento do contrato, notificá-lo das propostas recebidas, instruindo a respectiva notificação com cópia autêntica das mesmas (art. 95, IV do Estatuto da Terra). § 1º Na ausência de notificação, o contrato considera-se automaticamente renovado, salvo se o arrendatário, nos 30 (trinta) dias seguintes ao do término do prazo para a notificação manifestar sua desistência ou formular nova proposta (art. 95, IV, do Estatuto da Terra). § 2º Os direitos assegurados neste artigo, não prevalecerão se, até o prazo 6 (seis meses antes do vencimento do contrato, o arrendador por via de notificação, declarar sua intenção de retomar o imóvel para explorá-lo diretamente, ou para cultivo direto e pessoal, na forma dos artigos 7º e 8º deste Regulamento, ou através de descendente seu (art. 95, V, do Estatuto da Terra)."

arrendatário terá preferência para adquiri-lo em igualdade de condições, devendo o proprietário dar-lhe conhecimento da venda, a fim de que possa exercitar o direito de perempção dentro de trinta dias.[97]

No mesmo sentido, a venda de imóvel rural ou a instituição de ônus real, conforme disciplina expressamente o § 5º, do art. 92, do Estatuto da Terra, "não interrompe a vigência dos contratos de arrendamento ou de parceria ficando o adquirente sub-rogado nos direitos e obrigações do alienante"; contudo, como explicita Arnaldo Rizzardo,[98] ao concorrer com um condômino em imóvel pró-indiviso, não tem preferência o arrendatário, cujo fundamento repousa no art. 504, do Código Civil, que dispõe não poder o condômino em coisa individual vender a sua parte a estranhos se o outro condômino a quiser. Assim, o arrendatário "tem direito à aquisição de todo o imóvel e não parcelas dele quando o mesmo pertencer a mais de um proprietário".

Outro aspecto correlato, que pode interferir diretamente no planejamento sucessório, refere-se ao fato de que o **Estatuto da Terra e o Decreto Regulamentador nº 59.566/1966, não preveem, dentre as causas de extinção do contrato, o falecimento, tanto do arrendador, quanto do arrendatário ou do parceiro. As causas de extinção dos contratos agrários típicos são aquelas previstas no art. 36 do mencionado decreto,[99] não incluindo o óbito como causa extintiva.**

Dispõe expressamente o parágrafo único do mencionado artigo que "Nos casos em que o arrendatário é o conjunto familiar, a morte do seu chefe não é causa de extinção do contrato, havendo naquele conjunto outra pessoa devidamente qualificada que prossiga na execução do mesmo". Disso extrai-se que os herdeiros ou legatários do arrendador falecido ficarão sub-rogados em suas obrigações e direitos, mas não poderão extinguir automaticamente o contrato, devendo respeitar as pactuações preexistentes, cabendo a estes optarem por uma das demais formas de extinção do contrato, observadas as demais condições contratuais e a norma cogente.

---

97. "Art. 92. § 3º No caso de alienação do imóvel arrendado, o arrendatário terá preferência para adquiri-lo em igualdade de condições, devendo o proprietário dar-lhe conhecimento da venda, a fim de que possa exercitar o direito de perempção dentro de trinta dias, a contar da notificação judicial ou comprovadamente efetuada, mediante recibo."
98. RIZZARDO, 2024, p. 383.
99. "Art. 26. O arrendamento se extingue: I – Pelo término do prazo do contrato e do de sua renovação; II – Pela retomada; III – Pela aquisição da gleba arrendada, pelo arrendatário; IV – Pelo distrato ou rescisão do contrato; V – Pela resolução ou extinção do direito do arrendador; VI – Por motivo de for maior, que impossibilite a execução do contrato; VII – Por sentença judicial irrecorrível; VIII – Pela perda do imóvel rural; IX – Pela desapropriação, parcial ou total, do imóvel rural; X – por qualquer outra causa prevista em lei. Parágrafo único. Nos casos em que o arrendatário é o conjunto familiar, a morte do seu chefe não é causa de extinção do contrato, havendo naquele conjunto outra pessoa devidamente qualificada que prossiga na execução do mesmo."

A propósito, a lição de José Fernando Lutz Coelho,[100] ao aludir que "a morte do arrendador não é causa de extinção do contrato, apenas conferido o direito de retomada nas hipóteses legais cabíveis, pois se sub-roga nos direitos e deveres contratuais". O mesmo se aplica aos contratos de parceria, como decidido pelo STJ:[101] "O falecimento do parceiro outorgante não extingue o contrato de parceria rural. Os herdeiros poderão exercer o direito de retomada ao término do contrato, obedecendo o regramento legal quanto ao prazo".

Importa pontuar que tais previsões serão diversas ao tratar de contratos agrários sobre imóvel objeto de usufruto. O usufruto de imóveis é direito real,[102] que se institui mediante registro imobiliário[103] e que concede ao usufrutuário o direito temporário[104] de posse, uso, administração e percepção de frutos. Deste modo, considerando-se seu caráter de temporalidade, com a morte do usufrutuário cessará a parceria ou arrendamento, considerando tratar-se o usufruto de direito personalíssimo não sujeito a inventario, cuja vigência do contrato estará restrita aos limites de duração do usufruto.

Nas palavras de Orlando Gomes, "ainda, porém, que constituído para durar certo tempo, extingue-se antes do termo final, se falecer o titular, porque usufruto é *intransmissível 'inter vivos'* e '*mortis causa*'".[105] Deste modo, o usufruto e os direitos dele decorrentes se extinguem com a morte do titular, ainda que o fato jurídico extintivo (morte) ocorra antes do termo de vigência instituído,[106] como assim já decidido pelo STJ.[107] Ressalva-se, contudo, nos termos da disciplina do art. 28[108] do Decreto nº 59.566/1966, o direito do outorgado de ultimar a colheita de plantação já iniciada nos casos em que se dê resolução.

Depreende-se que tais particularidades, por certo aqui não esgotadas, impactarão no modo pelo qual eventual planejamento será conduzido, em especial

100. COELHO, José Fernando Lutz. **Contratos Agrários**. Uma Visão Neo-Agrarista. Curitiba: Juruá, 2006, p. 135.
101. STJ, REsp 1.459.668 – MG (2014/0139242-3) Relator: Ministro Ricardo Villas Bôas Cueva. DJ, 05/12/2017.
102. Código Civil: Art. 1.225. São direitos reais: [...] IV – o usufruto [...].
103. Código Civil: Art. 1.391. O usufruto de imóveis, quando não resulte de usucapião, constituir-se-á mediante registro no Cartório de Registro de Imóveis.
104. GOMES, Orlando. **Direitos reais**. Atualização de Luiz Edson Fachin. Coordenação de Edvaldo Brito. 19. ed. Rio de Janeiro: Forense, 2004. p. 334.
105. GOMES, 2004, p. 348.
106. STEINER, Renata C. Contrato de parceria rural: extinção pela morte da usufrutuária. **Revista Brasileira Direito Civil**, v. 31, p. 179, 2022.
107. STJ, Terceira Turma. AgInt no AREsp nº 1.121.421/RS. Rel. Min. Paulo de Tarso Sanseverino, *DJ*, 04/04/2018.
108. "Art. 28. Quando se verificar a resolução ou extinção do direito do arrendador sobre o imóvel rural, fica garantido ao arrendatário a permanecer nele até o término dos trabalhos que forem necessários à colheita."

no tipo de instrumento ou instrumentos utilizados, conduzindo a uma criteriosa análise diante da presença das situações mencionadas. São diferentes contextos, que analisados sob a ótica do planejamento sucessório, conduzem a compreensão da especialidade e da dimensão heterogênea do agronegócio, exigindo uma análise sistêmica de todos os contextos, elementos fáticos e jurídicos incidentes, a fim de que os instrumentos de planejamento, possam ser aplicados de forma funcionalizada, ou seja, de forma útil e adequada às necessidades daquela situação particularmente posta.

5
INSTRUMENTOS DE PLANEJAMENTO SUCESSÓRIO FUNCIONALIZADOS AO AGRONEGÓCIO

5.1 FUNCIONALIZAÇÃO DO PLANEJAMENTO

Tornar algo funcional, significa tornar útil e adequado em diversos graus, seja quanto à sua estrutura, seja quanto à sua finalidade. Função social do contrato, função social da propriedade e funcionalização do Direito civil remetem à ideia de compatibilização axiológica do ordenamento em uma perspectiva sistêmica,[1] cuja análise funcional dos institutos jurídicos "é justamente permitir sua maior efetividade em cada caso, possibilitando sua adaptação a situações concretas, sem que isso importe em descumprimento das regras positivadas".[2]

No caso do planejamento sucessório, infere-se que a sua finalidade, como mencionado, estará além do elemento volitivo do titular do patrimônio, encontrando-se condicionada a outros elementos. Será necessária a harmonização dos interesses, por meio dos instrumentos jurídicos, aptos a equalizar e integrar outros elementos que se sobrepõem à autonomia privada, seja quanto aos limites legais cogentes, seja quanto às particularidades que se apresentam no caso concreto.

É necessário, portanto, funcionalizar o planejamento ao ordenamento vigente, com a autonomia privada e as particularidades de cada elemento familiar e da atividade econômica, o que se realiza por meio de uma qualificação circunstancial dos fatos. Como leciona Pietro Perlingieri:

1. Abordagem sistêmica é uma metodologia que busca conjugar conceitos de diversas ciências a respeito de determinado objeto de pesquisa. É baseada na ideia de que um determinado objeto de estudo possui diversas dimensões e facetas que podem ser estudadas e entendidas por diversas ciências e que conceitos e princípios emanados de diferentes ciências podem ser empregados no estudo e compreensão de determinado fenômeno por determinada ciência. A teoria geral de sistemas (também conhecida pela sigla, T.G.S.) surgiu com os trabalhos do biólogo austríaco Ludwig von Bertalanffy, publicados entre 1950 e 1968.
2. TEPEDINO, Gustavo José Mendes. Relações contratuais e a funcionalização do direito civil. **Pensar--Revista de Ciências Jurídicas**, v. 28, n. 1, p. 10-10, 2023.

> A função é a síntese causal do fato, a sua profunda e complexa razão justificadora: ela refere-se não somente à vontade dos sujeitos que o realizam, mas ao fato em si, enquanto social e juridicamente relevante. A razão justificadora é ao mesmo tempo normativa, econômica, social, política e por vezes também psicológica (assim é, por exemplo, em muitos atos familiares com conteúdo não patrimonial). É necessária uma avaliação circunstanciada e global do fato. Avaliação e qualificação são uma coisa só, porque o fato se qualifica com base na função prático-social que realiza.

No caso do planejamento sucessório no agronegócio, obtêm-se esta funcionalidade e qualificação circunstancial a partir de uma perspectiva sistêmica, cuja análise partirá das situações jurídicas objetivas e subjetivas, seja da atividade em si, quanto do elemento humano, de modo que os instrumentos jurídicos aptos a promoverem o planejamento sejam funcionalizados a partir da qualificação em concreto das situações jurídicas. Na perspectiva funcional assim delineada, torna-se indispensável, segundo alude Fabio Konder, "priorizar, na análise de um instituto, seu perfil funcional, seus efeitos, passando, assim, do "*como ele é, para que ele serve*".[3]

Deste modo, o planejamento sucessório deve partir não do instrumento em si, mas da perspectiva circunstanciada e global do fato, mas especificamente das particularidades de cada núcleo familiar e da atividade. Sob a perspectiva das particularidades do agronegócio, infere-se a indispensável funcionalização dos instrumentos hábeis de planejamento sucessório às particularidades da atividade e em especial do núcleo familiar e seus elementos correlatos. A funcionalização poderá ser construída por meio de uma base sólida, a partir de uma análise sistêmica formada a partir de três pilares fundamentais, como se analisará a seguir.

5.2 PILARES DO PLANEJAMENTO SUCESSÓRIO NO AGRONEGÓCIO: FAMÍLIA, PARTICULARIDADES E PROPÓSITO

A ideia de organizar previamente a disposição e a organização patrimonial dos bens para após a morte revela-se uma decisão acertada, não apenas sob a ótica patrimonial, ao considerar a redução de custos, a otimização tributária e a gestão patrimonial, mas especialmente sob a ótica preventiva de conflitos familiares.

No que tange ao agronegócio, dada a massiva participação familiar, o planejamento afigura-se para além das demais vantagens mencionadas, como importante mecanismo de preservação e continuidade da atividade econômica produtiva para garantir às gerações seguintes, especialmente àquelas que dela

3. KONDER, Carlos Nelson. Causa do contrato x função social do contrato: estudo comparativo sobre o controle da autonomia negocial. **Revista Trimestral de Direito Civil** – RTDC, Rio de Janeiro, v. 43, n. 11, p. 33-75, jul./set. 2010. p 33.

dependem, a sua viabilidade econômica, por meio de mecanismos jurídicos aptos a promover a harmonização dos interesses inseridos naquele contexto.

Antes da escolha ou instrumentalização de um ou de diferentes mecanismos jurídicos, é necessário dar um passo atrás, para que seja possível uma análise sistêmica e global de todo o conjunto de fatores e variáveis que se interrelacionam, sejam eles pessoais, patrimoniais ou legais. O planejamento não se constitui de elementos isolados entre si; constitui-se por meio da inter-relação e interdisciplinaridade de todos esses elementos.

Se as famílias são múltiplas, assim como as atividades inseridas no contexto do agronegócio o são igualmente, é indissociável ao tratar sobre o tema de planejamento, contemplar todas as particularidades por meio de uma análise sistêmica para além de uma suposta obviedade, vantagem econômica ou de uma solução *Standart*,[4] que se apresenta não raras vezes de forma simplista, como se todas as famílias e negócios pudessem ser inseridos em uma mesma estrutura ou em uma caixa hermética. Cada família e cada atividade econômica apresentam suas singularidades e qualidades próprias.

Não há como pensar em um planejamento sucessório sem analisar as diferentes áreas e elementos correlatos que com ele se inter-relacionam, especialmente no caso do agronegócio. Como mencionado, o planejamento sucessório é um organismo vivo em constante transformação, seja porque os indivíduos e as famílias estão em contínua impermanência - são nascimentos, casamentos, divórcios e óbitos, inseridos em diferentes contextos, seja pela fluidez dos negócios e dos contextos econômicos e sociais.

Acresce-se a esses eventos as mudanças de entendimentos jurisprudenciais, as novas legislações e as reformas legislativas, a exemplo da reforma tributária e do Código Civil, que promoverão modificações significativas se aprovadas, as quais exigirão novas readequações aos planejamentos realizados. Os alicerces do Direito sucessório – família e propriedade, estão em constante transformação, em uma impermanência que exige uma contínua adequação e adaptabilidade.

Por certo, inexiste uma fórmula mágica ou receita padrão. Diferentemente do que ocorre em uma confeitaria, cuja padronização, precisão das medidas e dos ingredientes revela-se fator fundamental para o sucesso da receita, no planejamento sucessório a regra inverte-se: são os ingredientes, ou seja, os fatores familiares, pessoais e econômicos que, analisados em conjunto, garantirão o êxito do planejamento. Com efeito, como menciona Roberta Nioac,[5] agregar

4. PRADO, 2023. p. 1.
5. Ibidem., p 1.

as características, a necessidade, os desejos e as possibilidades de cada família, alinhadas às diversas áreas de conhecimento, como o Direito de família, das sucessões, tributário e societário, apresenta-se como a melhor solução quando se trata de um planejamento. Deste modo, as particularidades de cada núcleo e de cada atividade corresponderão a um tipo de planejamento.

Apesar de não haver uma receita padrão, é possível afirmar que para a construção sólida de um planejamento sucessório no agronegócio, considerando-se as características e as particularidades analisadas, a sua estrutura básica poderá ser sedimentada por meio de três pilares fundamentais, os quais orientarão a condução do planejamento e permitirão a escolha dos respectivos instrumentos jurídicos funcionalizados para o núcleo familiar. Esses pilares, que agregarão os subitens correlatos compõem-se da tríade: família, particularidades e propósito.

Quem somos? o que fazemos e o que queremos? são questionamentos fundamentais a serem formulados antes da tomada de decisão em relação a estrutura do planejamento, cujas respostas terão o condão de orientar, ser um vetor das espécies de mecanismos jurídicos utilizados. Sem a análise preliminar desses elementos, o planejamento poderá apresentar graves falhas, as quais implicarão em seu insucesso e consequentemente em prejuízos de ordem financeira e familiar, especialmente no incremento de litígios futuros.

5.2.1 Família

Quem somos representa o elemento familiar, o núcleo central de todo o planejamento sucessório, cujos limites legais, em especial os de natureza sucessória, estarão indubitavelmente presentes. Quem são os componentes do grupo familiar, quais são as suas relações afetivas e como se inter-relacionam. Desta análise perpassará igualmente a existência de vulnerabilidades, incapacidades e aptidões pessoais.

O elemento familiar neste sentido corresponde à base de sustentabilidade do planejamento sucessório.

Impende salientar que, apesar do elemento familiar constituir uma das particularidades do agronegócio, como elencado anteriormente, entende-se que esse elemento, dada a sua relevância, constante liquidez e massiva presença nas atividades do agronegócio, especialmente nas atividades dentro da porteira, deve constituir o ponto de partida, o elemento apartado primário e, por isso, apresenta-se destacado de suas particularidades, constituindo a base do planejamento.

A promoção de uma espécie de genograma,[6] que detalha a estrutura e o histórico familiar, fornece informações sobre os vários papéis de seus membros e das diferentes gerações; fornece as bases para a discussão e análise das interações familiares, e, por certo, o norte para a tomada de decisões relevantes em relação ao patrimônio e sua administração.

Pietro Perlingieri[7] aduz que a sucessão *causa mortis* não cumpre a sua função social apenas no que tange à continuidade do patrimônio, mas sim quando analisada igualmente sob a dimensão individual; ambas se realizam pela satisfação do interesse individual de relevância constitucional, sob uma perspectiva dinâmica. Para Guilherme Nogueira da Gama,[8] "as relações familiares passaram a ser funcionalizadas em razão da dignidade humana de cada integrante. A efetividade das normas constitucionais implica a defesa dos organismos sociais – e familiares – que cumprem o seu papel maior".

Desse modo, para além da vontade do detentor do patrimônio, a sucessão familiar por meio de um planejamento sucessório cumprirá a sua função social, quando promovida igualmente sob a dimensão individual daqueles indivíduos que compõem aquele núcleo. A escolha de qual tipo de instrumento de planejamento estará atrelada ao seu elemento familiar, desdobrando-se em diferentes perspectivas, seja sob o aspecto legal, sob o aspecto interfamiliar e seus indivíduos, seja sob o aspecto da continuidade da atividade econômica.

Conhecer cada elemento do núcleo familiar e a sua respectiva situação jurídica (se casados ou em união estável; se regularizada a eventual dissolução ou separação de fato; se têm filhos e de quais relações, atual ou anterior) permitirá organizar situações jurídicas preexistentes ou prevenir aquelas que porventura possam advir, afastando eventuais efeitos deletérios patrimoniais não desejados, por meio de instrumentos como pactos conjugais ou paraconjugais,[9] alteração de regime de bens, doações *propter nuptias e* inserção cláusulas de incomunicabilidade, entre outros. Não obstante isto, a vida é impermanente e as famílias por meio de suas gerações futuras, tendem certamente a agregar novos membros e consequentemente novas complexidades, o que deve ser objeto de análise criteriosa em sede preventiva de conflitos.

---

6. Trata-se de uma representação gráfica do sistema familiar, preferencialmente em três gerações, que utiliza símbolos padronizados para identificar os componentes da família e suas relações.
7. PERLINGIERI, Pietro. La funzione sociale del diritto sucessorio. In: PERLINGIERI, Pietro. **Rassegna di diritto civile 1**. Diretta da Pietro Perlingieri. Napoli: Edizioni Scientifiche Italiane, 2009. p. 131-132.
8. GAMA, Guilherme Calmon Nogueira. Função social da família e da jurisprudência brasileira. **Família e solidariedade**. Rio de Janeiro: Renovar, 2008. p. 188-189.
9. MARZAGÃO, Silvia Felipe. **Contrato Paraconjugal**: A modulação da conjugalidade por contrato teoria e prática. São Paulo: Foco, 2024.

Do mesmo modo, permite realizar ajustes societários e de governança corporativa, quando analisados sob a ótica de uma empresa familiar. Apesar das famílias apresentarem-se de formas diversas, existem "padrões repetitivos de comportamentos",[10] sejam eles positivos ou negativos, que interferem na realização do planejamento, e, com base nestes "padrões" é possível construir um planejamento sólido e preventivo de conflitos futuros.

5.2.2 Particularidades

O segundo elemento refere-se às particularidades, dirigida por meio das perguntas, *o que fazemos? Como estamos?* Este item representa as particularidades e as características econômicas da atividade desenvolvida e consequentemente a situação dos bens.

É necessário tecer um olhar para quais são as atividades econômicas exercidas, onde são exercidas, local onde estão situados os bens, e quais as suas características principais, considerando-se não apenas a aptidão econômica de cada atividade, mas a situação dos bens e direitos em questão.

Diante da presença de bem imóvel rural, deverá ser promovida a análise prévia de sua regularidade (CAR, Georreferenciamento, reserva legal, entre outros), se presentes questões ambientais, agrárias, como o caso da preexistência de contratos agrários vigentes, que poderão impactar diretamente na instrumentalização de um planejamento, especialmente diante da constituição de uma holding familiar ou de uma partilha em vida ou doação.

Acrescente-se ainda, a existência de garantias reais incidentes sobre o bem ou bens imóveis, como comumente ocorre nas atividades agrícolas, como o caso de garantias hipotecárias e garantias reais por meio de regime de afetação, que como mencionado anteriormente, impossibilitam a transferência de bens ou a integralização de capital, sem a respectiva anuência do credor, demandando neste sentido, diante de uma eventual negativa, novas estratégias e instrumentos de planejamento capazes de adequarem-se àquela situação.

O mesmo se infere das questões afetas ao valor agregado do bem imóvel rural e os custos tributários do planejamento, em especial quando da subscrição e integralização de bens em pessoa jurídica ou holding, dado o alto valor agregado à terra, cuja diferença entre o valor histórico, ou seja, o valor originário de aquisição do bem declarado no Imposto de Renda, que não comporta em regra atualização, e o seu real valor de mercado, poderá gerar considerável carga tributária, seja à título de imposto de renda ou ITCD em caso de doação.

10. PRADO, 2023, p. 4.

Referida situação muito comum às propriedades familiares, dada a natureza geracional da atividade, cujo valor histórico em regra, revela-se muito aquém do valor de mercado atual do bem, o que impactará diretamente nos custos e na viabilidade econômica do planejamento e nos instrumentos a serem adotados, diante da possibilidade de incidência de imposto de ganho de capital, representado pela diferença positiva entre o valor de transferência e o custo de aquisição do imóvel rural, no caso de integralização em valor de mercado, podendo chegar a uma alíquota de até 22,5%.

Ainda, no mesmo sentido, diante do Tema 796 do STF, cujo julgamento fixou a tese de que "a imunidade em relação ao ITBI, prevista no inciso I do § 2º do art. 156 da Constituição Federal, não alcança o valor dos bens que exceder o limite do capital social a ser integralizado", poderá culminar em cobrança de ITBI sobre a parcela do valor dos bens que exceder o valor do capital social integralizado.

Da promoção desta análise das particularidades do local e atividades exercidas perpassa igualmente pelo regime jurídico das atividades até então exercidas. A presença massiva de bens móveis, como o caso dos semoventes e implementos agrícolas, apresenta-se igualmente como elementos fundamentais, não apenas pelo alto valor agregado, mas diante do regime jurídico tributário, que poderá interferir diretamente na espécie de planejamento adotado.

A análise das questões fiscais e tributárias incidentes sobre a atividade compõe-se de elemento indispensável, considerando-se que cada tipo de atividade (agricultura, pecuária de corte, pecuária de recria e fruticultura, entre outras), apresenta regramentos e incidências legais próprias, não apenas variáveis em cada tipo de produção, mas igualmente variável em cada localidade, a exemplo do que se infere sobre as questões relativas ao ICMS, ITBI, ITCD e FUNRURAL, entre outros.

5.2.3 Propósito

Por fim, o terceiro elemento, representado pela pergunta, *onde queremos chegar?* representa o propósito do planejamento, que pode ser diverso ou comum, sejam eles tributários, familiares, empresariais.

Quais os objetivos? Quais as razões? Quais as consequências da utilização dos diferentes instrumentos jurídicos naquele núcleo familiar? Tais propósitos deverão estar alinhados em harmonia sistêmica, pois assim como um cobertor curto, um instrumento pode garantir a proteção sob uma perspectiva, mas de outro pode eventualmente desproteger e causar graves consequências.

Em prol de uma eventual economia tributária, deixa-se não raras vezes de lado o elemento familiar e as suas perspectivas futuras, como ocorre, por exemplo, com a utilização indiscriminada das chamadas *holdings* rurais, que apesar de constituírem relevante instrumento de planejamento, podem representar um incremento de litígios, especialmente quando realizada por profissionais que não têm o conhecimento jurídico específico; se de um lado a constituição de uma *holding* pode promover afastar eventualmente a necessidade de inventários e a redução da carga tributária por meio da concentração patrimonial dos ativos em pessoa jurídica, de outro pode representar uma fonte relevante de litígios futuros, especialmente diante da ausência de preparo daqueles que passarão a integrar a empresa, especialmente em se tratando de uma empresa familiar de exploração agrária, que exige não apenas conhecimento, mas aptidão ao exercício da atividade.

Torna-se necessário que os entes familiares apreendam as novas perspectivas e funções, por meio de práticas de governança e estruturas jurídicas capazes de promover a transição de forma equilibrada. Se "família é prato difícil de preparar, pois são muitos os ingredientes",[11] indubitavelmente esses ingredientes com seus temperos, "suaves, insossos ou apimentados" devem harmonizar entre si, ainda apenas que no âmbito profissional, sob pena deste prato tornar-se-á intragável.

Inserido no propósito do planejamento, encontram-se igualmente a legalidade e a autonomia privada; a autonomia privada do titular da herança, assim como daqueles que herdarão o patrimônio, deverão estar alinhados e funcionalizados à legalidade dos instrumentos jurídicos utilizados. Um propósito fraudulento ou com desvio de finalidade, a exemplo da utilização do planejamento para desviar patrimônio de credores ou de herdeiros necessários, conduzirá a mais grave das invalidades e nulificará todos os atos reconhecidamente *contra legem*.

Sob esta perspectiva, os instrumentos de planejamento deverão ser funcionalizados àquela realidade familiar, às particularidades da atividade e o propósito almejando quando da concretização do planejamento, e sob este viés, o último capítulo analisa de forma não exaustiva alguns dos principais instrumentos de planejamento sucessório aplicáveis ao agronegócio.

5.3 REGIME DE BENS

Se o elemento familiar corresponde à base de sustentabilidade do planejamento sucessório, as relações de conjugalidade e consequentemente a espécie do regime de bens e seus respectivos impactos econômicos serão os condutores

11. Epígrafe. Francisco de Azevedo. Arroz de palma.

iniciais ou o primeiro mecanismo de planejamento a ser analisado, não apenas sob o aspecto patrimonial, no que tange à comunicabilidade de bens e frutos e a administração dos bens, mas especialmente sob o aspecto sucessório, ao considerar que o atual regime jurídico sucessório inserido pelo Código Civil de 2002, além de ter erigido o cônjuge à condição de herdeiro necessário, estabeleceu a concorrência sucessória, a depender do regime de bens adotado, assim como o direito real de habitação, este, independentemente do regime adotado.

Desse modo, a escolha do regime de bens, ainda que em um primeiro momento possa ser considerado uma espécie de planejamento patrimonial, considerando-se eventual incomunicabilidade, diante da atual sistemática vigente, e dos respectivos efeitos *post mortem* atribuídos em favor do cônjuge sobrevivente, em especial nos regimes de incomunicabilidade, como é o caso do regime de separação convencional, a escolha do regime, acaba por adquirir a feição de planejamento sucessório, ainda que apenas quanto ao direito real de habitação.

5.3.1 Repercussões patrimoniais

Regime de bens "é o conjunto de normas que disciplinam as relações patrimoniais entre cônjuges ou companheiros na constância do matrimonio ou da união estável".[12] O ordenamento vigente estabeleceu quatro *fattispecies* de regime de bens: (i) o da comunhão parcial ou regime legal supletivo (arts. 1.658 a 1.666 do CC); (ii) regime da comunhão universal de bens (arts. 1.667 a 1.671 do CC); (iii) regime da participação final dos aquestos (arts. 1.672 a 1.686 do CC); (iv) regime da separação de bens (art. 1.687 do CC). Este último subdivide-se em regime da separação convencional, ou seja, aquele expressamente pretendido e formalizado pelos nubentes, e o regime da separação obrigatória de bens, regime imposto pelo ordenamento diante das hipóteses previstas no art. 1.641 do CC.[13] Não obstante os regimes expressamente previstos, o sistema jurídico não veda a formalização de regime misto, nos termos do art. 1.639 do CC.

O regime legal ou da comunhão parcial prevalece na falta de pacto antenupcial ou de qualquer instrumento público ou particular no caso na união estável, nos exatos termos do art. 1.725 do Código Civil.[14] Pressupõe-se a comunicabilidade de todos os

12. FONSECA, Priscila Corrêa da. **Manual do planejamento patrimonial das relações afetivas e sucessórias**. São Paulo: Thomson Reuters Brasil, 2018. p. 43.
13. "Art. 1.641. É obrigatório o regime da separação de bens no casamento: I – das pessoas que o contraírem com inobservância das causas suspensivas da celebração do casamento; II – da pessoa maior de 70 (setenta) anos; (Redação dada pela Lei nº 12.344, de 2010). III – de todos os que dependerem, para casar, de suprimento judicial."
14. "Art. 1.725. Na união estável, salvo contrato escrito entre os companheiros, aplica-se às relações patrimoniais, no que couber, o regime da comunhão parcial de bens."

bens adquiridos onerosamente durante a união, inclusive os frutos de bens particulares,[15] formando os aquestos, permanecendo como particulares os bens adquiridos anteriormente ou sub-rogados em seu lugar e demais exceções legalmente previstas.[16]

O regime da comunhão universal pressupõe a comunicabilidade de todos os bens e dívidas, anteriores e posteriores à união, salvo os doados ou herdados com cláusula de incomunicabilidade e os sub-rogados em seu lugar (CC, art. 1.668, I). O regime da participação final dos aquestos prevê que cada consorte manterá seu patrimônio próprio, mas, à época da dissolução da união, os bens adquiridos de forma onerosa serão partilhados.

Em relação ao regime da separação convencional de bens, pressupõe-se a distinção patrimonial, formado por duas massas de bens particulares incomunicáveis, podendo cada um dos cônjuges ou companheiros aliená-los ou gravá-los de ônus real (CC, art. 1.687). Por sua vez, no que tange ao regime de separação legal ou obrigatório, é aquele imposto pela lei diante de alguma inobservância de causa suspensiva ou para aqueles que necessitarem de suprimento judicial (CC, art. 1.641, incisos I e III).

Em relação aos maiores de 70 anos de idade, previsto na alínea II, do art. 1.641, após o julgamento do Recurso Extraordinário com Agravo (ARE) 1309642, de relatoria do Ministro Luís Roberto Barroso, fixou-se a tese de repercussão geral tema 1.236 estabelecendo que "nos casamentos e uniões estáveis envolvendo pessoa maior de 70 anos, o regime de separação de bens previsto no art. 1.641, II, do Código Civil, pode ser afastado por expressa manifestação de vontade das partes mediante escritura pública". Deste modo, o regime permanece hígido, podendo as partes afastá-lo mediante escritura pública, assim como a incidência da Súmula 377, que estabelece a comunicação dos bens adquiridos na constância do casamento, desde que comprovado o esforço comum para a sua aquisição, conforme a interpretação predominante do STJ,[17] aplicando-se igualmente às uniões estáveis.[18]

---

15. "Art. 1.660. Entram na comunhão: V – os frutos dos bens comuns, ou dos particulares de cada cônjuge, percebidos na constância do casamento, ou pendentes ao tempo de cessar a comunhão."
16. "Art. 1.659. Excluem-se da comunhão: I – os bens que cada cônjuge possuir ao casar, e os que lhe sobrevierem, na constância do casamento, por doação ou sucessão, e os sub-rogados em seu lugar; II – os bens adquiridos com valores exclusivamente pertencentes a um dos cônjuges em sub-rogação dos bens particulares; III – as obrigações anteriores ao casamento; IV – as obrigações provenientes de atos ilícitos, salvo reversão em proveito do casal; V – os bens de uso pessoal, os livros e instrumentos de profissão; VI – os proventos do trabalho pessoal de cada cônjuge; VII – as pensões, meios-soldos, montepios e outras rendas semelhantes."
17. No regime de separação legal de bens, comunicam-se os adquiridos na constância do casamento, desde que comprovado o esforço comum para sua aquisição (STJ, EREsp 1.623.858/MG, relator Ministro Lázaro Guimarães (Desembargador convocado do TRF 5ª Região), Segunda Seção, DJe 30/05/2018).
18. Súmula n. 655: aplica-se à união estável contraída por septuagenário o regime da separação obrigatória de bens, comunicando-se os adquiridos na constância, quando comprovado o esforço comum.

5.3.2 Pactuações e clausulações relevantes nas relações conjugais

No âmbito do planejamento, não raras vezes as partes deparam-se com diferentes situações distintas e singulares que carecem a inicial atenção do planejador antes da escolha de determinado instrumento de planejamento: pessoas que têm um relacionamento conjugal sob a égide de um regime específico; pessoas que intencionam modificar o regime de bens; pessoas que têm um relacionamento mas sem qualquer formalização; pessoas que desejam iniciar uma relação por meio de pactuação; e aqueles que findaram relacionamentos mas não promoveram a sua formalização. Referidas situações certamente serão condutoras das espécies de instrumentos de planejamento utilizados, considerando-se os diferentes reflexos.

No que tange às pactuações sobre o regime de bens e demais elementos correlatos, ocorrerão por meio de pacto antenupcial em caso de casamento,[19] cuja obrigatoriedade infere-se em todos os demais regimes que não o regime legal e o regime de separação obrigatória; no caso da união estável, esta formalização poderá ser realizada por meio de instrumento particular, escritura pública ou termo declaratório.[20]

A alteração de regime de bens, por força do que dispõe o § 2°, do art. 1.639, somente será realizada de forma judicial, cumulada aos requisitos da consensualidade e motivação do pedido, ressalvando-se direitos de terceiros. Apesar de alguns autores sustentarem a possibilidade de modulação da conjugalidade por meio de pactos-pós nupciais ou por meio de contratos paraconjugais,[21] especialmente sobre a flexibilização dos deveres conjugais ou da inserção de compensações financeiras e/ou indenizatórias, dada a necessidade de equalização de interesses e adequações às novas realidades conjugais, no que tange ao regime de bens e seus efeitos, por força da norma cogente, em se tratando de casamento, a alteração estará condicionada aos requisitos do mencionado art. 1.639.

No caso da união estável, a flexibilidade da união confere maior liberdade no que tange a pactuação patrimonial; permite-se que as partes ao longo da união possam modular os efeitos patrimoniais ou alterar o regime de mais simples, de forma extrajudicial, nos termos do que dispõem os provimentos 141/2023 e 146/2023[22] do CNJ.

---

19. "Art. 1.653. É nulo o pacto antenupcial se não for feito por escritura pública, e ineficaz se não lhe seguir o casamento."
20. Provimento nº 141 da Corregedoria Nacional de Justiça do Conselho Nacional de Justiça – CNJ.
21. MARZAGÃO, Silvia Felipe. **Contrato Paraconjugal**: A modulação da conjugalidade por contrato teoria e prática. São Paulo: Foco, 2024.
22. CNJ. **Provimento n. 146, de 26 de junho de 2023**. Disponível em: https://atos.cnj.jus.br/files/original141812202306276 49aefa421fae.pdf. Acesso em: 13 jan. 2024.

Quando analisado sob a ótica do planejamento no agronegócio, infere-se que por se tratar de atividade que em regra envolve um volume de produção considerável e consequentemente um alto valor econômico agregado, assim como a alta volatilidade e variabilidade do negócio, a contratualização das relações de todos aqueles entes familiares que de alguma forma serão contemplados no planejamento revela-se indispensável.

Ao contextualizar de forma prática a temática, menciona-se os efeitos jurídicos adjacentes de eventual omissão sobre a pactuação prévia em uma relação de união estável, ou até mesmo de casamento celebrado sob o regime legal da comunhão parcial, sem que exista a distinção quanto à comunicabilidade dos frutos. Na ausência de pactuação expressa, incidirá o disposto no art. 1.725 do Código Civil,[23] ou seja, incidirão as regras correspondentes ao regime da comunhão parcial de bens, e a consequente partilha de todos os bens que sobrevierem ao casal na constância da união, independentemente de esforço comum.

O mesmo se aplica no regime legal em relação aos frutos de bens particulares, por força do que dispõe o inciso V, do art. 1660, do Código Civil. Segundo Washington de Barros Monteiro,[24] frutos "são utilidades que a coisa periodicamente produz, constituem a produção normal, ordinária e certa da coisa; cuja percepção deixa substancialmente intacta a coisa que os produz", e no caso de semoventes, a cria animal é exemplo clássico de fruto natural.[25] Os frutos, representados pela safra agrícola ou semoventes, à título de exemplo, ingressarão na meação no caso do regime legal ou da ausência de pactuação expressa.

Menciona-se o exemplo do agricultor que explora a atividade agrícola em área arrendada de terceiro ou daquele que explora atividade pecuária em área proveniente de herança ou de bem doado. Na ausência de pactuação expressa, por disposição imperativa de lei,[26] os frutos provenientes de tais atividades serão partilháveis. Deste modo, o bem em si não será objeto de comunicabilidade, mas de outro vértice todos os frutos provenientes da atividade, assim como as benfeitorias o serão.

---

23. "Art. 1.725. Na união estável, salvo contrato escrito entre os companheiros, aplica-se às relações patrimoniais, no que couber, o regime da comunhão parcial de bens."
24. MONTEIRO, Washington de Barros. **Curso de Direito Civil**: Parte Geral, Saraiva, 2003, p. 184.
25. Frutos são utilidades que a coisa periodicamente produz. Distinguem-se em três categorias: a) naturais, quando resultam do desenvolvimento próprio força orgânica da coisa, tais como as crias dos animais, o café produzido por um cafeeiro etc.; RODRIGUES, Silvio. **Direito Civil**: Parte Geral, Saraiva, 2002, p. 140.
26. Art. 1.660. Entram na comunhão (...); IV – as benfeitorias em bens particulares de cada cônjuge; V – os frutos dos bens comuns, ou dos particulares de cada cônjuge, percebidos na constância do casamento, ou pendentes ao tempo de cessar a comunhão.

Em se tratando do regime legal, a safra agrícola percebida na constância do casamento, ou pendente ao tempo de cessar a comunhão, ou seja, aquela que ainda será colhida, ainda que produzida em área pertencente exclusivamente a um dos cônjuges ou de terceiros, comporá o monte partível, sujeitando, inclusive, a realização de medidas de preservação do patrimônio amealhado, como arresto ou sequestro de bens.

No caso de semoventes, necessário pontuar que, pela natureza de fruto ou seja pelo critério de utilidade e produção periódica do bem, ainda que se refira a bem herdado ou bem particular, o produto da venda (caso não provada eventual sub-rogação ou na ausência de cláusula expressa de incomunicabilidade extensiva aos frutos), as crias que sucederam ao longo da união conjugal, e a consequente evolução do rebanho, serão objeto de partilha. Neste sentido é a lição de Rolf Madaleno:

> "As crias que substituem os animais mortos também são consideradas como frutos e comuns também serão as crias que tenham sido concebidas antes de iniciar a sociedade conjugal, mas paridas durante o Casamento. (..) o gado herdado uma vez substituído por novas crias, torna-se fruto e perde a natureza de bem sub-rogado".[27]

Da mesma forma aduz Rafael Calmon:

> "A evolução de rebanhos, por isso, dá ensejo a frutos civis e por isso bezerros nascidos de animais pertencentes a um só dos consortes, assim como eventual produção leiteira por eles desenvolvida no período de vigência da união conjugal ou convivencial, por exemplo, podem se comunicar".[28]

Em relação aos bens herdados ou doados, ainda que existente cláusula de incomunicabilidade, esta não afasta per si a incomunicabilidade quanto aos frutos, uma vez que não há presunção automática, como já decidido pelo STJ em outras oportunidades.[29]

Caso a cláusula de incomunicabilidade não tenha sido aposta expressamente e extensivamente em relação aos frutos, estes estarão sujeitos a partilha, uma vez que a da cláusula não se presume quanto aos frutos, salvo se expressamente previsto, conforme adiante será tratado. Sobre outro vértice, necessário pontuar que,

---

27. MADALENO, Rolf. **Direito de família**. 8. ed. São Paulo: Forense, 2018. p. 809.
28. CALMON, Rafael. **Manual de Partilha de Bens**. 6. ed. Gen Saraiva, 2025. p. 266.
29. "Na ausência de cláusula expressa de incomunicabilidade dos frutos de bem doado ou herdado no benefício exclusivo do cônjuge beneficiário antes da celebração de casamento sob o regime da comunhão parcial de bens há que se reconhecer o direito à meação da recorrente na forma dos laudos mencionados no acórdão recorrido" (REsp nº 1.164.887/RS, relator Ministro Ricardo Villas Bôas Cueva, Terceira Turma, julgado em 24/4/2014, DJe de 29/4/2014).

as dívidas realizadas em proveito comum[30] e os custos de produção e manutenção destes bens, deverão ser objeto de eventual abatimento equivalente na meação.

No que tange ao planejamento, visando os cônjuges/companheiros a proteção e a incomunicabilidade de bens e seus respectivos frutos, deverão por meio de pacto antenupcial ou instrumentos correlatos no caso da união estável, estabelecer cláusula de incomunicabilidade, estendendo-se igualmente de forma expressa quanto à seus frutos, pois como assinala Marcelo Truzzi, diferentemente das demais cláusulas que inadmitem imposição pelos beneficiários, "a cláusula de incomunicabilidade pode ser instituída pelos próprios cônjuges ou companheiros, em pacto antenupcial ou em contrato de convivência".[31]

No mesmo sentido elucida Paulo Lôbo o dispor que "a incomunicabilidade, todavia, pode ser estendida aos frutos do bem doado ou herdado, se assim tiver estipulado o doador ou o testador, no benefício exclusivo do cônjuge beneficiário".[32]

A viabilidade e possibilidade da aposição de cláusula de incomunicabilidade extensiva aos frutos já fora enfrentada pelo Superior Tribunal de Justiça em diferentes oportunidades, à exemplo do julgamento do REsp 1.164.887/RS, ocasião em que a 3ª Turma, à unanimidade de votos, confirmou a incomunicabilidade de frutos oriundos de bem doado com cláusula de incomunicabilidade expressa em união regida pela comunhão parcial de bens:

> "O doador pode dispor em cláusula expressa a incomunicabilidade dos frutos de bem doado no benefício exclusivo do cônjuge beneficiário antes da celebração de casamento sob o regime de comunhão parcial dos bens. 2. O mandamento legal previsto no art. 265 do Código Civil de 1916 (correspondente ao art. 1.669 do atual Código Civil), de natureza genérica, não veda previsão em sentido contrário" (REsp n. 1.164.887/RS, relator Ministro Ricardo Villas Bôas Cueva, Terceira Turma, julgado em 24/4/2014, DJe de 29/4/2014).

A menção deve ser expressa em relação à incomunicabilidade dos frutos e rendimentos, visto que a proteção não se estende de forma automática, como vem decidindo a jurisprudência pátria.[33]

---

30. Art. 1.663. A administração do patrimônio comum compete a qualquer dos cônjuges. § 1º As dívidas contraídas no exercício da administração obrigam os bens comuns e particulares do cônjuge que os administra, e os do outro na razão do proveito que houver auferido.
31. OTERO, 2023, p. 64.
32. LÔBO, Paulo Luiz Netto. **Código Civil Comentado**: Direito de Família – Relações de Parentesco – Direito Patrimonial – arts. 1.591 a 1.693. São Paulo: Atlas, 2003, v. XVI, p. 313.
33. TJ/SP. "PENHORA – Frutos – Bem imóvel gravado com cláusula de impenhorabilidade – Possibilidade de constrição dos frutos, visto que a proteção não se estende de forma automática – Inteligência do art. 867 do CPC – Precedentes – Ausência de prova acerca da desproporcionalidade da medida – Recurso improvido" (Agravo de Instrumento nº 2248043-57.2017.8.26.0000, 23ª Câmara da Seção de Direito Privado, Rel. Des. J. B. Franco de Godoi).

Do mesmo modo, analisado sob a ótica de eventual constituição de *holding* familiar, a espécie de regime de bens afetará diretamente eventual sociedade e respectivos bens integralizados ou adquiridos, caso promovida aquisição de quotas ou bens por herdeiro. Caso o herdeiro esteja sob a égide de uma relação de união estável sob o regime legal ou mesmo casado sob este regime, em caso de constituição de empresa ou aquisição de quotas sociais, estas passarão a compor o acervo de bens comunicáveis do casal, salvo se efetivamente demonstrada eventual sub-rogação ou que a aquisição ocorreu por meio de doação realizada com cláusula de incomunicabilidade.

No caso do agronegócio, o regime de separação convencional de bens apresenta-se atrativo não apenas para afastar eventual incomunicabilidade, mas igualmente para o livre exercício da atividade, considerando-se que a atividade agrícola é atividade que exige em não raras vezes a tomada de custeios, empréstimos entre outros, protegendo o patrimônio pessoal daquele cônjuge ou companheiro que não explora a atividade e não intenciona responder com seus bens por dívidas de seu consorte.

Outra viabilidade, infere-se na pactuação de regime misto, afastando a comunicabilidade de bens específicos escolhidos pelos nubentes, como por exemplo, a opção pelo regime da comunhão parcial, afastando-se eventualmente a comunicabilidade de determinada área agrícola, frutos, investimentos ou bens móveis e semoventes.

Como mencionado, é pungente a celeuma correspondente à dificuldade em estabelecer-se critérios objetivos e distintivos de algumas relações, a exemplo do que se infere das relações de namoro e união estável, dada a similitude de tais relacionamentos, cujas consequências patrimoniais e sucessórias decorrentes de cada relação serão completamente distintas por apresentarem natureza jurídica diversa.

Não raro sói ocorrer no momento inicial da realização de planejamento sucessório familiar, quando se apura que um ou mais integrantes da família (que até então consideravam viver uma mera relação de namoro) em realidade, encontravam-se sob a égide de uma relação jurídica de união estável, diante da presença dos requisitos configuradores previstos no art. 1.723, do Código Civil, o que impacta diretamente no planejamento, uma vez que cuja cautela deve ser redobrada.

Na referida situação, ao considerar o atual entendimento do STJ sobre a impossibilidade de retroatividade do regime de bens,[34] ou seja, atribuir-se por

34. STJ, Resp. 1.597.675/SP, Rel. Min. Paulo de Tarso Sanseverino, Terceira Turma, julgado em 25/10/2016.

meio de pacto ou escritura/termo declaratório de união estável, regime diverso do legal em período retroativo ao início da união, que por força do que dispõe o art. 1.725, do Código Civil, será o regime da comunhão parcial, a providência mais segura, será regularizar a situação jurídica existente por meio de duas providências distintas: a primeira será reconhecer a referida relação e seus respectivos marcos temporais, promovendo-se a respectiva partilha dos bens amealhados até aquele momento diante da incidência do regime legal.

A segunda, será regularizar a situação fática existente, por meio da constituição de "nova" relação, seja convertendo-se a união estável em casamento, nos termos do artigo 1.726 do Código civil, elegendo-se o novo regime de bens, que neste caso exigirá a lavratura de pacto antenupcial nos termos do Provimento 141/CNJ, hoje 149/CNJ, o qual dispôs que a "conversão da união estável em casamento implica a manutenção, para todos os efeitos, do regime de bens que existia no momento dessa conversão, salvo pacto antenupcial em sentido contrário." Outra possibilidade será a manutenção da união estável, mas com a eleição de novo regime de bens, que terá eficácia a partir de sua lavratura.

Outra situação comum refere-se àqueles que se encontram separados de fato, mas sem qualquer formalização, seja em relação ao casamento, seja em relação à união estável, considerando-se os impactos que referida situação fática poderá provocar no planejamento, tanto no aspecto patrimonial quanto sucessório.[35] A ausência de comprovação segura do marco temporal da separação de fato, assim como a questão afeta à extensão patrimonial e aos respectivos frutos, ainda não partilhados, poderão provocar confusão patrimonial e insegurança jurídica às partes, especialmente quando se trata de agronegócio, dada a sazonalidade e os investimentos necessários realizados continuamente na atividade, o que poderá conduzir a questionamentos se "essa aquisição não se deu com numerário comum não partilhável ou ainda com frutos advindos de imóveis ou cotas comuns".[36]

Apesar da ausência de disposição legal, é uníssono na jurisprudência pátria que a separação de fato é causa para o rompimento do regime de bens,[37] cuja tese

35. Art. 1.830. Somente é reconhecido direito sucessório ao cônjuge sobrevivente se, ao tempo da morte do outro, não estavam separados judicialmente, nem separados de fato há mais de dois anos, salvo prova, neste caso, de que essa convivência se tornara impossível sem culpa do sobrevivente.

36. MATTOS, Eleonora G. Saltão de Q.; MARZAGÃO, Silvia Felipe. A imprescindível análise jurídica das relações familiares e as providencias correlatas ao direito de família como pressuposto de um planejamento sucessório eficiente. In: TEIXEIRA, Daniela Chaves (Coord.). **Arquitetura do Planejamento Sucessório**. Belo Horizonte: Fórum, 2021. t. II. p. 133.

37. RECURSO ESPECIAL. CIVIL. FAMÍLIA. ANULAÇÃO DE ATOS JURÍDICOS. BENS ADQUIRIDOS APÓS A SEPARAÇÃO DE FATO POR UM DOS CÔNJUGES. SIMULAÇÃO LESIVA À PARTILHA. INCIDÊNCIA DA SÚMULA 83/STJ. FUNDAMENTO INATACADO. ÓBICE DA SÚMULA 283/STF. RECURSO NÃO CONHECIDO. 1. O aresto recorrido está em sintonia com a jurisprudência desta Corte, firmada no sentido de que a separação de fato põe fim ao regime matrimonial de bens.

inclusive desde o ano de 1996 já era defendida pelo jurista Rolf Madaleno;[38] contudo, a delimitação temporal, assim como a delimitação patrimonial revela-se igualmente indispensável.

Do analisado no parágrafo anterior, não há como promover a escolha de determinado instrumento de planejamento, ainda que configurado em instrumento unilateral, como o caso do testamento, sem a necessária previsibilidade quanto aos eventuais efeitos jurídicos dessas relações no âmbito patrimonial. Deste modo, apresenta-se indispensável a análise prévia criteriosa quando da instrumentalização do planejamento sucessório os elementos concernentes ao regime de bens e suas respectivas pactuações, a fim de evitar eventual comunicabilidade ou efeitos jurídicos não pretendidos.

5.3.3 Repercussões sucessórias

No que tange ao aspecto sucessório dos regimes de bens, infere-se que, além do cônjuge assumir a posição de herdeiro necessário,[39] o que por sua vez importa em seu direito inafastável à legítima, impacta e limita diretamente o planejamento sucessório, este fora contemplado na sucessão legítima como herdeiro de primeira classe, em regime concorrencial com descendentes e ascendentes a depender das hipóteses,[40] diante da existência de bens particulares.

Igualmente, nos termos do art. 1.832,[41] assegura-se ao cônjuge quinhão igual ao dos que sucederem por cabeça, não podendo a sua quota ser inferior à quarta parte da herança, se for ascendente dos herdeiros com que concorrer. Na ausência de herdeiros de primeira classe, caberá integralmente ao cônjuge a universalidade da herança, nos termos do art. 1.838 do Código Civil;[42] ou seja, o cônjuge a depender do regime e da situação fática, existindo bens comuns e bens

---

Precedentes. 2. A Corte local entendeu não restar configurada a simulação lesiva, além de não poder ser invocada pela autora, que dela tinha conhecimento há nove anos. Contra o último fundamento não se insurge a recorrente, o que atrai o óbice da súmula 283/STJ. 3. Recurso especial não conhecido. (STJ – REsp: 678790 PR 2004/0100936-0, Relator: Ministro Raul Araújo, Data de Julgamento: 10/06/2014, T4 – Quarta Turma, Data de Publicação: DJe 25/06/2014).

38. MADALENO, Rolf. **Direito de Família**. Aspectos polêmicos. Porto Alegre: Livraria do Advogado, 1.998.
39. "Art. 1.845. São herdeiros necessários os descendentes, os ascendentes e o cônjuge."
40. "Art. 1.836. Na falta de descendentes, são chamados à sucessão os ascendentes, em concorrência com o cônjuge sobrevivente."
41. "Art. 1.832. Em concorrência com os descendentes (art. 1.829, inciso I) caberá ao cônjuge quinhão igual ao dos que sucederem por cabeça, não podendo a sua quota ser inferior à quarta parte da herança, se for ascendente dos herdeiros com que concorrer."
42. "Art. 1.838. Em falta de descendentes e ascendentes, será deferida a sucessão por inteiro ao cônjuge sobrevivente."

particulares, além de perceber seu direito a meação terá igualmente resguardado seu direito sob o acervo hereditário deixado pelo consorte falecido.

Importa destacar, como mencionado anteriormente, a controvérsia acerca da igualdade de trato sucessório em relação aos companheiros, considerando-se a decisão do Supremo Tribunal Federal, que fixou a tese de Repercussão Geral nº 809,[43] sem enfrentar expressamente a inclusão do companheiro no rol do art. 1.845, ou seja, daqueles inseridos no rol dos herdeiros necessários. Referido *decisum* lançou luzes à insegurança jurídica especialmente no que afeta o planejamento, ou seja, a limitação ou não quanto à cota legitimária do companheiro. Diante disso, ao considerar os posicionamentos doutrinários e jurisprudenciais atuais, em prol da segurança jurídica e da mitigação de litígios, deve-se garantir ao companheiro o mesmo tratamento quando da instrumentalização do planejamento, sob pena do planejamento ou parte dele ser objeto de futura invalidação.

Pela literalidade do art. 1.829,[44] somente não haverá concorrência sucessória do cônjuge com os descendentes ou ascendentes, salvo se casado com o falecido no regime da comunhão universal ou no da separação obrigatória de bens (art. 1.640, parágrafo único do CC); ou se, no regime da comunhão parcial, o autor da herança não houver deixado bens particulares.

Apesar de eventual escolha pelo regime da separação convencional para fins de planejamento e organização patrimonial, evitando-se a comunicabilidade do acervo de bens e sua administração de forma individualizada, no âmbito sucessório, o cônjuge sobrevivente casado sob o regime da separação convencional será herdeiro necessário e concorrerá com os descendentes e ascendentes à herança do falecido, por força do mencionado art. 1.829 do CC, conforme entendimento vigente do STJ.[45] Em suma, ao considerar que em regra no regime da separação convencional todo o acervo patrimonial do cônjuge falecido é representado pela massa patrimonial particular, consequentemente, tais bens particulares serão objeto de concorrência sucessória, salvo se a parte disponível tiver sido objeto de disposição patrimonial prévia por meio de planejamento e permanecer a parte indisponível sob o regime concorrencial.

---

43. STF. "No sistema constitucional vigente, é inconstitucional a distinção de regimes sucessórios entre cônjuges e companheiros, devendo ser aplicado, em ambos os casos, o regime estabelecido no art. 1.829 do CC/2002".
44. "Art. 1.829. A sucessão legítima defere-se na ordem seguinte: (Vide Recurso Extraordinário nº 646.721) (Vide Recurso Extraordinário nº 878.694). I – aos descendentes, em concorrência com o cônjuge sobrevivente, salvo se casado este com o falecido no regime da comunhão universal, ou no da separação obrigatória de bens (art. 1.640, parágrafo único); ou se, no regime da comunhão parcial, o autor da herança não houver deixado bens particulares; II – aos ascendentes, em concorrência com o cônjuge; III – ao cônjuge sobrevivente; IV – aos colaterais."
45. STJ. EREsp 1.472.945/RJ e REsp 1.382.170/SP.

Trata-se de questão que impacta diretamente no planejamento sucessório, ao considerar que a incomunicabilidade pretendida deixa de existir diante do falecimento de um dos consortes, restringe consequentemente a liberdade de pactuação, objeto de profundas críticas sociais, considerando-se em especial a existência de famílias recompostas e a intenção de não compartilhamento patrimonial, o que conduz a sobrelevado engessamento de muitos planejamentos.

5.3.3.1 Direito Real de habitação

Outro efeito sucessório correlato às relações de conjugalidade refere-se ao direito real de habitação, direito real sobre coisa alheia (art. 1.225, inciso VI, do CC) de caráter vitalício, personalíssimo, gratuito e de natureza protetiva para o cônjuge sobrevivente, objetivando assegurar moradia digna ao viúvo ou à viúva no local em que antes residia com sua família, desde que seja o único daquela natureza a inventariar, independente do regime de bens adotado, sem prejuízo da participação que lhe caiba na herança ou meação, nos termos do Art. 1.831 do CC.[46]

Para a Terceira Turma do STJ, como apontado no julgamento do REsp 1.582.178/RJ, "o objetivo da lei é permitir que o cônjuge sobrevivente permaneça no mesmo imóvel familiar que residia ao tempo da abertura da sucessão como forma, não apenas de concretizar o direito constitucional à moradia, mas também por razões de ordem humanitária e social".

É instituto intrinsecamente ligado à sucessão, razão pela qual os direitos de propriedade originados da transmissão da herança sofrem um abrandamento temporário em prol da manutenção da posse exercida por um dos integrantes do casal (EREsp 1.520.294). Deste modo, a mitigação do direito à propriedade é exercida em prol da proteção constitucional outorgada à família (203, I, CF/88), em exercício de ponderação de valores.

Idêntico direito é conferido ao companheiro, como já decidido igualmente pelo STJ,[47] estendendo e equiparando os direitos atribuídos ao cônjuge em favor dos companheiros. No mesmo sentido é o Enunciado 117 da I Jornada de Direito Civil, ao dispor que "O direito real de habitação deve ser estendido ao companheiro, seja por não ter sido revogada a previsão da Lei 9278/96, seja em razão da interpretação analógica do art. 1831, informado pelo art. 60, *caput*, da CRFB/88".

---

46. "Art. 1.831. Ao cônjuge sobrevivente, qualquer que seja o regime de bens, será assegurado, sem prejuízo da participação que lhe caiba na herança, o direito real de habitação relativamente ao imóvel destinado à residência da família, desde que seja o único daquela natureza a inventariar."
47. STJ. AgRg no REsp 1.436.350, Rel. Ministro Paulo de Tarso Sanseverino.

Desse modo, o direito real de habitação deverá ser conferido ao cônjuge/companheiro sobrevivente, independentemente do regime de bens (incluindo-se o regime da separação legal), não apenas quando houver descendentes comuns, mas também quando concorrem filhos exclusivos do cônjuge falecido.[48]

Diante de sua natureza gratuita, os herdeiros não poderão exigir remuneração do companheiro/cônjuge sobrevivente pelo uso do imóvel, nem a extinção do condomínio e a alienação do bem enquanto perdurar esse direito.[49] Tal entendimento foi reafirmado pela Terceira Turma no julgamento do REsp 1.846.167.

Questão tormentosa infere-se diante da existência de nova relação afetiva (união estável ou casamento) daquele beneficiário do direito real de habitação, especialmente quando se trata de pessoa jovem, com capacidade produtiva, cujo direito real será exercido em detrimento do direito de propriedade dos herdeiros. Neste turno, a jurisprudência ainda é controversa, à exemplo do Tribunal de Justiça de Goiás que em diferentes julgados, vem entendendo que a nova relação não é causa de extinção do direito real;[50] de outro lado, o Tribunal de Justiça do Estado de São Paulo, ao enfrentar o tema, vem decidindo de forma contrária, entendendo que o novo casamento é circunstância per si, que faz cessar o direito real, diante da superação da situação de vulnerabilidade e da viuvez.[51]

---

48. STJ. REsp 1.134.387, Rel. Ministra Nancy Andrighi.
49. ST. REsp 1.846.167. Terceira Turma. Rel. Ministra Nancy Andrighi. 09.02.2021.
50. AGRAVO DE INSTRUMENTO. PROCESSO DE INVENTÁRIO. DIREITO REAL DE HABITAÇÃO. BEM IMÓVEL RESIDENCIAL. NOVO CASAMENTO. DIREITO VITALÍCIO NÃO CONDICIONADO. BEM MÓVEL. INSTRUMENTO DE TRABALHO. NÃO COMPROVAÇÃO. 1. Nos termos do artigo 1.831, do Código Civil, ao cônjuge sobrevivente é assegurado o direito real de habitação, bastando, para tanto, que seja o único imóvel adquirido pelo casal no qual o viúvo reside. 2. Assim, no caso concreto, o fato de o cônjuge supérstite ter contraído novo matrimônio não é fato impeditivo para reconhecer o direito real de habitação sobre o imóvel a inventariar. 3. Quanto ao pleito pela exclusão do veículo caminhão, não havendo prova pré-constituída sobre o que foi levantado pelo meeiro, a maneira de se comprovar a alegação é por meio de abertura de instrução probatória que, evidentemente, é impossível nos limites do processo de inventário, exigindo-se, na verdade, o ajuizamento de processo próprio nas vias ordinárias. AGRAVO DE INSTRUMENTO CONHECIDO E PARCIALMENTE PROVIDO. (TJ-GO – AI: 52584926020188090000 GOIÂNIA, Relator.: MARIA DAS GRAÇAS CARNEIRO REQUI, 1ª Câmara Cível, Data de Publicação: (S/R) DJ).
51. INVENTÁRIO – Insurgência voltada à manutenção do direito real de habitação em favor da viúva meeira – Acolhimento – Comprovado que a agravada declara-se publicamente casada, desde o ano de 2021 (o que é por ela admitido em contraminuta) – Circunstância que, conforme jurisprudência deste E. Tribunal de Justiça, faz cessar o direito real de habitação, cuja finalidade é conferir proteção ao cônjuge sobrevivente em face dos herdeiros do cônjuge falecido – Havendo novo matrimônio ou união estável (que a ele se equipara), o cônjuge supérstite, além de não mais ostentar a condição de viuvez, supera a situação de vulnerabilidade advinda do falecimento de seu companheiro, já que inserido em novo contexto familiar, contando, inclusive, com a assistência oriunda de seu novo cônjuge ou companheiro – Inteligência do art. 1.566, III, do Código Civil – Pretensão ao pagamento de alugueres que, por seu turno, demanda ajuizamento de ação autônoma – Decisão reformada – Recurso parcialmente provido . (TJ-SP – Agravo de Instrumento: 22201695320248260000 Neves Paulista, Relator.: Salles Rossi, Data de Julgamento: 06/09/2024, 8ª Câmara de Direito Privado, Data de Publicação: 06/09/2024).

Neste sentido reside o posicionamento de Daniel Blikstein em obra sobre o tema, ao afirmar que:

> A garantia do direito real de habitação tem seu lado social, mas não pode embaraçar, sem qualquer limite temporal, a propriedade dos titulares. Destarte, não há amparo para que se conclua pela perpetuidade do instituto sobre o mesmo imóvel, no caso de novo casamento ou união estável do sobrevivente.[52]

Em relevante precedente, a Terceira Turma do STJ, em julgamento realizado em 29 de setembro de 2024, REsp 2.151.939,[53] sob a relatoria da Ministra Nancy Andrighi, decidiu-se por unanimidade que o direito real de habitação não é absoluto, e, em situações específicas e excepcionais, poderá ser mitigado, especialmente quando não atender à sua finalidade social, sendo necessário avaliar caso a caso a prevalência do direito dos herdeiros em comparação com o direito do cônjuge sobrevivente.

Nos termos do *decisum*, este direito poderá ser mitigado quando, apesar de existir um único imóvel a inventariar entre os descendentes e o cônjuge ou companheiro sobrevivente, este tiver recursos financeiros suficientes para assegurar sua subsistência e moradia em condições dignas. Ou seja, o abrandamento do instituto, visa coibir aquelas situações que se afastam do próprio sentido do instituto, ou seja, garantir moradia digna e atender sua finalidade social, acarretando prejuízos insustentáveis aos herdeiros, tratando-se, contudo, de hipótese específica e excepcional, como delineado, cuja análise cingir-se-á a situação in concreto.

Sobre outro prisma, a copropriedade anterior à abertura da sucessão impede o reconhecimento do direito real de habitação, considerando-se a titularidade comum a terceiros estranhos à relação sucessória que ampararia o pretendido direito, como decidido pela segunda seção do STJ.[54] O mesmo entendimento aplica-se no caso de usufruto;[55] sendo inviável o reconhecimento do direito real nesta situação, considerando-se a extinção do usufruto com a morte e a titularidade de terceiros.

52. BLIKSTEIN, Daniel, in: **O Direito Real de Habitação na sucessão hereditária**. Belo Horizonte, Del Rey, 2012. p. 211.
53. STJ. REsp. REsp 2.151.939. Terceira Turma. Rel. Ministra Nancy Andrighi. 29.09.2024.
54. STJ – EREsp: 1520294 SP 2015/0054625-4, Relator.: Ministra MARIA ISABEL GALLOTTI, Data de Julgamento: 26/08/2020, S2 – SEGUNDA SEÇÃO, Data de Publicação: DJe 02/09/2020.
55. Na hipótese em que o cônjuge falecido já não era mais proprietário do imóvel residencial, mas mero usufrutuário, tendo sido extinto o usufruto pela sua morte. Figurando a viúva sobrevivente como mera comodatária, correta a decisão concessiva da reintegração de posse em favor dos herdeiros do falecido. (STJ – REsp 1273222/SP, Rel. Ministro Paulo de Tarso Sanseverino, Terceira Turma, julgado em 18/06/2013, DJe 21/06/2013).

Idêntica situação infere-se diante da incorporação do patrimônio em pessoa jurídica, à exemplo da constituição de holding patrimonial. A partir do momento em que o bem, deixa de pertencer a pessoa física e incorpora o patrimônio da pessoa jurídica, a proteção legal deixa de existir, considerando-se a disposição contida no artigo 1.831 do Código Civil, sujeitando o bem inclusive a penhora, uma vez que, salvo exceções,[56] afasta-se em regra a impenhorabilidade prevista pela Lei 8.009/1990.

No caso do agronegócio, mais especificamente diante da presença de imóvel rural, o regime jurídico gera controvérsias; a norma cogente não disciplina expressamente sobre a incidência do direito real de habitação sobre o imóvel rural, e, tampouco, quais seriam os limites do direito real, ou seja, se sua extensão atingiria somente a casa de moradia habitual ou totalidade da área produtiva, considerando-se que em não raras situações, dado o perfil familiar da atividade, o local de moradia, situa-se no mesmo local onde se explora a atividade rural produtiva.

Suponha-se que um casal conviva em união estável, cuja união iniciou-se após os 70 anos de uma das partes, os quais tinham moradia habitual na sede da fazenda, cuja propriedade explora a atividade de agricultura de soja e milho, sendo o imóvel o único desta natureza. Com o óbito do companheiro, teria a companheira direito real de habitação? Este direito seria somente em relação a casa sede ou a integralidade da propriedade?

Apesar do STJ não ter até o presente momento se manifestado expressamente sobre a temática, algumas decisões e entendimentos jurisprudenciais de cortes estaduais têm delimitado a sua aplicação, de modo a garantir o direito real de habitação ao cônjuge ou companheiro supérstite, ressalvando-se, contudo, que a sua limitação estará circunscrita ao imóvel que servia de moradia ao núcleo familiar e não à propriedade rural em si, a exemplo de decisões oriundas do TJ/MG[57] e TJ/GO.[58]

56. STJ – REsp. 356.077/MG, Rel. Ministra Nancy Andrighi julgado em 30.8.2002.

57. No caso concreto, a viúva tem direito real de habitação em relação ao bem em discussão, tendo em vista que o imóvel constituía a residência do casal. – Por se tratar de imóvel rural, o direito real de habitação deve ser limitado à casa sede, que serve de moradia à viúva, e ao seu entorno, em razão da própria finalidade do instituto e com vistas a não proibir os demais herdeiros do falecido de usufruírem do bem por ele deixado. (...) (TJMG – Apelação Cível 1.0023.16.001067-6/002, Relator (a): Des.(a) Wander Marotta, 5ª Câmara Cível, julgamento em 06/12/2018, publicação da sumula em 12/12/2018).

58. Havendo discussão entre o direito de propriedade da herdeira e o direito real de habitação do cônjuge sobrevivente sobre o imóvel que constituiu a residência do casal, deve prevalecer o direito real de habitação, previsto no art. 1.831, do Código Civil. 2. O reconhecimento do direito de residir no imóvel limita-se ao uso da casa para moradia, não significa que possa usufruir do bem, podendo dele dispor com bem entender. 3. Não comprovado que o apelado tenha se beneficiado da posse do imóvel para alugar o pasto para terceiros, é de se manter a improcedência do pedido de indenização conforme pos-

Com base nos referidos entendimentos, será assegurado o direito real de habitação ao cônjuge/companheiro supérstite, à casa sede que serve de moradia por força de sua natureza *ex lege* (art. 1.831 do CC/2015 e art. 7º da Lei nº 9.272), assegurando-se igualmente aos herdeiros sobre a perspectiva constitucional sucessória a fruição e o gozo das demais áreas, equipamentos e implementos existentes sobre o imóvel rural, assegurando a efetivação da função social da propriedade rural.

Conforme delineado no Agravo de Instrumento proferido pelo TJ/MG,[59] o direito real de habitação não se confunde com o direito ao usufruto de bens. Em se tratando de propriedade rural, na qual há produção agropecuária, deve ser assegurado ao companheiro apenas o direito de habitação na sede, garantindo aos herdeiros o direito de fruição dos equipamentos que integram a propriedade, tais como pastos, curral e implementos.

Algumas decisões pontuais, contudo, vem entendendo pela aplicação do instituto do direito real de habitação sobre a integralidade do imóvel, em se tratando de pequena propriedade rural e de agricultura de subsistência, como assim decidido pelo TJ/RS,[60] atribuindo tanto o direito real de moradia, quanto o uso e fruição sobre a integralidade do bem imóvel rural. Trata-se, por sua vez, de questão controversa que igualmente demanda uniformização, mas em especial, de análise das particularidades em concreto, considerando-se que a extensão do direito real em tais situações, confronta diametralmente com o direito de herança e de propriedade dos herdeiros.

No que tange ao direito real de habitação no âmbito rural, analisando-se sob a perspectiva funcionalizada e teleológica do sistema, não há como negar sua existência, desde que preenchidos os elementos legais previstos no art. 1.831 do CC, e, da mesma forma, resguardados os direitos correlatos dos herdeiros.

O direito à moradia, materializado no direito real de habitação, considerado um direito humanitário e social, deve ser reconhecido diante da presença dos requisitos legais, independente de se tratar de moradia familiar em área urbana ou rural, especialmente porque inexiste limitação legal, mas somente que se trate

---

tulado no feito. APELAÇÕES CONHECIDAS E DESPROVIDAS. (TJ-GO 5257578-64.2018.8.09.0042, Relator: Ronnie Paes Sandre – (Desembargador), 3ª Câmara Cível, Data de Publicação: 03/06/2020).

59. TJ-MG – AI: 10000220956304001 MG, Relator: Francisco Ricardo Sales Costa (JD Convocado), Data de Julgamento: 21/07/2022, Câmaras Especializadas Cíveis / 4ª Câmara Cível Especializada, Data de Publicação: 22/07/2022).

60. DIREITO REAL DE HABITAÇÃO. PEQUENO IMÓVEL RURAL. Verificado que a autora utiliza o imóvel rural para a agricultura de subsistência, de ser assegurado o direito real de habitação sobre a integralidade do imóvel. 1ª apelação parcialmente provida e 2º apelo desprovido. (Apelação Cível Nº 70054082151, Sétima Câmara Cível, Tribunal de Justiça do RS, Relator: Jorge Luís Dall'Agnol, Julgado em 28/08/2013).

de imóvel destinado à residência da família e desde que seja o único daquela natureza a inventariar. Reconhece-se, portanto, a realidade de muitas famílias que vivem no campo e ali constroem suas relações e seus afetos, e que necessitam da proteção legal, especialmente diante de situações de vulnerabilidade.

Sobre outra perspectiva, o direito dos herdeiros e eventuais legatários sob a área produtiva é inegável, seja sob a perspectiva constitucional do direito à herança, ao direito de propriedade, e da função social da propriedade. Somado a isso, tem-se a limitação do próprio direito real que se circunscreve exclusivamente a habitação no imóvel, e não sua plena fruição, preservando-se e apartando neste sentido, o direito de uso, gozo e fruição dos herdeiros em relação às demais áreas e bens da propriedade rural.

Nos ensinamentos pontuais de Euclides de Oliveira e Sebastiao Amorim "Habitação distingue-se de usufruto, pois tem caráter mais restrito que este. Consiste em uso para moradia, não abrangente da percepção de frutos, por isso somente confere direito de habitar gratuitamente, imóvel residencial alheio".[61] No mesmo sentido esclarecem Nelson Rosenvald e Cristiano Chaves, quanto aos limites da efetiva habitação no imóvel, tratando-se de direito de "menor amplitude quantitativa", porquanto "cuida-se de direito real de uso limitado à habitação, pois, além de incessível, não admite qualquer tipo de fruição".[62]

Deste modo, uma vez presentes os requisitos legais, o direito real de habitação no âmbito rural será reconhecido; contudo, sua limitação será circunscrita a casa sede moradia habitual do casal, e, as demais áreas, atribuídas aos herdeiros legais, como de direito.

No caso de pequena propriedade rural, a análise deverá partir, para além da objetividade, da situação concreta em si, especialmente da existência de vulneráveis e da utilidade econômica atribuída à propriedade rural, a fim de que o instituto seja aplicado de forma a garantir a moradia digna daquele cônjuge/companheiro sobrevivente, mas igualmente garantir a continuidade da exploração agrária e de subsistência daqueles que dela sempre foram dependentes.

Outro instrumento de planejamento sucessório que cada dia mais se utiliza é o testamento, afigura-se como modalidade acessível, de baixo custo e eficaz, mas que no caso do agronegócio exige a atenção a alguns elementos e impactos que poderão provocar na atividade caso não utilizado de forma funcionalizada como adiante será abordado.

---

61. Oliveira, Euclides; AMORIM; Sebastião. **Inventário e partilha. Teoria e prática**. 28 ed. São Paulo: Saraiva Jur., 2024. p. 138
62. ROSENVALD, Nelson; FARIAS, Cristiano Chaves. **Curso de Direito Civil**: Direitos Reais. 11. ed. São Paulo: Atlas, 2015, v. 5. p. 732.

5.4 TESTAMENTO

Na prosa poética de Zeno Veloso, testamento "é coisa santa (*res sacra*), pode-se afirmar, porque enuncia o mandamento de um homem que morreu, a sua última notícia, a sua vontade extrema, o derradeiro recado deixado por sua inteligência e seu espírito no mundo dos vivos".[63]

Trata-se de ato unilateral,[64] personalíssimo,[65] gratuito e solene, consubstanciado em ato de última vontade, cujos efeitos somente reverberarão após a morte; pode ser realizado em suas formas ordinárias, de forma pública, por meio de escritura pública ou por instrumento particular; a observância de sua formalidade em ambas as situações é requisito de sua validade. Segundo Clóvis Beviláqua, é ato "pelo qual alguém, segundo as prescrições da lei, dispõe, total ou parcialmente, de seu património para depois da sua morte; ou nomeia tutores para seus filhos; ou reconhece filhos naturais; ou faz outras declarações de última vontade".[66]

Hodiernamente no Brasil, o testamento é o instrumento de planejamento sucessório mais usual, cujo incremento exponencial desta modalidade ocorreu especialmente pós pandemia do Covid-19, conforme aponta o levantamento realizado pelo Colégio Notarial do Brasil.[67] Do mesmo modo, trata-se de instrumento acessível, em regra de baixo custo, sendo possível além das disposições de natureza patrimonial, a inclusão daquelas de natureza não patrimonial.[68] Trata-se igualmente de instrumento muito útil (em verdade indispensável) quando iniciado um planejamento que demanda considerável tempo até a sua conclusão, diante da utilização de diferentes instrumentos, utilizando-o inclusive como medida transitória, até que concluídas outras medidas.

Como anteriormente afirmado, o ordenamento jurídico vigente veda pactos sucessórios por força do disposto no art. 426, do Código Civil. Deste modo, as disposições de bens para depois da morte do indivíduo "somente poderão ocorrer pela via testamentária ou codicilar",[69] cujo principal limite à liberdade de testar, encontra-se na legítima, quota correspondente a 50% dos bens da herança (CC,

63. VELOSO, Zeno. **Testamentos**. 2. ed. Belém: CEJUP, 1993. p. 15.
64. "Art. 1.863. É proibido o testamento conjuntivo, seja simultâneo, recíproco ou correspectivo."
65. "Art. 1.858. O testamento é ato personalíssimo, podendo ser mudado a qualquer tempo."
66. BEVILÁQUA, Clóvis. **Código Civil dos Estados Unidos do Brasil Comentado**. 5. ed. Rio de Janeiro: Livraria Francisco Alves, 1944, v. VI, p. 89.
67. COLÉGIO NOTARIAL DO BRASIL. **Número de testamentos cresce 21%**: veja quando precisa registrar. Disponível em: https://www.notariado.org.br/25-10-2022-numero-de-testamentos-cresce-21-veja-quando-precisa-registrar/. Acesso em: 16 jan. 2024.
68. "Ar. 1.857. [...] § 2 São válidas as disposições testamentárias de caráter não patrimonial, ainda que o testador somente a elas se tenha limitado."
69. NEVARES, 2023. p. 451.

art. 1.789), afiguram-se como herdeiros necessários os descendentes, os ascendentes, o cônjuge e, nos termos dos entendimentos jurisprudenciais e doutrinários mencionados, igualmente o companheiro. Desse modo, o testador no âmbito patrimonial, em havendo herdeiros necessários, somente poderá dispor de 50% da totalidade de seu patrimônio.

5.4.1 Cláusulas restritivas

Na esfera patrimonial, o testador poderá estabelecer sobre os bens da herança, por meio de testamento ou doação, cláusulas restritivas; trata-se de limitação voluntária ao direito de propriedade que visa a "restringir o poder do beneficiário sobre a coisa objeto da liberdade, e assim conformando (principalmente limitando) o exercício da propriedade".[70] Trata-se das cláusulas de impenhorabilidade, incomunicabilidade e inalienabilidade, esta última abrangente às demais, nos termos do art. 1.911 do Código Civil.[71] As cláusulas restritivas atendem a diversos propósitos, como a proteção dos interesses dos beneficiários, a preservação do patrimônio familiar, entre outras.

Referidas cláusulas restritivas, salvo se houver justa causa expressamente declarada no testamento, não poderão ser estabelecidas sobre os bens da legítima, nos termos do art. 1.848, do Código Civil. Na precisa lição de Marcelo Truzzi Otero:

> Justa causa, no direito sucessório, é o motivo lícito, sério e concreto apontado pessoalmente pelo autor da liberalidade no instrumento de doação ou no testamento que, se persistentes ao tempo da abertura da sucessão, justificam a inalienabilidade, a impenhorabilidade e a comunicabilidade impostas sobre a legítima do herdeiro necessário, a bem de seus próprios interesses.[72]

Por tratar de elemento restritivo ao direito de propriedade, e diante da perspectiva solidarista e promocional imposta pela Constituição, referidas clausulações não poderão ser inseridas de forma rasa ou subjetiva, onerando de forma injustificada o direito de propriedade; diante de sua situação fática concreta, "somente serão dignas de tutela jurídica as situações que observarem a função promocional de tutela da dignidade do sucessor",[73] sob pena de sua invalidação,

---

70. CORTIANO JUNIOR, Eroulths. Sucessão e cláusulas restritivas. In: TEIXEIRA, Daniela Chaves (Coord.). **Arquitetura do Planejamento Sucessório**. Belo Horizonte: Fórum, 2019. p. 312.
71. "Art. 1.911. A cláusula de inalienabilidade, imposta aos bens por ato de liberalidade, implica impenhorabilidade e incomunicabilidade."
72. OTERO, Marcelo Truzzi. **Justa causa testamentária**: inalienabilidade, impenhorabilidade e incomunicabilidade sobre a legítima do herdeiro necessário. Porto Alegre: Livraria do advogado, 2012. p. 167/168.
73. OTERO, Marcelo Truzzi. As cláusulas restritivas de propriedade como instrumento de planejamento sucessório. In: TEIXEIRA, Daniela Chaves (Coord.). **Arquitetura do Planejamento Sucessório**. Belo Horizonte: Fórum, 2023. t. II. p. 593.

cabendo ao juiz, como aponta Luiz Paulo Vieira de Carvalho, atribuir "com base em valores éticos, morais, sociais, econômicos e jurídicos, verificar se os motivos alegados pelo testador para clausular os bens são justos".[74]

A jurisprudência do Superior Tribunal de Justiça entende pela possibilidade de cancelamento das cláusulas restritivas, como medida excepcional, tendo estabelecido alguns critérios orientadores, a saber: (i) inexistência de risco de prodigalidade ou de dilapidação do patrimônio; (ii) patrimônio gravado que, por causa das circunstâncias, tenha se tornado origem de um ônus financeiro maior do que os benefícios trazidos; (iii) ocorrência de longa passagem de tempo; e, por fim, nos casos de doação, (iv) se já sejam falecidos os doadores.[75]

No que tange às cláusulas em estudo, infere-se que a cláusula de inalienabilidade (abrangente às demais) impossibilita que o bem seja alienado, doado, cedido, permutado, penhorado, entre outros. A impenhorabilidade impede que o bem seja utilizado ou dado em garantia para o pagamento de dívidas.

Sobre a perspectiva do agronegócio, as cláusulas de impenhorabilidade e consequentemente de inalienabilidade podem representar um instrumento de preservação patrimonial; de outro, contudo, podem representar considerável limitação no que tange à continuidade e manutenção da atividade produtiva, especialmente a longo prazo, e inviabilizar a atividade. Uma vez estando o bem inalienável ou impenhorável, o herdeiro não poderá ofertar o bem em garantia[76] para fins de obtenção de recursos para a implementação de safra, aquisição de insumos, implementos ou até mesmo para a manutenção do imóvel rural, o que

74. CARVALHO, Luiz Paulo Vieira de. **Direito das sucessões**. 3. ed. São Paulo: Atlas, 2017, p. 520.

75. STJ. (..) 4. A possibilidade de cancelamento das cláusulas de inalienabilidade e impenhorabilidade instituída pelos doadores depende da observação de critérios jurisprudenciais: (i) inexistência de risco evidente de diminuição patrimonial dos proprietários ou de seus herdeiros (em especial, risco de prodigalidade ou de dilapidação do patrimônio); (ii) manutenção do patrimônio gravado que, por causa das circunstâncias, tenha se tornado origem de um ônus financeiro maior do que os benefícios trazidos; (iii) existência de real interesse das pessoas cuja própria cláusula visa a proteger, trazendo-lhes melhor aproveitamento de seu patrimônio e, consequentemente, um mais alto nível de bem-estar, como é de se presumir que os instituidores das cláusulas teriam querido nessas circunstâncias; (iv) ocorrência de longa passagem de tempo; e, por fim, nos casos de doação, (v) se já sejam falecidos os doadores. 5. Na hipótese, todos os critérios jurisprudenciais estão presentes. 6. Recurso especial provido. Terceira Turma. Recurso Especial nº 2022860 – MG (2022/0125080-7) Relator : Min. Ricardo Villas Bôas Cueva. Julgamento: 27/09/2022.

76. CSM|SP: Registro de Imóveis – Dúvida inversa – Bem gravado com cláusula de impenhorabilidade não pode ser dado em alienação fiduciária, modalidade de garantia que se aperfeiçoa com leilão público da coisa alienada – A cláusula de impenhorabilidade abarca, além da penhora, atos voltados a futura venda forçada do bem, como arresto, hipoteca e alienação fiduciária – Precedente deste E. CSM – Registro negado – Recurso desprovido. São Paulo, 25 de abril de 2017. Manoel de Queiroz Pereira Calças, Corregedor Geral da Justiça e Relator. Apelação nº 1067944-37.2016.8.26.0100. 25.04.2017.

é muito comum na atividade, ao considerar que os investimentos e as despesas na atividade rural, em regra, são de alto custo.

Se dentro de uma perspectiva as cláusulas conferem uma certa proteção a manutenção do patrimônio no seio familiar, de outro podem representar consideráveis óbices para a existência da atividade e do bem gravado, agregando um ônus financeiro maior do que os seus benefícios, cujos efeitos e impactos devem ser analisados a longo prazo.

Ao considerar que a cláusula de impenhorabilidade permite instituição de forma isolada,[77] diante da intenção ou da necessidade de imposição da cláusula para fins de proteção patrimonial, deverá o testador considerar eventual imposição sobre parte do bem ou do patrimônio, permitindo que os herdeiros possam utilizar-se economicamente de parte ideal, em especial na atividade agrícola e pecuária, e preservem parte que considere essencial.

No caso da cláusula de incomunicabilidade, esta afigura-se como importante medida de preservação patrimonial, uma vez que impede que o patrimônio integre a meação nos regimes de comunicabilidade. Em se tratando de atividade agrária, torna-se importante consignar que, caso o testador (ou o doador) deseje a incomunicabilidade total do bem, incluindo-se posteriores frutos e rendimentos, deverá impor juntamente à cláusula de incomunicabilidade (assim como nas demais cláusulas), a expressa incomunicabilidade extensiva aos frutos, como já tratado em capítulo anterior, cuja viabilidade e possibilidade da aposição de cláusula de incomunicabilidade extensiva aos frutos já fora enfrentada pelo Superior Tribunal de Justiça em diferentes oportunidades, à exemplo do julgamento do REsp 1.164.887/RS.

É relevante consignar que, no caso de eventual óbito do proprietário do bem gravado com cláusula de incomunicabilidade, referida cláusula não impedirá o ingresso do bem na respectiva sucessão, como decidiu em diferentes oportunidades o STJ,[78] considerando-se que a cláusula de incomunicabilidade imposta a

77. RSTJ 137/457: "O gravame da impenhorabilidade pode ser instituído independentemente da cláusula de inalienabilidade. O donatário não estará impedido de alienar, mas o bem ficará a salvo da penhora".

78. STJ. Informativo 576. 5 a 19 de fevereiro de 2016. RECURSO ESPECIAL. DIREITO DAS SUCESSÕES. BEM GRAVADO COM CLÁUSULA DE INALIENABILIDADE. CÔNJUGE QUE NÃO PERDE A CONDIÇÃO DE HERDEIRO. 1. O art. 1829 do Código Civil enumera os chamados a suceder e define a ordem em que a sucessão é deferida. O dispositivo preceitua que o cônjuge é também herdeiro e nessa qualidade concorre com descendentes (inciso I) e ascendentes (inciso II). Na falta de descendentes e ascendentes, o cônjuge herda sozinho (inciso III). Só no inciso IV é que são contemplados os colaterais. 2. A cláusula de incomunicabilidade imposta a um bem não se relaciona com a vocação hereditária. Assim, se o indivíduo recebeu por doação ou testamento bem imóvel com a referida cláusula, sua morte não impede que seu herdeiro receba o mesmo bem. 3. Recurso especial provido. (REsp n. 1.552.553/RJ, relatora Ministra Maria Isabel Gallotti, Quarta Turma, julgado em 24/11/2015, DJe de 11/2/2016).

um bem não se relaciona com a vocação hereditária, e seus efeitos somente serão produzidos enquanto viver o beneficiário; ocorrendo a morte do beneficiário, o cônjuge sobrevivente figurará como herdeiro em regime concorrencial, observada a ordem de vocação hereditária.

Em se tratando de sucessão testamentaria, a forma que se dará a partilha poderá ser determinada pelo autor da herança, quanto à distribuição dos respectivos quinhões hereditários, nos termos do art. 2.014, do Código Civil,[79] respeitando-se por certo as questões cogentes atinentes à sucessão legítima, cuja medida visa não apenas ao exercício da autonomia privada do detentor do patrimônio, mas à acomodação de interesses e a futura prevenção de litígios.

5.4.2 Legado

Nas palavras de Orlando Gomes, legado "é toda disposição testamentária a título particular, abrangente de bens ou direitos individualizados, que se destacam do patrimônio do testador e são atribuídos por ele a pessoa designada".[80]

O artigo 2.014 do Código Civil Brasileiro, estabelece que o testador poderá "indicar os bens e valores que devem compor os quinhões hereditários, deliberando ele próprio a partilha, que prevalecerá, salvo se o valor dos bens não corresponder às quotas estabelecidas". Deste modo, o testador por meio de disposição testamentária poderá destinar determinado bem, direito ou valor a uma pessoa, chamada legatário.

Diferentemente do herdeiro, que sucede universalmente o patrimônio ou parte dele, o legatário adquire direito a um ou mais bens certos, identificados ou identificáveis, designados de forma específica no testamento. O legatário não é herdeiro, mas titular de direito a um bem certo, determinado ou determinável, designado de forma singular no testamento, podendo recair sobre bens móveis, imóveis, direitos reais, créditos, valores monetários ou até mesmo usufruto e encargos. Contudo, nada impede que um herdeiro seja igualmente legatário, assumindo ambas as figuras jurídicas no inventário.

Como esclarece Luiz Paulo Vieira de Carvalho:

> Sob o ponto de vista do legatário, este pode ser uma pessoa natural (desde logo determinada ou, ao menos, determinável), um nascituro, um concepturo (prole eventual, na dicção dos

---

79. "Art. 2.014. Pode o testador indicar os bens e valores que devem compor os quinhões hereditários, deliberando ele próprio a partilha, que prevalecerá, salvo se o valor dos bens não corresponder às quotas estabelecidas."
80. GOMES, Orlando. **Sucessões.** Op. Cit. p. 179.

arts. 1.798; 1.799, inciso I; e 1.800, § 1° a 4°; todos do CC) ou, então, uma pessoa jurídica de direito público ou de direito privado (art. 1.799, inciso II, do CC).[81]

O legado depende da abertura da sucessão, da validade do testamento (e por certo do procedimento de abertura, registro e cumprimento do testamento), da aceitação do legatário, e da liquidez do patrimônio, operando-se a transmissão com efeitos retroativos à data do óbito, cuja validade estará sujeita à observância da legítima e demais requisitos legais. Da mesma forma, oportuno esclarecer que o artigo 1.923 do Código Civil,[82] estabelece que desde a abertura de sucessão, a coisa certa pertence ao legatário assim como os frutos que a coisa produzir.

Essa figura jurídica permite ao testador maior liberdade para modular a sucessão, podendo beneficiar pessoas específicas – ainda que estranhas à ordem de vocação hereditária – ou favorecer herdeiros com encargos ou cláusulas específicas, tudo sem comprometer a legítima dos herdeiros necessários. Existem diferentes espécies de legado que podem ser utilizadas como forma de planejamento sucessório, assim previstas no ordenamento civil, como legado sem encargo, legado com encargo, legado de alimentos,[83] legado de crédito,[84] legado de bens móveis ou imóveis,[85] ou até mesmo de usufruto.[86]

No caso do agronegócio, essa técnica de planejamento revela-se especialmente útil na destinação de imóveis rurais, quotas de empresas familiares e bens diretamente afetos à atividade produtiva, especialmente quando se pretende preservar a unidade produtiva, atribuindo bens afetos à exploração agrícola a pessoas com capacidade de gestão, garantindo a continuidade do empreendimento rural com racionalidade sucessória e proteção patrimonial.

Menciona-se um exemplo prático de legado no âmbito da atividade rural: poderá o testador destinar uma gleba específica de um imóvel rural, uma deter-

81. CARVALHO, de Luiz Paulo Vieira. **Direito das Sucessões**. Op. cit., p. 764.

82. Art. 1.923. Desde a abertura da sucessão, pertence ao legatário a coisa certa, existente no acervo, salvo se o legado estiver sob condição suspensiva. § 1º Não se defere de imediato a posse da coisa, nem nela pode o legatário entrar por autoridade própria. § 2] O legado de coisa certa existente na herança transfere também ao legatário os frutos que produzir, desde a morte do testador, exceto se dependente de condição suspensiva, ou de termo inicial.

83. Art. 1.920. O legado de alimentos abrange o sustento, a cura, o vestuário e a casa, enquanto o legatário viver, além da educação, se ele for menor.

84. Art. 1.918. O legado de crédito, ou de quitação de dívida, terá eficácia somente até a importância desta, ou daquele, ao tempo da morte do testador.

85. Art. 1.922. Se aquele que legar um imóvel lhe ajuntar depois novas aquisições, estas, ainda que contíguas, não se compreendem no legado, salvo expressa declaração em contrário do testador.

Parágrafo único. Não se aplica o disposto neste artigo às benfeitorias necessárias, úteis ou voluptuárias feitas no prédio legado.

86. Art. 1.921. O legado de usufruto, sem fixação de tempo, entende-se deixado ao legatário por toda a sua vida.

minada produção, como uma exploração de seringueira, exploração leiteira ou determinado rebanho, em favor daquele que à título de exemplo, já atua na gestão e produção, possuindo condições de continuar a exercer a atividade, inclusive auxiliando os demais herdeiros. Tal medida evita a partilha conflituosa do bem entre múltiplos herdeiros e a consequente fragmentação da propriedade rural.

Semelhante solução pode surgir diante de uma pequena área produtiva, cuja fragmentação diante do inventário seria motivo de interrupção da atividade produtiva, ou eventualmente poderia encontrar óbice nos limites do parcelamento mínimo rural, como já mencionado em capítulo anterior. Desta forma, poderá o detentor do patrimônio, não apenas designar toda sua parte disponível em fração ideal do imóvel ou de rebanho a filho ou cônjuge que já exerça a atividade, mas igualmente estabelecer legado com encargo, ou seja, impor encargo ao legatário, como a obrigação de manter a destinação produtiva do imóvel rural, preservar áreas de reserva legal, continuar empregando determinada técnica agrícola sustentável, o que confere utilidade econômica e função social ao instituto do legado.

Acresça-se ainda, a atribuição de encargo de alimentos, a termo certo ou de modo vitalício, determinando, por exemplo, o pagamento de percentual de safra ou do rebanho a filho menor até que complete sua maioridade ou de filho incapaz, garantindo a manutenção de tratamentos de saúde ou afins, como possibilita o artigo 1.920 do Código Civil.

Do mesmo modo, é possível estabelecer legado de quotas sociais de empresa rural, quando a atividade agrária é exercida por meio de pessoa jurídica – como sociedade limitada – podendo o testador, legar suas quotas sociais a um ou mais sucessores, que possuam perfil compatível com a continuidade da empresa, ou estabelecer legado de usufruto exclusivamente da nua propriedade aos demais herdeiros. Isso permite diferenciar, com base em critérios técnicos e gerenciais, a sucessão na gestão da empresa rural, evitando litígios societários.

5.4.3 Cláusulas de caráter não patrimonial. Nomeação de inventariante, nomeação de curador especial e o afastamento do usufruto legal

Dentre as disposições testamentárias, infere-se igual relevância ao planejamento sucessório no agronegócio, aquelas de caráter não patrimonial,[87] cuja aposição revela-se de extrema valia, em especial no que tange à prevenção de litígios e à continuidade da atividade econômica, pode-se mencionar três disposições fundamentais: a nomeação de inventariante; a nomeação de curador ou

87. Art. 1.857. Toda pessoa capaz pode dispor, por testamento, da totalidade dos seus bens, ou de parte deles, para depois de sua morte. (..) § 2º São válidas as disposições testamentárias de caráter não patrimonial, ainda que o testador somente a elas se tenha limitado.

tutor para filhos menores e incapazes e o afastamento do usufruto legal, oriundo do poder familiar.

A nomeação de inventariante afigura-se como elemento central no agronegócio, considerando-se que diante de uma atividade econômica produtiva e a existência de bens e direitos em nome do testador a representação do espólio e sua administração caberá ao inventariante, nos termos do art. 618, do Código de Processo Civil.[88] A nomeação do inventariante em regra seguirá o disposto no art. 617, do mesmo codex.[89]

Apesar do silêncio normativo, a jurisprudência entende válida a manifestação e a indicação de inventariante por meio de testamento em prol da autonomia privada e da flexibilização do disposto no art. 617, do CPC, a exemplo do que se infere de recente decisão proferida pelo TJ/SP,[90] que reconheceu a validade da cláusula "inexistindo justificativa plausível para que as manifestações de suas últimas vontades não sejam respeitadas". No mesmo sentido, o STJ,[91] em diversas oportunidades, manifestou-se no sentido de que o mencionado rol não apresenta caráter absoluto, cabendo flexibilização, cuja convicção do juiz será formada a partir dos elementos fáticos do processo.

---

88. CPC. Art. 618. Incumbe ao inventariante: I – representar o espólio ativa e passivamente, em juízo ou fora dele, observando-se, quanto ao dativo, o disposto no art. 75, § 1º; II – administrar o espólio, velando-lhe os bens com a mesma diligência que teria se seus fossem.
89. "Art. 617. O juiz nomeará inventariante na seguinte ordem: I – o cônjuge ou companheiro sobrevivente, desde que estivesse convivendo com o outro ao tempo da morte deste; II – o herdeiro que se achar na posse e na administração do espólio, se não houver cônjuge ou companheiro sobrevivente ou se estes não puderem ser nomeados; III – qualquer herdeiro, quando nenhum deles estiver na posse e na administração do espólio; IV – o herdeiro menor, por seu representante legal; V – o testamenteiro, se lhe tiver sido confiada a administração do espólio ou se toda a herança estiver distribuída em legados; VI – o cessionário do herdeiro ou do legatário; VII – o inventariante judicial, se houver; VIII – pessoa estranha idônea, quando não houver inventariante judicial."
90. AGRAVO DE INSTRUMENTO. Irresignação em relação à nomeação do inventariante nomeado em testamento para o cargo de inventariante no inventário. Alegação de desrespeito à ordem prevista no art. 617 do CPC. Demonstração de que a autora da herança nomeou o inventariante por meio de testamento público, inexistindo justificativa plausível para que as manifestações de suas últimas vontades não sejam respeitadas. Ordem do art. 617 do CPC que não é absoluta, podendo ser alterada, em caso de justo motivo, com o ora discutido. Ausência de imputação de conduta irregular ao inventariante, capaz de embasar a alteração pretendida. Recurso improvido. (TJ-SP – Agravo de Instrumento: 21905836820248260000 São Paulo, Relator: James Siano, Data de Julgamento: 10/07/2024, 5ª Câmara de Direito Privado, Data de Publicação: 10/07/2024).
91. INVENTÁRIO – NOMEAÇÃO DE INVENTARIANTE – ART. 617 DO CPC – ORDEM DE PREFERÊNCIA NÃO É ABSOLUTA – DECISÃO MANTIDA – *RECURSO* DESPROVIDO. Conforme o entendimento do STJ "a ordem legal de preferência para nomeação do inventariante não é absoluta, podendo ser relativizada para atender às necessidades do caso concreto." (STJ – AgInt no AREsp: 1397282 GO 2018/0297461-3, Relator: Ministro Marco Buzzi, Data de Julgamento: 02/04/2019, T4 – Quarta Turma, Data de Publicação: DJe 05/04/2019).

De forma prática, suponha-se a seguinte situação: um agricultor proprietário de duas pequenas propriedades rurais em que realiza a exploração de agricultura e de pecuária de corte vem a falecer e deixa quatro filhos de seu primeiro casamento; dois destes trabalham na atividade agrícola; sua atual esposa, cujo matrimônio ocorrera há menos de um ano, exerce outra atividade. Por força do inciso I, do art. 617, a cônjuge, dentro da ordem de preferência, seria em regra nomeada inventariante; contudo, referida situação poderá representar prejuízo de ordem financeira ao espólio, considerando-se que a atividade agrícola, dadas as suas particularidades, exige experiência, conhecimento e aptidão. Do mesmo modo, referida nomeação seria certamente objeto de litígios e contendas judiciais por parte dos herdeiros.

O testador, ao ter pleno conhecimento daquele que detém melhores condições para gerir o negócio e, em especial, experiência no exercício da atividade, indicará como inventariante de seus bens aquele que terá mais condições em uma situação concreta de representar e gerir os bens do espólio, evitando disputas e prejuízos financeiros às partes. Não há extração de direitos, pelo contrário; estar-se-ia objetivando a preservação do patrimônio em favor de todos os herdeiros para evitar mais conflitos e demandas judiciais que tendem não apenas a serem morosas, mas extremamente prejudiciais à manutenção e continuidade da atividade produtiva.

Ingressa-se nesta seara não apenas a preservação da última vontade do testador, mas a promoção funcional do testamento, encontra-se nele um instrumento para a realização dos valores positivos do ordenamento civil.[92] No caso do agronegócio, tais instrumentos revelam-se de profunda utilidade e efetividade, não apenas ao sucessor em si e ao próprio processo de inventario, mas em especial para a continuidade da atividade produtiva, cujo interesse é ínsito a toda sociedade, considerando-se a sua indubitável relevância econômica.

Assevera-se o papel importante da função social da propriedade dentro do ordenamento jurídico pátrio, cujo direito sucessório deve atender aos interesses sociais subjacentes aos bens do acervo hereditário,[93] considerando-se a natureza dos bens objeto da sucessão e sua relevância social. Especificamente em relação a atividade rural, pontua Ana Nevares:

> A busca é a manutenção da atividade agrícola e com esta o consequente fim em si mesma. Assim, a busca é a manutenção da atividade de exploração agrícola, pois, a sua continuidade interessa à sociedade. Desse modo, a transmissão *causa mortis* da empresa agrícola, nela incluída a propriedade da terra, não estão em jogo apenas interesses puramente sucessórios – dar

92. NEVARES, 2009, p. 332.
93. Ibidem., p. 212.

> um titular a um patrimônio que perdeu o seu – mas também, interesses socioeconômicos relativos à produtividade, ao uso racional e adequado do solo e à conservação dos empregos.[94]

Desse modo, a nomeação de inventariante por meio de testamento possibilitará, para além da preservação da autonomia privada do autor da herança, a redução de litígios, custos e a promoção da função social da propriedade.

Outras disposições relevantes em se tratando de planejamento sucessório infere-se diante da existência de herdeiros menores ou incapazes. A proteção em relação a filhos menores e incapazes pode ser conferida no testamento por meio da nomeação de curador especial, nos termos do art. 1.729, do Código Civil,[95] inclusive de forma compartilhada,[96] podendo-se estabelecer eventual remuneração. Do mesmo modo, a instituição de renda vitalícia, periódica e manutenção de custos de saúde, entre outros.

Contudo, no que tange aos bens da legítima, a situação é tormentosa, permanecendo controversa, tanto na doutrina quanto na jurisprudência, a possibilidade ou não da instituição de curador especial sobre os bens da legítima. Ou seja, essa atribuição patrimonial estaria exclusivamente sujeita a parte disponível? Entendemos que não. Em uma análise propositiva, Ana Nevares defende tratar-se de situação excepcional, dada a intangibilidade da legítima. Apesar da lógica do sistema, é necessário promover a análise da situação em concreto, sopesando-se o superior interesse do incapaz e as razões do testador:

> Deve, então, ser bem sopesada no caso concreto. Por conseguinte, via de regra, os dispositivos em análise deverão estar atrelados à cota disponível, seguindo a legítima seu caminho previsto na lei: pertencer de pleno direito ao herdeiro necessário, sendo intangível, não podendo ser reduzida ou modificada em seu valor ou substância. No entanto, motivações relevantes do autor da herança podem justificar a extensão da administração do curador especial aos bens integrantes da reserva. Nessa linha, a extensão da curadoria especial à legítima do herdeiro necessário deve ser excepcional, devendo estar justificada por razões que sejam merecedoras de tutela quanto ao afastamento dos genitores, do tutor ou do curador da gestão dos bens daquele que se encontra sob os seus cuidados e responsabilidade. Nessa direção, mais uma vez, assumem relevância cláusulas testamentárias narrativas do testador, que explicitem seus objetivos, sendo um norte interpretativo do ato de última vontade.[97]

---

94. Ibidem, p. 85.
95. "Art. 1.729. O direito de nomear tutor compete aos pais, em conjunto. Parágrafo único. A nomeação deve constar de testamento ou de qualquer outro documento autêntico."
96. "Art. 1.775-A. Na nomeação de curador para a pessoa com deficiência, o juiz poderá estabelecer curatela compartilhada a mais de uma pessoa."
97. NEVARES, Ana Luiza Maia Nevares. O testamento e sua instrumentalidade no planejamento sucessório: limites e potencialidades. In: TEIXEIRA, Daniela Chaves (Coord.). **Arquitetura do Planejamento Sucessório**. Belo Horizonte: Fórum, 2023. t. II. p. 464.

Diante disso, torna-se necessário que as disposições testamentárias contemplem de forma expressa e detalhada, as razões da imposição da cláusula, sempre em prol do superior interesse do incapaz.

Vislumbra-se igualmente a possibilidade de afastamento do usufruto proveniente do poder familiar, denominado usufruto legal. Nos termos do art. 1.689, incisos I e II do Código Civil,[98] no silêncio daquele que deixa bens e herdeiros incapazes, a administração desses bens será exercida por quem detiver o poder familiar, bem como lhe caberá o usufruto legal dos bens do filho incapaz. Como esclarece e alerta Daniela Mucilo "não se trata de mera administração, mas sim de usufruto, o que permitiria o uso e a fruição do usufrutuário sobre os bens do menor, ainda que existentes todos os controles legais acerca da alienação".[99] Do mesmo modo, como consigna a autora, por se tratar de direito correlato ao poder familiar, é dispensada a prestação de contas de genitor ao filho, pressupõe-se que o genitor promoverá administração zelosa dos bens do filho, contudo a realidade pode ser diversa.

No caso do agronegócio, eventual administração patrimonial de bens correspondentes ao filho menor pode exigir *experiência*, demandando que a administração seja realizada de forma profissional ou por pessoa que o detentor do patrimônio confie para este múnus. Em uma situação hipotética de genitores que se encontram divorciados e com diferentes núcleos familiares, não apenas a situação pode revelar-se desconfortável, considerando-se que caberá ao outro a administração dos bens, mas as situações vivenciadas pelas partes podem conduzir à necessidade de preservação patrimonial do filho menor.

Desse modo, possibilita o inciso III do art. 1.693 do Código Civil[100] o afastamento do usufruto legal por meio de testamento; o testador poderá nomear curador especial para o exercício de administração dos bens do filho até que contemple sua maioridade, afastando o outro genitor do usufruto legal de seus bens.

O testamento, entre outros, afigura-se como instrumento ideal de planejamento sucessório no caso daqueles que não desejam transferir em vida seu patrimônio, especialmente diante da possibilidade de sua modificação ou revogação a qualquer tempo, incluindo-se igualmente a possibilidade da inserção de disposições não patrimoniais. Em não raras situações, os detentores do

98. "Art. 1.689. O pai e a mãe, enquanto no exercício do poder familiar: I – são usufrutuários dos bens dos filhos; II – têm a administração dos bens dos filhos menores sob sua autoridade."
99. MUCILO, Daniela de Carvalho. O usufruto como instrumento de planejamento sucessório. In: TEIXEIRA, Daniela Chaves (Coord.). **Arquitetura do Planejamento Sucessório.** 2. ed. Belo Horizonte: Fórum, 2.019. p. 306.
100. "Art. 1.693. Excluem-se do usufruto e da administração dos pais: III – os bens deixados ou doados ao filho, sob a condição de não serem usufruídos, ou administrados, pelos pais".

patrimônio sentem-se inseguros em desfazer-se de seus bens, transferindo-os em vida aos seus herdeiros, especialmente diante do aumento da expectativa de vida e da idade produtiva, assim como dos custos inerentes à doação ou a eventual partilha em vida que serão suportados.

Sob outra perspectiva, se pretende o detentor do patrimônio a imediata produção de efeitos, mediante a transferência patrimonial a seus herdeiros e sucessores, o instituto da doação afigura-se como um mecanismo eficaz, que além de representar a concretização da autonomia privada do doador poderá representar a redução de custos e litígios.

Deste modo, a escolha entre a realização de um testamento ou uma doação em vida, deverá partir essencialmente do momento que se pretende a produção de efeitos e suas respectivas consequências.

5.5 DOAÇÃO

Doação, segundo o art. 538, do Código Civil, é "o contrato em que uma pessoa, por liberalidade, transfere do seu patrimônio bens ou vantagens para o de outra". Para Agostinho Alvim, a doação "tem maior merecimento, porque supõe o apartar-se dos bens em vida, quando eles ainda são uteis ao doador".[101]

Caracteriza-se como um contrato bilateral, gratuito, consensual e formal, quando a lei exige forma prescrita, como no caso dos bens imóveis; bilateral, pois exige a presença de duas vontades: aquele que doa e daquele que receberá a doação. Na lição de Pontes de Miranda "a doação é negócio jurídico bilateral causal, porque a causa está na liberalidade",[102] excepcionando a norma cogente contudo, quando o donatário for absolutamente incapaz, desde que a doação seja pura, ou seja, sem encargos.[103]

A doação como instrumento de planejamento apresenta-se vantajosa ao considerar: (i) a redução de litígios; (ii) a possibilidade de destinação patrimonial específica de bens ao herdeiro, incluindo-se quotas sociais; (iii) o afastamento da necessidade de inventário ou redução da quantidade dos bens a serem futuramente inventariados; (iv) a possibilidade de eficiência fiscal e redução da carga tributária, especialmente em Estados da Federação que têm alíquota de ITCMD reduzida na doação, a exemplo dos Estados de Mato Grosso do Sul, Alagoas, Bahia e Rio Grande do Sul entre outros.

101. ALVIM, Agostinho. **Da doação**. São Paulo: Revista dos Tribunais, 1963. p. 7.
102. PONTES DE MIRANDA, F. C. **Tratado de direito privado**. 3. ed. Rio de Janeiro: Borsoi, 1972, t. XLVI, p. 197.
103. CC. "Art. 543. Se o donatário for absolutamente incapaz, dispensa-se a aceitação, desde que se trate de doação pura."

Os limites cogentes para a doação inferem-se, em regra, como em qualquer negócio jurídico, aqueles previstos no artigo 104 do Código Civil,[104] mas em especial, na legítima e na proibição de doação universal.

Quanto à legítima, o art. 549, do Código Civil,[105] traz a proibição da chamada doação inoficiosa, considerada a que excede o valor quc o doador poderia dispor no momento da liberalidade. Diante da presença de herdeiros necessários, a parte excedente, compreendida como a que ultrapassa os limites da parte disponível, será considerada nula, mas não a totalidade da doação, preservando-se hígida quanto à parte que não exceder.

Quanto ao momento em que se analisa a inoficiosidade da doação, conforme entendimento consolidado do STJ, o excesso caracterizador desse tipo de doação deve ser considerado no momento da liberalidade, ou de cada liberalidade, e não no momento do falecimento do doador;[106] contudo, diante de doações sucessivas, a doutrina diverge sobre o momento de aferição da inoficiosidade, considerando-se que doações sucessivas, mesmo diante do critério temporal, podem representar quando analisadas em conjunto, violação à legítima e fraude à lei.

Gustavo Tepedino[107] entende que a aferição da inoficiosidade deve ser analisado no momento da última liberalidade realizada. Para João Aguirre e Giselda Hironaka, "o momento para aferição da inoficiosidade deve ser o da primeira doação, de modo que a soma das sucessivas doações seguintes não ultrapasse a metade do patrimônio que tinha o disponente quando da primeira",[108] entendimento pelo qual aderimos, considerando-se a possibilidade de burlas às regras sucessórias, garantindo segurança jurídica ao planejamento sucessório.

No que tange à proibição de doação universal, esta encontra-se expressamente prevista no art. 548, do Código Civil,[109] considerando nula a doação de todos os

104. CC. "Art. 104. A validade do negócio jurídico requer: I – agente capaz; II – objeto lícito, possível, determinado ou determinável; III – forma prescrita ou não defesa em lei".
105. CC. "Art. 549. Nula é também a doação quanto à parte que exceder à de que o doador, no momento da liberalidade, poderia dispor em testamento."
106. Julgados: REsp 2026288/SP, Rel. Min. Nancy Andrighi, Terceira Turma, DJe 20/04/2023; REsp 1929450/SP, Rel. Min. Paulo de Tarso Sanseverino, Terceira Turma, DJe 27/10/2022; REsp 1183133/RJ, Rel. Min. Luís Felipe Salomão, Quarta Turma, DJe 01/02/2016; AgInt no REsp 1597573/PA (decisão monocrática), Rel. Min. Marco Buzzi, Quarta Turma, publicado em 27/06/2023; REsp 2060595/MG (decisão monocrática), Rel. Min. Maria Isabel Gallotti, Quarta Turma, publicado em 01/06/2023.
107. TEPEDINO, Gustavo. **O trust no direito brasileiro**. São Paulo: RT, 2011. p. 509-524.
108. AGUIRRE, João Ricardo Brandão; HIRONAKA, Giselda Maria Fernandes Novaes. Contratos de doação entre potenciais herdeiros necessários. In: TEIXEIRA, Ana Carolina Brochado; RODRIGUES, Renata, de Lima. (Coord.). **Contratos, famílias e sucessões diálogos interdisciplinares**. Indaiatuba, SP: Foco, 2.019. p. 206.
109. "Art. 548. É nula a doação de todos os bens sem reserva de parte, ou renda suficiente para a subsistência do doador."

bens sem reserva de parte ou renda suficiente para a subsistência do doador; ou seja, o doador deverá comprovar possuir renda suficiente para a sua subsistência, ou fazer a doação com reserva de usufruto, garantindo-lhe condições dignas de sustento. Vindo o doador a perder seus bens, este não poderá requerer nulidade posterior, objetivando reaver os bens anteriormente doados, o que demanda um zelo maior nesta espécie de planejamento em relação ao doador. Outra proibição infere-se quanto à nulidade da doação em favor de concubino, nos termos do art. 550, do Código Civil.[110]

A doação realizada em favor de ascendente, descendente e cônjuge importa em regra, adiantamento de herança (antecipação da legítima), por força no disposto no art. 2002, do Código Civil,[111] obrigando os donatários a conferirem os valores dos bens doados a fim de igualar a legítima por meio da colação.

Contudo, a legislação cogente permite que o doador de forma expressa, por meio de testamento ou no título da doação, dispense a colação, relativamente quanto a parte disponível.[112] Ou seja, a dispensa expressa da colação, não sujeitará o donatário a colação e a eventual desconto da parcela disponível recebida, e em se tratando de herdeiro necessário, cumulará a sua parte da legítima. Trata-se de medida importante de planejamento sucessório, quando o detentor do patrimônio deseja contemplar por diferentes motivações algum herdeiro em percentual superior aos demais, seja por questões afetivas, financeiras ou para que este venha a figurar na qualidade de administrador dos bens, diante de uma atribuição em valor superior de quotas ou de um bem específico.

Sob a perspectiva do planejamento sucessório, infere-se, contudo, os perigos relativos à doação pura e simples de bens ou quotas entre ascendentes e descendentes. Diferentemente do testamento, que produz efeitos somente após a morte, a doação produz efeitos imediatos.

Dessa imediata produção de efeitos deve partir a opção (ou não) pelo instituto da doação como instrumento de planejamento sucessório. Primeiramente porque exigirá, além da manifestação de vontade do doador, a manifestação

110. "Art. 550. A doação do cônjuge adúltero ao seu cúmplice pode ser anulada pelo outro cônjuge, ou por seus herdeiros necessários, até dois anos depois de dissolvida a sociedade conjugal."

111. CC. "Art. 2.002. Os descendentes que concorrerem à sucessão do ascendente comum são obrigados, para igualar as legítimas, a conferir o valor das doações que dele em vida receberam, sob pena de sonegação. Parágrafo único. Para cálculo da legítima, o valor dos bens conferidos será computado na parte indisponível, sem aumentar a disponível."

112. CC. "Art. 2.005. São dispensadas da colação as doações que o doador determinar saiam da parte disponível, contanto que não a excedam, computado o seu valor ao tempo da doação. Parágrafo único. Presume-se imputada na parte disponível a liberalidade feita a descendente que, ao tempo do ato, não seria chamado à sucessão na qualidade de herdeiro necessário. Art. 2.006. A dispensa da colação pode ser outorgada pelo doador em testamento, ou no próprio título de liberalidade."

daquele que receberá, o que compreende por certo um diálogo entre as partes; em segundo porque os efeitos desta manifestação deverão ser previstos pelo doador, especialmente porque desde já será alijado de seus bens dada a natureza jurídica do instituto.

5.5.1 Doação com reserva de usufruto e direito de acrescer e cláusula de reversão

Uma das medidas de proteção patrimonial ao doador mais comumente adotadas no âmbito do planejamento sucessório, é a estipulação da reserva do usufruto, cujo direito real atribui ao donatário a nua propriedade do bem, reservando ao doador o uso, a fruição e o gozo.[113] O doador permanecerá com os direitos de fruição dos bens, mas de outro lado perderá os direitos sobre a disposição dos bens.

O usufruto poderá recair sobre a totalidade ou parte dos bens, sobre bens móveis, imóveis, abrangendo-lhe, no todo ou em parte, os frutos e utilidades, nos termos do art. 1.390, do Código Civil.[114] Poderá igualmente ser instituído de forma conjuntiva ou simultânea. Com a morte do usufrutuário, a propriedade consolida-se na pessoa do donatário (nu-proprietário). Ou seja, o doador permanecerá com o gozo e fruição do bem até a sua morte.

No caso de usufruto de rebanho, as crias dos animais pertencerão ao usufrutuário, incumbindo ao mesmo, contudo, a preservação das cabeça de gado existentes ao começar o usufruto, nos termos do Art. 1.397 do Código Civil.

Somado a isso, poder-se-á gravar juntamente ao usufruto, cláusula de inalienabilidade, impedindo que o bem seja alienado pelo donatário, exigindo-se, contudo, a aposição de justa causa, notadamente por se tratar de restrição ao direito de propriedade e adiantamento de legítima, como assim já decidiu o STJ.[115]

Importa destacar ainda que a doação com reserva de usufruto, poderá afastar a incidência do direito real de habitação do cônjuge/companheiro do doador, diante de seu óbito; considera-se que a propriedade desde a doação passou à titularidade de terceiro, uma vez que a propriedade será consolidada em favor do nu-proprietário, como assim já decidiu o STJ, pois "não havendo nulidade da partilha ou resolução da doação, não há falar em retorno do imóvel ao patrimônio do falecido".[116]

---

113. CC. "Art. 1.394. O usufrutuário tem direito à posse, uso, administração e percepção dos frutos."
114. "1.390. O usufruto pode recair em um ou mais bens, móveis ou imóveis, em um patrimônio inteiro, ou parte deste, abrangendo-lhe, no todo ou em parte, os frutos e utilidades."
115. STJ. REsp. 1.631.278/PR. Terceira Turma. Relator Min. Paulo de Tarso Sanseverino. DJe 29-3-2019.
116. STJ. REsp 1.315.606. Quarta Turma. Relator Min. Luis Felipe Salomão.

Contudo, a questão é polêmica, não afastando indistinta e automática direito real de habitação. Como ressalta o mencionado decisum, "a doação de ascendentes a descendentes importa adiantamento do que lhes cabe por herança (CC, art. 544 - CC/16, art. 1.171), e, por conseguinte, os referidos bens ficariam afetos a consequências posteriores, aferidas no momento da abertura da sucessão, e que podem vir a acarretar, inclusive, a nulidade do mencionado negócio jurídico". Deste modo, a doação com reserva de usufruto, não afasta por si só o direito real de habitação, uma vez que diante de situações diversas, o bem poderá ser devolvido ao acervo para fins de partilha, "permitindo, em tese, eventual arguição de direito real de habitação ao cônjuge supérstite".

O instituto é amplamente utilizado no âmbito do Direito empresarial e societário, por meio de doação e instituição do denominado "usufruto de participações societárias", que nas palavras de Fernanda Versiani, "trata-se da possibilidade de um sujeito gozar e usufruir de direitos atrelados à condição de sócio".[117]

Ou seja, promove-se a doação de quotas sociais ou participação acionária, estabelecendo por meio do instrumento de doação, o usufruto das respectivas participações societárias e direitos correlatos. Utiliza-se em regra desta espécie de planejamento, quando da constituição de holding familiar, visando o gerenciamento dos ativos familiares, por meio da doação da nua-propriedade da participação societária em favor dos filhos, reservando aos detentores originários do patrimônio, em regra os genitores, o usufruto e consequente administração e fruição do patrimônio que construíram, até a sua extinção.

Suas diretrizes deverão ser estabelecidas no próprio instrumento de doação, relativamente à extensão dos direitos tanto do usufrutuário, quanto do nu-proprietário, por tratar-se de situação não regulada expressamente pela norma cogente, gerando ainda profundas controvérsias,[118] em especial diante de atos praticados pelos usufrutuários na administração societária.[119]

117. VERSIANI, Fernanda. **Usufruto de participações societárias**: uma visão de planejamento sucessório em empresas familiares. Belo Horizonte: D'Placido, 2020. p. 93.

118. Agravo de instrumento. Ação de exigir contas. Usufruto de quotas sociais. Pretensão da autora, nu-proprietária, à prestação de contas pelos réus, ora agravantes, usufrutuários de quotas sociais. Os agravantes, em nome próprio, são usufrutuários das quotas sociais e exercem a administração da empresa. Nesse sentido, a autora, como nu-proprietária, deve respeitar os atos praticados por eles. Ausente qualquer alegação de administração irregular. Afastamento do dever de prestar contas. R. Decisão que deve ser reformada para julgar o pedido de prestação de contas improcedente. Recurso provido. (TJ-SP – Agravo de Instrumento: 21877317120248260000 São Paulo, Relator.: Alexandre Lazzarini, Data de Julgamento: 11/09/2024, 1ª Câmara Reservada de Direito Empresarial, Data de Publicação: 11/09/2024).

119. STJ. COMERCIAL, CIVIL E PROCESSO CIVIL. USUFRUTO. CONSERVAÇÃO DA COISA. DEVER DO USUFRUTUÁRIO. NULIDADE. SIMULAÇÃO. LEGITIMIDADE. TERCEIRO INTERESSADO. REQUISITOS. OPERAÇÃO SOCIETÁRIA. ANULAÇÃO. LEGITIMIDADE. CONDIÇÕES

Do mesmo modo, faz-se indispensável a análise particularizada quanto aos limites legais da instituição do usufruto, em especial em relação ao valor atribuído à participação societária doada e os limites atinentes a legítima, diante da existência de herdeiros necessários, cuja liberalidade estará sujeita a colação e a eventual redução, especialmente diante de uma disputa judicial e a ausência de regramentos expressos em relação ao tema.

Outras medidas de proteção patrimonial ao doador, além da reserva de usufruto e da instituição das cláusulas restritivas (incomunicabilidade, impenhorabilidade e alienabilidade) já mencionadas no item anterior, inferem-se na aposição das cláusulas com encargo e a chamada cláusula de reversão.

As cláusulas de condição, termo e encargo subordinam determinados efeitos da doação a eventos futuros e incertos, como por exemplo a colação de grau, a conclusão de um curso, o casamento etc. A cláusula de termo condiciona ou suspende a doação a determinados marcos temporais e, por fim, o encargo o subordina à realização de determinado ato com o qual se obriga o donatário, podendo todas essas cláusulas terem efeitos suspensivos, cujo negócio poderá ser desfeito se não implementada a avença.

Quanto à cláusula de reversão, esta permite que os bens doados voltem ao patrimônio do doador, caso o donatário venha a morrer antes do doador, nos

---

DA AÇÃO. ANÁLISE. TEORIA DA ASSERÇÃO. APLICABILIDADE. DISPOSITIVOS LEGAIS ANALISADOS: ARTS. 168 DO CC/02; E 3º, 6º E 267, VI, DO CPC. 1. Ação ajuizada em 26.01.2012. Recurso especial concluso ao gabinete da Relatora em 10.12 .2013. 2. Recurso especial que discute a legitimidade do nu-proprietário de quotas sociais de holding familiar para pleitear a anulação de ato societário praticado por empresa pertencente ao grupo econômico, sob a alegação de ter sido vítima de simulação tendente ao esvaziamento do seu patrimônio pessoal. 3. O usufruto – direito real transitório de fruir temporariamente de bem alheio como se proprietário fosse – pressupõe a obrigação de preservar a substância da coisa, sem qualquer influência modificativa na nua-propriedade, cabendo ao usufrutuário a conservação da coisa como bônus pater famílias, restituindo-a no mesmo estado em que a recebeu. 4. As nulidades decorrentes de simulação podem ser suscitadas por qualquer interessado, assim entendido como aquele que mantenha frente ao responsável pelo ato nulo uma relação jurídica ou uma situação jurídica que venha a sofrer uma lesão ou ameaça de lesão em virtude do ato questionado. 5 . Ainda que, como regra, a legitimidade para contestar operações internas da sociedade seja dos sócios, hão de ser excepcionadas situações nas quais terceiros estejam sendo diretamente afetados, exatamente como ocorre na espécie, em que a administração da sócia majoritária, uma holding familiar, é exercida por usufrutuário, fazendo com que os nu-proprietários das quotas tenham interesse jurídico e econômico em contestar a prática de atos que estejam modificando a substância da coisa dada em usufruto, no caso pela diluição da participação da própria holding familiar em empresa por ela controlada. 6. As condições da ação, entre elas a legitimidade ad causam, devem ser avaliadas in status assertionis, limitando-se ao exame do que está descrito na petição inicial, não cabendo ao Juiz, nesse momento, aprofundar-se em sua análise, sob pena de exercer um juízo de mérito. 7 . Recurso especial provido. (STJ – REsp: 1424617 RJ 2013/0406655-4, Relator.: Ministra NANCY ANDRIGHI, Data de Julgamento: 06/05/2014, T3 – TERCEIRA TURMA, Data de Publicação: DJe 16/06/2014).

termos do art. 547, do Código Civil.[120] Contudo, referida cláusula não prevalece em favor de terceiro, ou seja, não é possível a reversão em favor de outra pessoa que não o doador. Desta maneira, poderá o doador por meio do planejamento sucessório assegurar a reversão do patrimônio doado, evitando que o patrimônio ingresse eventualmente no patrimônio do cônjuge ou companheiro do donatário em virtude do regime sucessório e concorrencial ou dos demais sucessores legítimos do donatário.

É necessário que a cláusula esteja expressamente prevista no instrumento de doação, assim como se torna necessário observar que alguns Estados da Federação, a exemplo do Rio de Janeiro[121] e Paraná,[122] a reversão da doação é fato gerador do ITCMD e incide o imposto de transmissão.

Outra cláusula relevante em se tratando de usufruto, evidencia-se quanto a aposição do direito de acrescer. Em regra, constituído o usufruto em favor de mais de uma pessoa (usufruto simultâneo), a morte de um dos usufrutuários causa a extinção de sua parte correspondente do usufruto, como determina o artigo 1.411 do Código Civil Brasileiro.[123] Contudo, essa regra não é aplicada se, por estipulação expressa, o quinhão do usufrutuário morto restar atribuída ao usufrutuário sobrevivente.

É o denominado direito de acrescer previsto na ressalva do dispositivo legal indicado e que impede, dado a expressa previsão, a extinção do usufruto, mesmo parcial, em razão da morte de um dos usufrutuários. O direito de acrescer, só poderá ser aplicado ao usufruto constituído por ato entre vivos quando houver estipulação expressa nesse sentido. Desse modo, o usufrutuário sobrevivente tem acrescido ao seu direito a parte daquele usufrutuário morto, que não se extingue, mas se transfere. O usufruto neste caso continua íntegro e não sofre redução. Encontrará extinção somente com a morte de todos os usufrutuários.

Em se tratando de pessoa jurídica ou Holding constituída a partir da cessão das quotas pelos cônjuges ou companheiros em favor dos herdeiros, a instituição de cláusula de usufruto com direito de acrescer, garante que diante da morte de um dos usufrutuários, ao outro permaneça a fruição integral do usufruto.

No caso do agronegócio, a doação em vida, mesmo diante de uma cláusula de usufruto vitalício, que garante a fruição do patrimônio até a morte do doador, em

---

120. "Art. 547. O doador pode estipular que os bens doados voltem ao seu patrimônio, se sobreviver ao donatário. Parágrafo único. Não prevalece cláusula de reversão em favor de terceiro."
121. RIO DE JANEIRO. Lei Estadual (RJ) n°. 7.174/2015, Art. 4°, inciso II.
122. Consulta n° 152/2002.
123. Art. 1.411. Constituído o usufruto em favor de duas ou mais pessoas, extinguir-se-á a parte em relação a cada uma das que falecerem, salvo se, por estipulação expressa, o quinhão desses couber ao sobrevivente.

algumas situações pode não representar a opção de planejamento mais vantajosa ao detentor do patrimônio, especialmente se o doador utiliza-se economicamente do bem para sua subsistência, considerando-se igualmente eventual necessidade de venda de parte do bem ou da instituição de uma garantia real que se faça necessária para a continuidade da atividade, o que obrigará o doador a sujeitar-se à concordância do nu-proprietário.

O mesmo se infere no caso do usufrutuário em promover a mudança da destinação econômica de um bem, o qual necessariamente estará sujeito a autorização do nu-proprietário. Ou seja, o usufrutuário estará sempre atrelado e condicionado à vontade e autorização do nu-proprietário.

No caso das relações familiares, eivadas de subjetividades e complexidades, as diferentes situações interpessoais posteriores à doação podem representar um entrave ao exercício da atividade econômica do doador, o que deve ser ponderado no momento da atribuição.

Desse modo, a análise quanto à utilização do instrumento no âmbito da atividade agrária deverá partir de análise criteriosa sobre a imediata produção de efeitos da doação e suas consequências no âmbito pessoal e familiar do doador, e não apenas de sua considerável vantagem econômica ou tributária. Como aludido, não é situação simplista para aquele que construiu ao longo de toda uma vida o seu patrimônio, desfazer-se do mesmo ou deixar sob a administração de seus herdeiros, em especial diante de uma dependência econômica do negócio.

Por fim, a aquisição de novos bens ao longo da vida do doador pode conduzir à necessidade de novo planejamento e organização patrimonial, considerando-se a natureza viva do planejamento.

5.6 PARTILHA EM VIDA

A partilha em vida constitui um instrumento de planejamento sucessório, que permite ao titular do patrimônio, ainda em vida, organizar a distribuição de seus bens entre os herdeiros. Contudo, é necessário observar alguns elementos essenciais para que a partilha em vida produza seus respectivos efeitos, considerando-se tratar de instituto jurídico autônomo, diferenciando-se da doação em si.

O Código Civil, em seu artigo 2.018, prevê a possibilidade de partilha em vida, desde que respeitada a legítima dos herdeiros necessários (art. 1.846 do CC). Trata-se do único dispositivo que regula expressamente a matéria, o que conduz a sua pouca utilização como modalidade de planejamento, seja não apenas pelos efeitos imediatos oriundos deste negócio jurídico, mas igualmente pelas controvérsias ainda pungentes do próprio instituto, cuja delimitação de seus pressupostos e limites, encontram-se a cargo da doutrina e jurisprudência.

Pela expressa dicção legal, a validade da partilha em vida está necessariamente condicionada à observância da legítima. Na lição de Caio Maio Pereira "a validade da partilha está na dependência de que não se prejudiquem as legítimas dos herdeiros necessários, como requer o artigo 2.018 do CC, portanto, deve observar igualdade na divisão".[124]

Infere-se ainda que, a partilha em vida, esgota a divisão dos bens do disponente, existentes ao tempo em que ela se realiza em caráter definitivo. Trata-se de um elemento diferenciador da doação em si, uma vez que esta, comporta liberalidade e atribuição isolada de bens a beneficiários específicos. Neste sentido leciona Heloisa Helena Barboza:

> "Não há na partilha uma liberalidade, característica da doação, mas uma renúncia ao domínio dos bens (*demission de biens*). O ascendente ao dividir os bens opera sua transmissão definitiva (posse e propriedade) aos beneficiários. Nesses termos, a partilha não pode ser condicional, nem onerosa, diversamente das doações que admitem condições de vários tipos. Aquele que partilha em vida não tem intuito de fazer uma liberalidade, substrato da doação, mas o de demitir de si a posse e o domínio dos bens, de renunciar a esses bens, ao seu gozo.[125]

Deste modo, os bens recebidos na partilha passam a integrar definitivamente o patrimônio dos beneficiados e por sua morte transferem-se aos seus próprios descendentes. Ou seja, falecendo os beneficiários, os bens objeto da partilha, serão atribuídos aos seus herdeiros legítimos. Sua produção de efeitos é imediata e diferentemente do que ocorre na doação, é incabível sua revogação pelo proponente, ou aposição de clausulações.

Trata-se a partilha de ato irrevogável, mas passível de invalidação como qualquer negócio jurídico. Na eventualidade de surgirem outros bens até a morte do disponente, estes serão objeto de inventário e nova partilha. Em não havendo novos bens, a partilha em vida dispensa a realização de inventário e a obrigação de trazer bens à colação como já decidiu o Superior Tribunal de Justiça.[126]

---

124. PEREIRA, Caio Mário da Silva. **Instituições de Direito Civil**, v. VI, p. 385.
125. BARBOZA, Heloisa Helena. A disciplina jurídica da partilha em vida: validade e efeitos. **Civilistica.com**. Rio de Janeiro, a. 5, n. 1, 2016. Disponível em: http://civilistica.com/a-disciplina-juridica-da-partilha-em-vida/. Acesso em: 31 jul. 2025.
126. Recurso especial. Sucessões. Inventário. Partilha em vida. Negócio formal. Doação. Adiantamento de legítima. Dever de colação. Irrelevância da condição dos herdeiros. Dispensa. Expressa manifestação do doador. – Todo ato de liberalidade, inclusive doação, feito a descendente e/ou herdeiro necessário nada mais é que adiantamento de legítima, impondo, portanto, o dever de trazer à colação, sendo irrelevante a condição dos demais herdeiros: se supervenientes ao ato de liberalidade, se irmãos germanos ou unilaterais. É necessária a expressa aceitação de todos os herdeiros e a consideração de quinhão de herdeira necessária, de modo que a inexistência da formalidade que o negócio jurídico

No contexto do agronegócio, essa modalidade de antecipação de partilha pode assumir relevância estratégica, diante da intenção do disponente em organizar a distribuição de seus bens, afastando a ocorrência de inventário e contendas futuras entre os herdeiros, permitindo a manutenção da atividade produtiva, atribuindo a cada herdeiro a parcela que lhe corresponde. É instrumento também muito utilizado em situações que envolvam participações societárias e empresariais, justamente porque possibilita a organização da distribuição de bens e direitos entre os herdeiros. Contudo, deve ser utilizada com ressalva, especialmente diante de seu caráter de irrevogabilidade e dos efeitos patrimoniais e sucessórios diante da morte do beneficiário, como mencionado.

5.7 SOCIEDADES AGROPECUÁRIAS E *HOLDINGS*

Tornou-se comum associar o planejamento sucessório no agronegócio à constituição das denominadas *holdings* rurais, mediante a incorporação patrimonial dos ativos imobiliários e móveis, através de sociedades empresárias. Para além da utilização genérica da nomenclatura *holding*, é importante observar que nem sempre a criação de uma estrutura jurídica para fins de planejamento no agronegócio será a solução infalível e tampouco sujeita a "blindagem", dois equívocos muito comuns quando se aborda a temática. Tratar uma espécie de planejamento de forma genérica como a mais vantajosa não apenas destoa da realidade, mas conduz a uma fragilidade do próprio instrumento.

Feita esta ressalva, a constituição de sociedades empresarias familiares por meio da incorporação patrimonial de bens, quando realizado de forma individualizada e customizada às necessidades de cada núcleo familiar e de cada integrante que a compõe, pode representar, além de uma possível economia tributária futura, um instrumento capaz de: (i) reduzir litígios; (ii) afastar eventualmente a necessidade de inventário ou reduzir os bens a serem inventariados; (iii) determinar os quinhões de cada herdeiro: (iv) considerar suas vocações e aptidões, destinando a forma de administração e gerenciamento dos bens; (v) possibilitar a implementação de estruturas societárias e de governança; e (vi), garantir a preservação do patrimônio no seio familiar e a continuidade da atividade, por meio de uma gestão profissionalizada.

exige não o caracteriza como partilha em vida. – A dispensa do dever de colação só se opera por expressa e formal manifestação do doador, determinando que a doação ou ato de liberalidade recaia sobre a parcela disponível de seu patrimônio. Recurso especial não conhecido. (STJ – REsp: 730483 MG 2005/0036318-3, Relator.: Ministra NANCY ANDRIGHI, Data de Julgamento: 03/05/2005, T3 – TERCEIRA TURMA, Data de Publicação: DJ 20/06/2005 p. 287).

Como se demonstrou extensivamente, a estruturação de qualquer planejamento envolvendo a atividade do agronegócio deverá ser sedimentada a partir dos três pilares mencionados: família, particularidades e propósito, alinhados à legalidade e aos limites legais cogentes, um vez que, eventual desvio de finalidade da *holding* pode conduzir à invalidade de todo o planejamento, diante do abuso da personalidade jurídica especialmente diante do esvaziamento patrimonial do detentor do patrimônio em detrimento de terceiros[127] ou, diante de lesão à legítima, em desfavor de herdeiros necessários.

Ao considerar que a atividade rural é uma atividade predominantemente familiar, cujas relações interpessoais têm o condão de impactar diretamente na atividade econômica, seja no aspecto patrimonial quanto no sucessório, a organização prévia da sucessão por meio da destinação patrimonial em sociedades deve partir de seu elemento familiar, por meio da organização jurídica das relações afetivas e conjugais dos herdeiros, entre outras medidas como já elencadas. O primeiro passo, portanto, reside na análise do grupo familiar.

Não há como instrumentalizar de forma segura e adequada uma empresa familiar, sem antes, promover a organização jurídica das relações pessoais e das situações jurídicas de cada um de seus entes, uma vez que o elemento familiar, corresponde à base de sustentabilidade do planejamento sucessório.

Compreende-se a incorporação dos três pilares por meio da implementação de outros mecanismos prévios ou concomitantes à constituição de uma estrutura jurídica societária. Um exemplo disso revela-se nos aspectos relacionados às relações de conjugalidade dos herdeiros ou a preparação dos sucessores para assumirem determinada atividade. Sem o devido respaldo fático e individualizado daquele núcleo, esvazia-se o conteúdo da *holding*, seja porque a transferência patrimonial em favor do herdeiro poderá gerar eventualmente a comunicabilidade de bens, caso não promovido o tratamento jurídico prévio, seja porque a preparação dos herdeiros para a nova realidade familiar e patrimonial revela-se elemento substancial.

Quanto ao propósito, este apresenta estreita relação com a constituição de estruturas jurídicas empresariais, considerando-se que não apenas qualquer

---

127. TJ/SP. Agravo de instrumento. Incidente de desconsideração da personalidade jurídica inversa. Decisão agravada que julgou procedente a desconsideração e determinou a inclusão da empresa no polo passivo da execução. Criação da holding familiar logo após o ajuizamento da ação de cobrança. Posterior retirada do sócio e transferência do capital para seus filhos. Evidência de confusão patrimonial entre os bens do executado e os bens que pertencem à holding familiar. Abuso da personalidade jurídica. Art. 50 do CC c./c. art. 133, § 2º, do CPC. Decisão mantida. RECURSO DESPROVIDO (TJ-SP – AI: 21472954620198260000 SP 2147295-46.2019.8.26.0000, Relator: L. G. Costa Wagner, Data de Julgamento: 29/10/2019, 34ª Câmara de Direito Privado, Data de Publicação: 29/10/2019).

sociedade exige para a sua existência o *affectio societatis* dos sócios que a comporão, mas do mesmo modo, considerando-se que "a existência de personalidades, perfis e vocações diversas, pode recomendar que essa distribuição se faça de uma maneira mais refinada, compreendendo as necessidades e potencialidades de cada herdeiro, bem como da própria empresa".[128]

O mesmo se infere quanto às particularidades de cada atividade agrária, cujos impactos no planejamento revelam-se de forma diversas, a depender do tipo da atividade explorada e da situação do bem, em especial no âmbito tributário. Os elementos econômicos e tributários indubitavelmente compõem este complexo arcabouço, mas não podem ser dissociados dos três pilares fundamentais, sob pena do planejamento jurídico tornar-se ineficiente ou um cobertor curto, proporcionando de um lado uma economia tributária, e de outro, incrementando litígios. Neste sentido assinalam Gladston e Eduarda Mamede:

> "É mito dizer que holding é instrumento de economia fiscal. Em alguns casos, será; noutros não haverá alteração relevante. Em diversos casos, a constituição de uma holding acaba por aumentar o recolhimento. Sim, acontece. Aliás não é raro".[129]

Desse modo, compõem e segmentam a escolha da utilização desta espécie de instrumento, outras variáveis que necessariamente deverão ser analisadas e equilibradas em conjunto. Ainda que, porventura, a eventual constituição de uma sociedade empresarial não represente em determinada situação uma economia tributária, ou, promova até mesmo, o incremento de despesas, poderá sob outro prisma, representar maior segurança jurídica e garantia de perenidade patrimonial, salvaguardando os interesses familiares envolvidos. Tudo irá depender da coalisão destes diferentes fatores e, por certo, dos interesses dos envolvidos.

A utilização desta espécie de mecanismo jurídico exige não apenas conhecimento específico da matéria, mas sobretudo em se tratando de empresa agropecuária ou *holding* rural, a experiência sobre as particularidades relacionadas à atividade rural; trata-se de um trabalho multidisciplinar que apresenta diferentes variáveis, e que pressupõem harmonia entre os diferentes setores, sejam eles societários, familiares, agrários e tributário entre outros; como em uma orquestra, todos os instrumentos devem compatibilizar-se e harmonizarem-se entre si.

---

128. MAMEDE, Gladston; MAMEDE, Eduarda Cotta. **Holding familiar e suas vantagens**: planejamento jurídico e econômico do patrimônio e da sucessão familiar. 9. ed. rev., atual e ampl. São Paulo: Atlas, 2017, p. 99.
129. Ibidem, p. 30.

5.7.1 *Holding*

Como leciona Roberta Nioac Prado, Sociedade *holding*:

> É aquela que participa de outras sociedades como cotista ou acionista. Ou seja, é uma sociedade formalmente constituída, com personalidade jurídica, cujo capital social, ou ao menos parte dele, é subscrito e integralizado com participações societárias de outras pessoas jurídicas.[130]

A *holding* não reflete um tipo de sociedade específico previsto na legislação. Sua base normativa indireta é o art. 2°, § 3°, da Lei nº 6.404, de 15 de dezembro de 1976 (Lei das Sociedades Anônimas)[131] que estabelece que "a companhia pode ter por objeto participar de outras sociedades; ainda que não prevista no estatuto, a participação é facultada como meio de realizar o objeto social, ou para beneficiar-se de incentivos fiscais".

A expressão *holding* tem origem no verbo inglês *to hold*, que significa segurar, controlar. Portanto, não é a constituição de uma pessoa jurídica propriamente dita e a incorporação de patrimônio, que configura uma *holding*; é o controle ou a participação societária de outras pessoas jurídicas. Apesar da ausência de um tipo de sociedade específica, *holdings* são sociedades registradas no CNAE[132] sob o nº 6462-0/00, cuja natureza são entidades econômicas que participam de outras empresas, podendo ou não exercer funções de gestão ou de administração das atividades.

A relevância deste importante instrumento de planejamento, vislumbra-se além daqueles já elencados, em viabilizar o uso de estratégias e mecanismos do direito societário, possibilitando a administração e gerenciamento do patrimônio familiar, por meio de pessoa jurídica constituída ou adequada para este fim, permitindo maior liberdade e gerência patrimonial e sucessória.

5.7.1.1 Espécies

Em regra, dividem-se as *holdings* em três grupos principais: (i) *holding* pura, quando seu objetivo social consiste em participação no capital de outras sociedades; (ii) holding patrimonial, aquela que tem por objetivo administrar patrimônio

130. PRADO, Roberta Nioac; KIRSCHBAUM, Deborah; COSTALUNGA, Karime. Sucessão familiar e planejamento societário II. In: **Estratégias societárias, planejamento tributário e sucessório**. Roberta Nioac Prado, Daniel Monteiro Peixoto e Eurico Marcos Diniz de Santi (Coords.).
2. ed. São Paulo: Saraiva-FGV, 2011, p. 189.
131. BRASIL. **Lei nº 6.404, de 15 de dezembro de 1976**. Dispõe sobre as Sociedades por Ações. Disponível em: https://www.planalto.gov.br/ccivil_03/leis/l6404consol.htm. Acesso em: 20 jan. 2025.
132. Classificação Nacional de Atividades Econômicas.

pessoal ou familiar (moveis ou imóveis), concentrando o patrimônio em uma empresa constituída para este fim; e (iii) sociedade *holding* mista, "quando além da participação, ela exerce a exploração de alguma atividade empresarial",[133] ou administra participação em sociedades operacionais, cujas denominações podem variar em outros subgrupos a depender da forma de exploração econômica.

Algumas subdivisões surgem para distinguir o tipo de exploração: holding de controle: aquela que tem por finalidade deter o controle de ações ou quotas de outras empresas; holding de participação: aquela que possui participação social em outras empresas, entre outras.

Importante destacar que a distinção das atividades econômicas deve corresponder ao tipo de atividade exercida, ou seja ao objeto social declarado no contrato ou estatuto e que deve encontrar correspondência no CNAE (Classificação Nacional das Atividades Econômicas), pois impactará diretamente nas questões tributárias, sujeitando (ou não) a determinados tributos, em especial no que tange a incidência de ITBI.

Considera-se ainda a chamada *holding* familiar a sociedade composta exclusivamente ou não por membros familiares, cujo grupo familiar detém o seu controle. Usualmente, utiliza-se deste instrumento como forma de organização e controle patrimonial familiar, concentrando patrimônio em *holdings* patrimoniais e a gestão em *holdings* puras, como lecionam Gladston e Eduarda Mamede:

> A chamada Holding familiar não é um tipo específico, mas uma contextualização específica. Pode ser uma Holding pura ou mista, de administração, de organização ou patrimonial, isso é indiferente. Sua marca característica é o fato de se encartar no âmbito de determinada família e, assim, servir ao planejamento desenvolvido por seus membros, considerando desafios como organização do patrimônio, administração de bens, otimização fiscal, sucessão hereditária etc.[134]

Outra denominação igualmente utilizada, é a chamada *holding* rural, a qual, segundo a lição de Álvaro Santos, consiste em uma "estrutura societária construída, dentro ou fora do círculo familiar, com o escopo primordial de gerir, administrar, e proteger, mediante prévio planejamento patrimonial, bens explorados, direta ou indiretamente, com a atividade rural".[135] O que a caracteriza, portanto, é seu objeto estar relacionado, entre outras, com a atividade rural, e os respectivos segmentos da cadeia do agronegócio.

133. TEIXEIRA, Joao Alberto Borges. Holding Familiar: tipo societário e seu regime de tributação. **Revista Tributária e de Finanças Públicas**, v. 85, p. 234-247, mar./abr. 2009.
134. MAMEDE; MAMEDE, 2017. p. 25.
135. DOS SANTOS, ÁLVARO GONÇALVES. **Holding Rural**. Londrina: Thoth, 2022. p. 142.

Por sua vez, dado o perfil familiar da atividade, em não raras vezes, constitui-se a *holding* rural, em *holding* familiar propriamente dita, cujo fim precípuo, é o de estruturar o patrimônio e regular a sucessão daquele núcleo familiar que exerce atividade econômica relacionada a atividade rural. Ou seja, transfere-se a titularidade do patrimônio e a gestão da atividade que até então era gerida por uma única pessoa, para uma sociedade. Isto possibilita, certa previsibilidade em relação a forma como se dará a administração dos ativos e em especial, em relação aos próprios sócios/herdeiros e os efeitos jurídicos adjacentes, mediante a instituição de mecanismos jurídicos e societários, que possibilitam a continuidade da atividade produtiva, inclusive diante de um litígio. Como assinala Leonardo Loubet:

> Sendo a fazenda da empresa da família, todos se tornam sócios e o eventual intento de alienação por parte de um dos herdeiros recai sobre sua participação societária e não sobre a propriedade rural em si mesma, de modo que a continuidade da atividade agropecuária não fica prejudicada.[136]

Outro elemento favorável a constituição de *holding* rural, infere-se diretamente na maior liberdade de gestão da atividade diante de um inventário. Como em regra a atividade rural no Brasil é explorada no próprio CPF do detentor do patrimônio, assim como as respectivas inscrições fazendárias estão concentradas em uma única só pessoa, em caso de falecimento, todo o patrimônio e consequentemente a manutenção da atividade produtiva, estará sujeita ao "tempo do inventário" que dificilmente acompanhará as necessidades diuturnas que exigem a atividade rural. A comercialização de insumos, a venda de semoventes entre outros, estará sujeita a expedição de alvarás e em regra da própria consensualidade dos herdeiros, que como já mencionado em capítulo anterior, pode representar até mesmo a interrupção da própria atividade produtiva, diante de litígio. Por sua vez, em se tratando de patrimônio que esteja centralizado em uma holding ou empresa agropecuária, mesmo diante de eventual óbito do sócio ou quotista, a empresa manterá a gestão do patrimônio dentro dos limites legais estabelecidos em contrato ou estatuto social.

Quanto aos tipos societários, estes serão utilizados conforme as "características que se quer emprestar à estrutura societária da *holding*. A *holding* pode se revestir da forma de sociedade anônima ou limitada",[137] inexistindo limitação legal, cuja análise partirá dos bens existentes, do regime tributário, da respon-

136. LOUBET, 2024, p. 658.
137. FONSECA, Priscila Corrêa da. **Manual do planejamento patrimonial das relações afetivas e sucessórias.** São Paulo: Thomson Reuters Brasil, 2018. p. 299.

sabilidade dos sócios, da estrutura de governança e corporativa que se pretende alcançar.

No caso das atividades rurais, depreende-se que em regra a atividade é exercida de forma pessoal (pessoa natural) pelo próprio titular do patrimônio, geralmente os patriarcas, especialmente diante da disposição do art. 970, do Código Civil, que equipara o produtor rural ao empresário, proporcionando um tratamento diferenciado como abordado, o que conduz, quando a constituição de empresa ou *holding*, ao uso da sociedade limitada, especialmente diante da menor burocracia e custos, como elucidam Leandra Costa e Luciana Tolentino:

> Sabe-se que, de forma geral, o tipo societário preferido para as holdings rurais normalmente é a sociedade limitada. Este tipo societário mantém exclusiva a participação dos membros da família como sócios, é mais simples, mais barato, mais fácil de controlar, pois tem regras que dificultam a transmissão de quotas a terceiros, em comparação à sociedade por ações, que tem fluxo de ações facilitado.[138]

No caso do agronegócio, especialmente diante de pequenos produtores, geralmente há a constituição de uma empresa agropecuária (equivocamente denominada *holding)*, tratando-se, contudo, de sociedade empresária sem participações societárias em outras pessoas jurídicas, constituída geralmente entre os sucessores e seus filhos, mediante a integralização do patrimônio familiar.

Em regra, são produtores rurais que possuem uma ou duas propriedades rurais e que intencionam planejar a sua sucessão, objetivando a redução da carga tributária e de litígios futuros, especialmente quanto ao inventário, transferindo os bens aos filhos por meio de uma sociedade empresária familiar, a fim de que o patrimônio permaneça no seio da família, mantendo-se a atividade rural e consequentemente o legado familiar por meio da integralização das áreas rurais (geralmente os maiores ativos) a uma pessoa jurídica. Neste caso, a administração da atividade passa a ser exercida pelos sócios em conformidade com o contrato social e o regime tributário escolhido.

Poderá igualmente apenas ser constituída na qualidade de *holding* patrimonial, e sua exploração econômica e operação, permanecer na modalidade de pessoa física, por meio de contratos de comodato, arrendamento ou parceira, entre a pessoa jurídica e demais herdeiros.

A constituição da *holding* ou da sociedade agropecuária, pode ocorrer em diferentes formatos jurídicos. Em regra, ocorre por meio da criação de uma ou

---

138. COSTA, Leandra Guimarães; TOLENTINO, Luciana Marques Rodrigues. Holding rural e o planejamento sucessório In: MASSARA, Luiz Henrique Nery; CAMPOS, Marcelo H de Oliveira: CASTRO JUNIOR, Paulo Honório de (Coords.). **A tributação no Agronegócio.** Belo Horizonte: Casa do Direito, 2020, p. 459-460.

mais empresas, que pode conter em seu quadro social, tanto os detentores originários do patrimônio (patriarcas e matriarcas) e/ou seus sucessores, ou constituída diretamente apenas em nome dos sucessores, mediante a integralização do patrimônio, seja de bens próprios, seja por meio de doação e/ou antecipação da legítima, podendo ser gravadas com cláusula de usufruto, além de cláusulas de impenhorabilidade e incomunicabilidade, ou por meio de compra e venda de quotas ao longo da sociedade.

No caso da constituição da empresa/holding ou da aquisição de quotas envolver a venda entre ascendentes e descendentes, torna-se indispensável que todos os descendentes e cônjuge do alienante, tenham consentido, por força do que dispõe o artigo 496 do Código Civil,[139] sob pena de anulabilidade.

A depender da forma de integralização do patrimônio, poderá haver incidência tributária, entre estes ITBI, ITCMD e IR (ganho de capital), cuja análise de eficiência tributária será igualmente individualizada, especialmente diante das variáveis tributárias existentes em cada Município e Estados.

Impende pontuar que, diante do Tema 796 do STF,[140] alguns municípios têm promovido cobrança de ITBI sobre a diferença entre o valor histórico (contábil) e o valor venal do bem, diante da incorporação de bens na sociedade familiar, o que no caso do agronegócio, revela-se um impacto significativo, considerando-se que em regra o bem de maior valor na atividade rural é a própria terra. Em regra, o valor histórico/contábil, designa o valor de aquisição originária do bem, o qual em termos gerais não admite atualização, salvo situações especificas, cujo valor em não raras vezes, é absolutamente diverso daquele atribuído pela fazenda pública, à título de valor venal. Deste modo, no momento da integralização dos bens, poderá ocorrer uma grande diferença entre o valor histórico e o venal, cuja diferença, vem sendo objeto de cobrança pelos municípios.

Contudo, como ressalva Leonardo Loubet,[141] trata-se de cobrança abusiva, considerando-se que no caso da incorporação de imóveis rurais, além do *Leading case* objeto do Tema 796, tratar-se de situação diversa, que para o mencionado autor não poderia ser tratada como paradigma; infere-se que no caso de bens imóveis rurais, a integralização em regra respeita o valor contábil da propriedade, ou seja, "não criam empresas com capital social abaixo do valor contábil do imóvel, ou seja, não lançam um capital social baixo e um imóvel acima de seu valor".

139. CC. Art. 496. É anulável a venda de ascendente a descendente, salvo se os outros descendentes e o cônjuge do alienante expressamente houverem consentido.

140. STF. Tema 796 – Alcance da imunidade tributária do ITBI, prevista no art. 156, § 2º, I, da Constituição, sobre imóveis incorporados ao patrimônio de pessoa jurídica, quando o valor total desses bens excederem o limite do capital social a ser integralizado.

141. Ibidem, p. 668.

Todavia a celeuma ainda permanece pungente, exigindo uma análise individual quanto aos possíveis impactos desta medida.

No caso das atividades rurais, apresentam-se outros elementos para além daqueles gerais no âmbito tributário, que devem ser objeto de criteriosa análise antes da constituição e integralização de bens em pessoa jurídica, considerando-se que a atividade rural por meio de pessoa física (no contexto tributário vigente), apresenta algumas vantagens como a dedução de custeios,[142] a dedução de investimentos[143] sobre a receita bruta tributável, e as demais diferenças previstas em Lei, especialmente àquelas relativas a cada Estado e Município.

Na atividade rural, há de se ter mais atenção ainda, uma vez que atividades muito semelhantes podem ter alíquotas diversas ou até mesmo isenção, a depender da localidade. O tipo de destinação do produto, considerando-se toda a cadeia do agronegócio, pode ser um fator fundamental, promovendo reflexos diretos na tributação.

Não obstante isto, fronte as incertezas oriundas da Reforma Tributária (EC 132/2023) e a necessidade da edição de leis complementares regulando a matéria, especialmente diante dos novos impostos IBS/CBS, que substituirão entre outros o ICMS, PIS e CONFINS, cujo impacto é extremamente relevante na atividade rural, infere-se que a questão está longe de ser pacificada. A reforma tributária provocará profundas alterações na forma da exploração da atividade rural, assim como no próprio planejamento e na escolha quanto ao tipo de regime jurídico de exploração.

Para um pequeno produtor rural, em algumas situações, provavelmente não fará sentido a integralização de seu único bem em uma estrutura jurídica, seja pelos custos que se apresentam para a sua implementação; pelas dificuldades em apropriar-se da nova realidade jurídica; seja diante de uma situação concreta em que os herdeiros não intencionam a continuidade da atividade. Por certo, a continuidade de uma atividade econômica somente fará sentido se presente igualmente o elemento volitivo de todos os indivíduos.

Nem sempre a vantagem fiscal existirá e nem sempre a *holding* afigurar-se-á como mais vantajosa. Não se pode aplicar uma receita pronta, igual para todos, como se todas as realidades e todas as famílias pudessem adotar a mesma solução. "Não se trata de uma equação universal que se aproveite a todos. Há casos em que o melhor é recorrer à constituição e/ou manutenção de uma sociedade *holding*, há casos em que o melhor é não fazê-lo".[144] Do mesmo modo, a existência de

142. Instrução Normativa SRF n° 83/2001, Art. 7°.
143. Decreto n° 9.580/2018, Art. 55 § 2°; Instrução Normativa SRF n° 83/2001, Art. 8°.
144. MAMEDE; MAMEDE, 2022, p. 14.

garantias reais incidentes sobre o bem, muito comum na atividade rural, podem representar um impeditivo à integralização do patrimônio em pessoa jurídica, conduzindo a necessidade de utilização de diferentes instrumentos jurídicos naquele momento.

Os dados do IBGE demonstram que a maioria dos estabelecimentos rurais são familiares e constituídos de pequenas propriedades. A realidade rural brasileira é heterogênea, exige um planejamento adequado a cada realidade, seja no âmbito da atividade e de sua capacidade econômica, seja no âmbito familiar. Deste modo, a análise da viabilidade da *holding* como instrumento de planejamento sucessório no agronegócio deverá inequivocadamente percorrer para além da criteriosa análise legal e tributária aplicável à situação in concreto, os pilares do planejamento sucessório no agronegócio: família, particularidades e propósito, cujos elementos deverão estar integrados de forma sistêmica, garantindo segurança, eficiência e a continuidade da atividade econômica por meio da sucessão familiar.

Incorporar o patrimônio familiar em uma empresa apenas utilizando-se o critério de eficiência tributária ou "fuga de inventário", sem o tratamento adequado da nova realidade empresarial aos sucessores, pode representar um incremento ainda maior de litígios. É preciso compreender a história da família, seus valores, suas relações e as razões que a conduziram à realização do planejamento.

A importância desta distinção refere-se ao fato de que o elemento familiar, seu patrimônio intangível e particularidades pessoais e interrelacionais, impactam diretamente na gestão da empresa e consequentemente na atividade. Disto infere-se a necessidade em promover um tratamento jurídico adequado, em especial, mediante a implementação de instrumentos de governança familiar.

5.7.1.2 Instrumentos de Governança

A empresa familiar é um "espelho do que acontece na dinâmica da família";[145] conflitos e problemáticas interpessoais podem impactar diretamente a atividade econômica, afigurando-se a *holding* como um instrumento que pode conter ou possibilitar a gestão desses conflitos, especialmente, por meio de boas práticas de governança familiar, jurídica e corporativa.

No caso do agronegócio, dado o perfil familiar da atividade, a implementação destas práticas, revela-se fundamental. Em pesquisa conduzida pela Associação

---

145. ADLER, Adriana. Governança familiar. In: PRADO, Roberta Nioac (Coord.). **Aspectos relevantes da empresa familiar e da família empresária**. 2. ed. São Paulo: Saraiva, 2018, p. 190.

Brasileira do Agronegócio – ABAG,[146] constatou-se que, após a infraestrutura, os principais desafios no setor encontram-se na governança e na gestão. Ou seja, um dos elementos mais sensíveis à própria atividade encontra-se justamente na gestão dos próprios conflitos familiares.

O momento da constituição da empresa agropecuária ou *holding* em um planejamento sucessório, revela-se o melhor momento para que as partes promovam de forma antecedente ou concomitante, não apenas a organização da situação jurídica de cada indivíduo e suas respectivas relações interpessoais, também chamada de governança jurídica, mas em especial, a organização jurídica da empresa e de sua gestão, por meio da utilização dos instrumentos de governança corporativa e familiar.

Constituir uma holding ou empresa, mediante a utilização de "modelos" de contrato social e a simples incorporação patrimonial, revela-se um grande risco para a sua própria sobrevivência. Eventual divisão societária entre dois ou mais herdeiros, sem o tratamento jurídico adequado, "pode conduzir a uma fragmentação das quotas ou ações e, com ela, à perda do poder de controle que a família mantinha sobre o negócio".[147]

Por meio de diferentes estratégias, em especial a utilização do modelo dos três círculos do sistema da empresa familiar, estrutura fundamental no campo das empresas familiares, criado por Renato Tagiuri e John Davis, na Harvard Business School (HBS) em 1978, que reconhece a existência de três grupos interdependentes e sobrepostos entre si: família, propriedade e empresa,[148] promove-se o ajuste e o equilíbrio entre estes, objetivando-se detectar os elementos de interseção e os "epicentros dos conflitos interpessoais"[149] que podem interferir na gestão empresarial, especialmente diante da ausência de segregação entre a família e a gestão do patrimônio, o que é muito comum na atividade agrária.

A implantação de modelos de governança pode contribuir diretamente para o sucesso do planejamento sucessório, ao reduzir conflitos familiares; estabelecer

---

146. ASSOCIAÇÃO BRASILEIRA DO AGRONEGÓCIO. Comitê de Inovação 2020. **Visão da Inovação e da Competitividade do Agronegócio**. 2020. Disponível em:https://abag.com.br/wp-content/uploads/2020/12/Position-Paper-Visao-da-Inovacao-e-da-Competitividade-no-Agronegocio.pdf. Acesso em: 31 jul. 2025.

147. FLEISCHMANN, Simone Tassinari Cardoso; JUNIOR TREMANIN, Valter. Reflexões sobre holding familiar no planejamento sucessório. In: TEIXEIRA, Daniele Chaves et al. **Arquitetura do Planejamento Sucessório**. Belo Horizonte: Fórum, 2019. p. 414.

148. Como o modelo de Três Círculos mudou a forma de entender a empresa familiar. *Cambridge Family Enterprise Press, 2018.* Disponível em: https://cfeg.com.br/como-o-modelo-de-tres-circulos-mudou--a-forma-de-entender-a-empresa-familiar/. Acesso em: 10 ago. 2025.

149. TOMAZETTE, Marlon. O conselho de administração nas sociedades familiares. In: COELHO, Fábio Ulhôa; FERRES, Marcelo Andrade (Coords.). **Empresa familiar**: estudos jurídicos. São Paulo: Saraiva, 2014, p. 294.

regras claras de sucessão e participação dos sócios e herdeiros; profissionalizar a gestão; facilitar e prever a entrada as novas gerações; preservar os elementos imateriais e a cultura da família empresária e, por fim, mitigar riscos jurídicos e societários.

Sob este prisma, vislumbram-se em regra, três espécies de governança relacionadas a estrutura tripartida da empresa familiar: a governança jurídica sucessória; a governança corporativa; e a governança familiar.

Por meio da governança jurídica sucessória, promove-se a organização familiar através da utilização de diferentes mecanismos jurídicos estruturais como aqueles já mencionados, à exemplo de testamentos; pactos antenupciais; formalizações de união estável; doações; instituição de cláusulas restritivas; e a própria constituição da empresa ou holding (pura/mista).

Sob outro prima, a governança corporativa, utilizada no âmbito da gestão empresarial, representa "o sistema pelo qual as empresas e demais organizações são dirigidas, monitoradas e incentivadas, envolvendo relacionamento entre sócios, conselho de administração, diretoria, órgão de fiscalização e controle,[150] podendo-se mencionar como principais instrumentos, o Contrato Social (Ltda.); Estatuto Social (S/A); Acordo de Acionistas ou Acordo de Cotistas; Conselho Consultivo; Conselho de Administração; Comitês, entre outros.

Os instrumentos de governança corporativa mencionados, podem representar valiosos mecanismos de contenção de litígios, especialmente quando disciplinados em contrato ou estatuto social, por meio da aposição de cláusulas que prevejam entre outras: (i) a forma de gestão; (ii) a distribuição de lucros e dividendos; (iii) o direito de preferência; (iv) a proibição de ingresso de terceiros; (v) a forma e prazo de pagamento de haveres; e (vi) a metodologia de avaliação da sociedade.[151]

Em se tratando de atividade rural que envolva a existência de ativos imobiliários de alto valor agregado, como é o caso das áreas rurais, a previsão de cláusulas que contenham previsão expressa de prazo[152] e forma de pagamento de haveres,

150. INSTITUTO BRASILEIRO DE GOVERNANÇA CORPORATIVA. **Código das melhores práticas de governança corporativa.** 5. ed. São Paulo, SP: IBGC, 2015, p. 20.

151. PRADO, 2023, p. 272.

152. STJ. PROCESSUAL CIVIL. AGRAVO INTERNO NO AGRAVO EM RECURSO ESPECIAL. AÇÃO DE DISSOLUÇÃO PARCIAL DE SOCIEDADE C/C APURAÇÃO DE HAVERES. DATA-BASE PARA APURAÇÃO DE HAVERES. CRITÉRIO DE APURAÇÃO E PAGAMENTO DE HAVERES. CLÁUSULA CONTRATUAL. INTERPRETAÇÃO. SÚMULA 5/STJ. AFASTAMENTO. PECULIARIDADES. AUSÊNCIA DE IMPUGNAÇÃO ESPECÍFICA. SÚMULA 283/STF. HARMONIA ENTRE ACÓRDÃO RECORRIDO E JURISPRUDÊNCIA DO STJ. SÚMULA 83/STJ. AGRAVO INTERNO DESPROVIDO. 1. Ação de dissolução parcial de sociedade cumulada com apuração de haveres ajuizada por ex-sócio de sociedade limitada. 2. O recurso especial não impugnou, de forma

em período superior daquele previsto em lei ou seja 90 (noventa) dias,[153] evitará não apenas a dilapidação patrimonial fronte a uma venda forçada de bens em exíguo tempo, mas essencialmente, garantirá a sobrevivência da atividade e a possibilidade de formação de caixa para o pagamento destes haveres.

Em algumas situações, em especial no caso de pequenas propriedades familiares, pode revelar-se inacessível naquele momento a instituição de algumas práticas de governança corporativa mais complexas, seja por questões de custos ou a própria resistência da família, especialmente dos mais velhos habituados a uma forma de trabalho que exerceram ao longo de toda sua vida. Contudo, ao nosso sentir, é absolutamente viável, em verdade indispensável, a instituição de cláusulas no próprio contrato social, prevendo questões relacionadas a eventual morte do sócio, formas de dissolução, incapacidade, prazo e forma de apuração de haveres. Sem estas previsões, a constituição de uma sociedade pode tornar-se absolutamente nociva a própria sobrevivência da atividade e a manutenção dos bens no seio familiar.

Incluem-se no âmbito do agronegócio outras previsões relacionadas à sua agrariedade, como os riscos climáticos e sanitários vinculados à atividade, ou aqueles relacionados às especificidades dos imóveis rurais, que em regra compõem o ativo mais valioso, mas que não apresentam liquidez imediata. Neste sentido elucida Álvaro Gonçalves:

> Esses bens acumularam grande valorização após o implemento de uma série de tecnologias produtivas que alavancaram a produção agropecuária nacional. As atividades, por sua vez, estão sujeitas a uma série de intempéries climáticas, de modo que a bonança de uma safra pode se alternar com a crise aguda da seguinte, exigindo um caixa considerável para suportar as "quebras". Por isso, mostra-se fundamental regular as consequências de eventual ruptura nas relações familiares entre os sócios. A atividade rural, diferentemente de qualquer outra, além dos riscos ordinários de qualquer empresa, também acumula riscos climáticos, sanitários

---

direta e específica, o fundamento do acórdão de origem que afastou a incidência de cláusula contratual cuja vigência regularia a dissolução parcial extrajudicial, atraindo a incidência da Súmula 283/STF. 3. Modificar a conclusão do acórdão recorrido acerca da cláusula contratual demandaria sua interpretação, o que refoge aos limites do recurso especial (Súmula 5/STJ). 4. "O prazo contratual previsto para o pagamento dos haveres do sócio que se retira da sociedade supõe quantum incontroverso; se houver divergência a respeito, e só for dirimida em ação judicial, cuja tramitação tenha esgotado o aludido prazo, o pagamento dos haveres é exigível de imediato" (STJ – AgInt no AREsp: 397678 SP 2013/0310846-9, Relator.: Ministro RAUL ARAÚJO, Data de Julgamento: 20/03/2023, T4 – QUARTA TURMA, Data de Publicação: DJe 31/03/2023).

153. CC. Art. 1.031. Nos casos em que a sociedade se resolver em relação a um sócio, o valor da sua quota, considerada pelo montante efetivamente realizado, liquidar-se-á, salvo disposição contratual em contrário, com base na situação patrimonial da sociedade, à data da resolução, verificada em balanço especialmente levantado. § 1º O capital social sofrerá a correspondente redução, salvo se os demais sócios suprirem o valor da quota. § 2º A quota liquidada será paga em dinheiro, no prazo de noventa dias, a partir da liquidação, salvo acordo, ou estipulação contratual em contrário.

> e cambiais. Com efeito, também se mostra oportuna a implementação de ferramentas de gerenciamento de riscos. Nem sempre uma boa colheita garantirá uma rentabilidade maior do que a safra anterior. Exemplo disso são as discussões em torno dos contratos a termo, por meio do qual o produtor comercializa, de forma antecipada, parte da sua produção, buscando garantir a fixação de preços.[154]

Em relação a governança familiar, trata-se do conjunto de normas, valores, acordos e práticas que regulam as relações entre os membros da família empresária e o patrimônio intangível, com o objetivo de preservar a harmonia familiar, alinhar expectativas e garantir a sustentabilidade do patrimônio ao longo das gerações. Segundo Roberta Nioac Prado, trata-se de "um processo, uma ação com vistas a estruturar e organizar a gestão das relações e do patrimônio da família empresária ou investidora",[155] podendo-se mencionar entre outros, o Protocolo de Família, a Assembleia Familiar, o Conselho de Família, os Comitês de Família e os Family Officces.

São instrumentos em regra não vinculantes juridicamente, mas de extrema importância, uma vez poderão prever questões outras além daquelas de natureza essencialmente patrimonial, especialmente aquelas relacionadas aos bens intangíveis daquela família, como sua história, legado, valores, podendo inclusive ter a participação de não sócios, como o caso de genros, noras, netos entre outros.

Todos os instrumentos são complementares entre si, sobretudo no contexto rural, onde os vínculos emocionais com a terra e o negócio se entrelaçam com as dinâmicas afetivas e patrimoniais. Não apenas os bens materiais impactam no planejamento: os bens imateriais em se tratando de empresa familiar, assumem relevância fundamental, considerando que nas empresas familiares, há uma referência subjetiva preestabelecida que permeia essa dinâmica e faz parte dela: o sistema de valores familiares.

Do mesmo modo, pela própria natureza familiar da atividade, as questões pessoais e interrelacionais, acabam por se imiscuir na própria gestão, fazendo com que não haja uma correta separação entre estes elementos, revelando-se, neste turno, a relevância destes instrumentos, objetivando a clara separação entre todos os setores e o gerenciamento estruturado e organizado, tanto do patrimônio quanto da própria família.

---

154. SANTOS, Álvaro Gonçalves dos. **Holding rural.** Aspectos societários do planejamento patrimonial no agronegócio. Londrina: Thoth, 2022. p. 55.
155. PRADO, Roberta N. **Manual prático e teórico da empresa familiar**: organização patrimonial, planejamento sucessório, governança familiar e corporativa e estratégias societárias e sucessórias (governança jurídica). Rio de Janeiro: Grupo GEN, 2023. E-book. ISBN 9786555598759. Disponível em: https://integrada.minhabiblioteca.com.br/#/books/9786555598759/. Acesso em: 31 jul. 2025.

6
CONSIDERAÇÕES FINAIS

Buscou-se por meio do presente trabalho analisar o planejamento sucessório no agronegócio sob a perspectiva das particularidades da atividade e suas respectivas confluências e interferências no âmbito do planejamento, em especial sob o recorte das atividades denominadas dentro da porteira, inseridos sob a ótica da autonomia privada e dos limites legais cogentes. O objetivo geral da pesquisa consistia em compreender as particularidades do agronegócio, a correlação entre a atividade econômica e as relações familiares e as interferências de tais particularidades na realização de planejamento sucessório.

Dentre os objetivos específicos do trabalho, objetivou-se (i) analisar o perfil familiar do agronegócio e as implicações correlatas entre a atividade e as relações familiares; (ii) analisar as particularidades da atividade econômica do agronegócio e os seus impactos no planejamento sucessório; e (iii) analisar os instrumentos mais usuais de planejamento sucessório e a sua funcionalização às particularidades do agronegócio.

Constatou-se que o agronegócio além de sua indubitável relevância econômica no País, apresenta uma característica familiar marcante, em especial sedimentado em pequenos núcleos familiares heterogêneos entre si, com distintas realidades regionais e familiares, cujo regime jurídico de exploração, ainda é realizado em sua maioria em caráter de pessoalidade, o que conduz a necessidade de um planejamento sucessório funcionalizado às necessidades e particularidades de cada núcleo, considerando-se os impactos que o evento morte poderá provocar na manutenção e na continuidade da atividade produtiva, e em especial no núcleo familiar que depende economicamente da atividade. Agrega-se a este elemento os aspectos imateriais que vinculam muitas famílias à atividade agrícola e a sua transmissão intergeracional, conduzindo diferentes perspectivas ao planejamento.

Por meio do primeiro e segundo capítulo, foi possível analisar o perfil do agronegócio brasileiro, seus aspectos históricos, principais características, assim como os conceitos de agronegócio e agricultura familiar. Constatou-se que o conceito de agricultura familiar deve ser ampliado e inserido no contexto do agronegócio, considerando-se a heterogenia do setor; do mesmo modo, foi possível constatar a correlação entre a atividade econômica e a família, bem como os impactos adjacentes da ausência de planejamento sucessório; no terceiro capítulo, promoveu-se uma análise da sucessão na perspectiva civil constitucional, assim como o planejamento e os limites legais cogentes.

No quarto capítulo analisou-se as principais particularidades do agronegócio, constatou-se que esses elementos impactam diretamente no modo de realização do planejamento. No capítulo final, considerando-se as particularidades apresentadas, constatou-se a necessidade de funcionalização e adequação dos instrumentos de planejamento à atividade e suas respectivas particularidades por meio de três pilares que devem compor a base fundamental do planejamento no agronegócio, quais sejam: a família, as particularidades e o propósito; na sequência analisou-se os aspectos patrimoniais e sucessórios do regime de bens e as necessárias pactuações nas relações conjugais, assim como alguns dos instrumentos principais de planejamento: o testamento, a doação e constituição de estruturas jurídicas e *holdings* e suas respectivas possibilidades e utilidades como instrumento de transmissão patrimonial e sucessório às futuras gerações, incluindo-se a utilização de instrumentos de governança no planejamento.

Ao longo dos cinco capítulos, foi possível constatar que o agronegócio apresenta características distintivas e peculiares das demais atividades econômicas quando analisada sob a perspectiva de suas particularidades e da sucessão familiar, apresentando elementos multifatoriais que se impõe sejam observados quando da materialização do planejamento. O elemento humano, mais especificamente as relações familiares, revelam-se condutores fundamentais do planejamento, que somados às particularidades da atividade, agregam vetores importantes à estruturação jurídica do planejamento, cuja camadas, especialmente as de natureza familiar, devem compor o arcabouço do planejamento sob a perspectiva do agronegócio.

Constatou-se não ser possível afirmar qual ou quais instrumentos jurídicos apresentam-se mais eficazes ou vantajosos quando se trata de planejamento sucessório no agronegócio; tudo dependerá do contexto particular, seja da família, das particularidades da atividade e dos fatores externos, inexistindo uma fórmula mágica ou receita padrão. A receita terá modos de preparo diversos a depender da realidade posta, seja porque as famílias são diversas, seja porquanto cada realidade ou particularidade da atividade econômica demanda um tratamento singularizado.

A casuística é rica e plural, convertendo o planejamento em um instrumento vivo, que deve adaptar-se e adequar-se às particularidades de cada situação, considerando-se que, assim como as famílias são diversas, assim como são os contextos sociais e econômicos, o planejamento também será. Não há como automatizar o planejamento sucessório no agronegócio e inseri-lo em uma caixa hermética por meio de uma solução infalível. É necessário dar um passo atrás antes da opção por um ou outro instrumento, por meio da construção sólida a partir de seus pilares fundamentais (família, particularidades e propósito).

Mais do que assentar um único caminho, o presente trabalho buscou apresentar um olhar sistêmico e funcionalizado às particularidades do agronegócio, em especial ao elemento familiar presente na atividade e a relevância desses ingredientes na construção de um planejamento sólido, capaz de assegurar a harmonia dos interesses pessoais, familiares, econômicos e sociais. Se *a receita de família não se copia, se inventa*, o planejamento sucessório no agronegócio é *prato que deve ser preparado à moda da casa.*

REFERÊNCIAS

ABRAMOVAY, R. Agricultura familiar e uso do solo. **São Paulo em Perspectiva**, São Paulo: Fundação Sistema Estadual de Análise de Dados – Seade, v. 11, n. 2, p. 73-78, abr./jun. 1997. Disponível em: http://produtos.seade.gov.br/produtos/ spp/index.php?men=rev&cod=2055. Acesso em: 10 ago. 2024.

ABRAMOVAY, Ricardo. **Paradigmas do capitalismo agrário em questão**. São Paulo-Rio de Janeiro-Campinas: Editora Hucitec, ANPOCS, Unicamp, 1992.

ADLER, Adriana**.** Governança familiar. In: PRADO, Roberta Nioac (Coord.). **Aspectos relevantes da empresa familiar e da família empresária**. 2. ed. São Paulo: Saraiva, 2018.

AGÊNCIA IBGE NOTÍCIAS. **Portal**. Disponível em: https://agenciadenoticias.ibge.gov.br/. Acesso em: 20 jul. 2024.

AGÊNCIA NOTÍCIAS. **Portal**. Disponível em: https://agenciadenoticias.ibge.gov.br/media/com_mediaibge/arquivos/4f5a6837a849be3a0df906d55d1aca25.pdf. Acesso em: 10 nov. 2024.

AGRORECEITA. **Impacto das enchentes no agro do Rio Grande do Sul**. Disponível em: https://agroreceita.com.br/impacto-das-enchentes-no-agro-do-rio-grande-do-sul. Acesso em: 9 set. 2024.

AGROSOLUTIONS. **A nova safra do agronegócio**: os jovens no campo. Disponível em: https://www.agrosolutions.agr.br/blog/assunto/A-nova-safra-do-agroneg%C3%B3cio%3A--Os--jovens-no-campo;jsessionid=_1EGIM77f9wa2vG5B-CKyQ#:~:text=Com%20rela%-C3%A7%C3%A3o%20a%20idade%20m%C3%A9dia,campo%20tem%20despertado%20um%20interesse. Acesso em: 10 set. 2024.

AGUIRRE, João Ricardo Brandão. Algumas reflexões sobre o planejamento sucessório: a escolha de algumas veredas pode não levar à terra prometida. In: TEIXEIRA, Daniela Chaves (Coord.). **Arquitetura do Planejamento Sucessório**. Belo Horizonte: Fórum, 2.021. t. II.

AGUIRRE, João Ricardo Brandão; HIRONAKA, Giselda Maria Fernandes Novaes. Contratos de doação entre potenciais herdeiros necessários. In: TEIXEIRA, Ana Carolina Brochado; RODRIGUES, Renata, de Lima. (Coord.). **Contratos, famílias e sucessões diálogos interdisciplinares**. Indaiatuba, SP: Foco, 2.019.

ALCÂNTARA, N.; MACHADO FILHO, C. O processo de sucessão no controle de empresas rurais brasileiras: um estudo multicasos. **Organizações Rurais e Agroindustriais**, v. 16, n. 1, Universidade Federal de Lavras, MG, 2014.

ALVIM, Agostinho. **Da doação**. São Paulo: Revista dos Tribunais, 1963.

AMEEN, A.; RAZA, S. Green Revolution: a review. **International Journal of Advances in Scientific Research**, v. 3, p. 129-137, 2017. DOI: https://doi.org/10.7439/ijasr.v3i12.4410.

ARQUIVO ESTADO. **Portal**. Disponível em: http://www.historica.arquivoestado.sp.gov.br/materias/anteriores/edicao02/materia02/. Acesso em: 22 out. 2024.

ASSIS, Machado. **A mão e a luva**. São Paulo: W. M. Jackson Inc. Ed., 1957. Obras Completas de Machado de Assis, v. 2.

AZEVEDO, Francisco. **Arroz de palma**. 12. ed. São Paulo: Record, 2014.

BACHA, Carlos José Caetano. STEGE, Alysson Luiz. HARBS, Ricardo. **Ciclos de preços de terras agrícolas no Brasil**. Disponível em: https://ainfo.cnptia.embrapa.br/digital/bitstream/item/160155/1/Ciclos-de-precos-de-terras-agricolas.pdf. Acesso em: 8 set. 2024.

BANCO CENTRAL DO BRASIL. **Resolução nº 2.191, de 24 de agosto de 1995.** Crédito Rural – Institui o Programa Nacional de Fortalecimento da Agricultura Familiar (PRONAF). Disponível em: https://www.bcb.gov.br/pre/normativos/res/1995/pdf/res_2191_v3_L.pdf. Acesso em: 26 jun. 2024.

BARBOZA, Heloisa Helena Gomes. Reflexões sobre autonomia negocial. In. TEPEDINO, Gustavo. FACHIN, Luiz Edson (Coords.) **O direito e o tempo**: embates jurídicos e utopias contemporâneas – Estudos em homenagem ao professor Ricardo Pereira Lira. Rio de Janeiro: Renovar, 2008.

BARROS, Geraldo Sant'Ana de Camargo. **Agronegócio**: conceito e evolução. Disponível em: https://cepea.esalq.usp.br/upload/kceditor/files/agro%20conceito%20e%20evolu%C3%A7%C3%A3o_jan22_.pdf. Acesso em: 19 set. 2024.

BARBOZA, Heloisa Helena. **A disciplina jurídica da partilha em vida**: validade e efeitos. Rio de Janeiro, a. 5, n. 1, 2016. Disponível em: http://civilistica.com/a-disciplina-juridica-da-partilha-em-vida/. Acesso em: 31 maio 2025.

BAUMAN, Zygmunt. **Amor líquido**: sobre a fragilidade dos laços humanos. Companhia das letras, 2004.

BEVILÁQUA, Clóvis. **Código Civil dos Estados Unidos do Brasil Comentado**, 5. ed. Rio de Janeiro: Livraria Francisco Alves, 1944. v. VI.

BEVILÁQUA, Clóvis. **Direito das Sucessões**. 5. ed. São Paulo: Paulo de Azevedo LTDA. 1955.

BITTENCOURT, Edgar de Moura. **Concubinato**. 2. ed. São Paulo: EUD, 1980.

BLIKSTEIN, Daniel, in: **O Direito Real de Habitação na sucessão hereditária**. Belo Horizonte, Del Rey, 2012.

BRASIL. Decreto nº 55.891, de 31 de março de 1965. Regulamenta o Capítulo I do Título I e a Seção III do Capítulo IV do Título II da Lei nº 4.504, de 30 de novembro de 1964 – Estatuto da Terra.

BRASIL. **Lei nº 11.326, de 24 de julho de 2006**. Estabelece as diretrizes para a formulação da Política Nacional da Agricultura Familiar e Empreendimentos Familiares Rurais. Disponível em: https://www.planalto.gov.br/ccivil_03/_ato2004-2006/2006/lei/l11326.htm. Acesso em: 26 jun. 2024.

BRASIL. **Lei nº 12.651 de 25 maio 2012**. Disponível em: https://www.planalto.gov.br/ccivil_03/_ato2011-2014/2012/lei/l12651.htm. Acesso em: 1 jul. 2024.

BRASIL. **Lei nº 4.504, de 30 de novembro de 1964**. Dispõe sobre o Estatuto da Terra, e dá outras providências. Disponível em: https://www.planalto.gov.br/ccivil_03/leis/l4504.htm. Acesso em: 10 set. 2024.

BRASIL. **Lei nº 4.504, de 30 de novembro de 1964.** Disponível em: https://www.planalto.gov.br/ccivil_03/leis/l4504.htm. Acesso em: 7 jul. 2024.

BRASIL. **Lei nº 6.015, de 31 de dezembro de 1973**. Lei de Registros Públicos DOU, de 31.12.1973, p. 13528.

BUAINAIN, Antônio Márcio; ALVES, Eliseu Roberto de Andrade; SILVEIRA, José Maria Da; ZANDER Soares de Navarro. **O mundo rural no Brasil do século 21**: a formação de um novo padrão agrário e agrícola. (2014). Disponível em: http://www.alice.cnptia.embrapa.br/alice/handle/doc/994073. fl 1164. Acesso em: 28 jul. 2024.

BUCAR, Daniel. TEIXEIRA, Daniele Chaves. **As armadilhas do planejamento sucessório.** Disponível em: https://www.conjur.com.br/2020-jul-17/bucar-teixeira-armadilhas-planejamento-sucessorio/. Acesso em: 10 nov. 2024.

CAHALI, Francisco José. HIRONAKA, Giselda Maria Fernandes Novaes. **Direito das Sucessões**. 5. ed. ver., atual. e ampl. São Paulo: Revista dos Tribunais, 2014.

CAHALI, Francisco José. **Contrato de convivência na união estável.** São Paulo: Saraiva, 2002.

CAHALI, Francisco José. **Direito das sucessões**. São Paulo: Del Rey, 2007.

CALMON, Rafael. **Manual de Partilha de Bens**. 6. ed. Gen Saraiva, 2025.

CANPAGNOLLA, Clayton; MACÊDO, Manoel Moacir Costa. Revolução Verde: passado e desafios atuais. **CC&T Cadernos de Ciência & Tecnologia.** Disponível em: https://ainfo.cnptia.embrapa.br/digital/bitstream/doc/1144071/1/Revolucao-verde-passado-2022.pdf. Acesso em: 20 jul. 2024.

CARROZZA, A. **Lezioni sul diritto agrario.** Elementi di teoria generale. 2. ed. Milano: Giuffrè, 1988.

CARROZZA, Antonio. L'Autonomia del diritto agrário. **Manuale di Diritto Agrario Italiano.** Turim: UTET, 1980.

CARVALHO, Luiz Paulo Vieira de. **Direito das sucessões**. 3. ed. São Paulo: Atlas, 2017.

CARVALHO, Luiz Paulo Vieira de. Direito real de habitação sucessório. Contexto atual. In: TEIXEIRA, Ana Carolina Brochado; NEVARES, Ana Luiza Maia (Coord.). **Direito das sucessões**: Problemas e tendências. 2. ed. Indaiatuba: Foco, 2024.

CASSETARI, Christiano. **Direito Agrário**. São Paulo: Atlas, 2012.

CEPEA. **Boletim Mercado de Trabalho do Agronegócio Brasileiro**. (2024). Disponível em: https://www.cepea.esalq.usp.br/upload/kceditor/files/Cepea_CNA_1triBoletim%20MT%20Agro_2024.pdf. Acesso em: 10 set. 2024.

CIMBALI, Enrico. **La nuova fase del diritto civile nei rapporti economici e sociali con proposte di riforma della legislazione civile vigente**. Unione tipografico-editrice, 1895.

CNJ. **Provimento nº 146, de 26 de junho de 2023**. Disponível em: https://atos.cnj.jus.br/files/original14181220230627649aefa421fae.pdf. Acesso em 13 jan.

CNJ. **Justiça em Números**. (2024). Disponível em: https://www.cnj.jus.br/wp-content/uploads/2024/05/justica-em-numeros-2024-v-28-05-2024.pdf. Acesso em: 10 out. 2024.

CNN Money. **Squandering the family fortune**: Why rich families are losing money (25 jun. 2014). Disponível em: http://money.cnn.com/2014/06/25/luxury/family--wealth/index.html. Acesso em: 11 set. 2024.

COELHO, José Fernando Lutz. **Contratos Agrários**. Uma Visão Neo-Agrarista. Curitiba: Juruá, 2006.

COLÉGIO NOTARIAL DO BRASIL. **Número de testamentos cresce 21%**: veja quando precisa registrar. Disponível em: https://www.notariado.org.br/25-10-2022-numero-de-testamentos-cresce-21-veja-quando-precisa-registrar/. Acesso em: 16 jan. 2024.

CORTIANO JUNIOR, Eroulths. Sucessão e cláusulas restritivas. In: TEIXEIRA, Daniela Chaves (Coord.). **Arquitetura do Planejamento Sucessório**. Belo Horizonte: Fórum, 2.019.

DAVIS, John H.; GOLDBERG, Ray A. *A* **Concept of Agribusiness**. Boston: Harvard University Graduate School of Business Administration, 1957.

DELGADO, Mario. Da renúncia prévia ao direito concorrencial por cônjuges e companheiros. **CONJUR**, 7 abril de 2019. Disponível em: https://www.conjur.com.br/2019-abr-07/processo-familiar-renuncia-previa-direito-concorrencial-conjuge-companheiro. Acesso em: 10 nov. 2024.

DELGADO, Mario. **O paradoxo da união estável:** um casamento forçado. Disponível em: https://blog.grupogen.com.br/juridico/areas-de-interesse/civil/paradoxo-uniao-estavel-casamento-forcado/. Acesso em: 12 out. 2024.

DE-MATTIA, Fábio Maria. **Empresa agrária e estabelecimento agrário**. Disponível em: https://www2.senado.leg.br/bdsf/bitstream/handle/id/176341/000497675.pdf?sequence=1&isAllowed=y. Acesso em: 26 out. 2024.

DICIONÁRIO PRIBERAM. Disponível em: https://dicionario.priberam.org. Acesso em: 26 jul. 2024.

DOS SANTOS, ÁLVARO GONÇALVES. **Holding Rural**. Londrina: Thoth, 2022.

DUTRA, Elder Gomes. **Premissas para um direito sucessório mínimo**: a superação dos obstáculos ao efetivo Planejamento Sucessório no Brasil. Londrina: Thoth, 2021.

EMBRAPA. **Agricultura Digital.** Disponível em: https://ainfo.cnptia.embrapa.br/digital/bitstream/doc/1160117/1/Anuario-CiCarne-cadeia-produtiva-2023.pdf. Acesso em set. 2024.

EMBRAPA. **Visão 2030**. O futuro da agricultura brasileira. Disponível em: https://www.embrapa.br/documents/10180/9543845/Vis%C3%A3o+2030+-+o+futuro+da+agricultura+brasileira/2a9a0f27-0ead-991a-8cbf-af8e89d62829?version=1.1. Acesso em: 10 set. 2024.

EPOCA NEGOCIOS. **Nova geração busca tecnologia e sustentabilidade no futuro do agro**. Disponível em: https://epocanegocios.globo.com/colunas/coluna/2023/07/nova-geracao--busca-tecnologia-e-sustentabilidade-no-futuro-do-agro.ghtml. Acesso em: 9 set. 2024.

ERUBINI, Albenir. Zibetti, Darcy Walmor. O Direito Agrário Brasileiro e a sua relação com o Agronegócio. **Direito E Democracia** – Revista de Divulgação Científica e Cultural do Isulpar, v. 1, n. 1, jun./2016. ISSN. Acesso em: 20 set. 2024.

ESTADÃO. Tecnologia estimula volta de jovens ao campo. **Notícias do Campo**. Disponível em: https://summitagro.estadao.com.br/noticias-do-campo/tecnologia-estimula-volta--de-jovens-ao-campo/. Acesso em: 5 out. 2024.

EUROSTAT. **Agriculture statistics** – family farming in EU. Disponível em: https://ec.europa.eu/eurostat/statisticsexplained/index.php/Agriculture_statistics_-_family_farming_in_the_EU. Acesso em: 27 jul. 2024.

EXAME. **Era dos extremos**: eventos climáticos intensos serão mais frequentes no Brasil. Disponível em: https://exame.com/esg/era-dos-extremos-eventos-climaticos-intensos--serao-mais-frequentes-no-brasil/. Acesso em: 9 set. 2024.

FADIGA, Daniel Bijos. A tributação da atividade pecuária é sempre pior na pessoa jurídica? Disponível em: Faidigahttps://www.conjur.com.br/2023-dez-08/a-tributacao-da-atividade-pecuaria-e-sempre-pior-na-pessoa-juridica. Acesso em: 10 nov. 2024.

FARIAS, Cristiano Chaves de; ROSENVALD, Nelson. **Curso de direito civil**. 10. ed. Salvador: JusPodivm, 2022.

FARINA, E. M. M. Q.; ZYLBERSZTAJIN, D. 1994. **Competitividade e Organização das Cadeias Agro-Industriais**. 63. Costa Rica: Instituto Interamericano de Cooperação para a Agricultura. Disponível em: https://seer.tupa.unesp.br/index.php/BIOENG/article/view/110/109. Acesso em: 20 set. 2024.

FONSECA, Priscila Corrêa da. **Manual do planejamento patrimonial das relações afetivas e sucessórias**. São Paulo: Thomson Reuters Brasil, 2018

FRANCO, Luciana. Pequenas propriedades concentram cultivo de soja no país. **G1**. Disponível em: https://globorural.globo.com/agricultura/soja/noticia/2024/06/pequenas-propriedades-concentram-cultivo-de-soja-no-pais.ghtml. Acesso em: 26 jun. 2024.

GARCIA JÚNIOR, José Silvano. Dispara o número de testamentos no Brasil nos últimos anos. **Migalhas**. Disponível em: https://www.migalhas.com.br/depeso/390294/dispara-o-numero-de-testamentos-no-brasil-nos-ultimos-anos. Acesso em: 10 nov. 2024.

GARCIA, André Novais. Como fica o imposto sobre herança e doações com a reforma tributária. **UOL**. Disponível em: https://economia.uol.com.br/noticias/redacao/2024/07/19/como-fica-o-imposto-sobre-heranca-e-doacoes-com-a-reforma-tributaria.htm. Acesso em: 3 set. 2024.

GASSON, R.; ERRINGTON, A.J. **The farm family business**. Wallingford: CAB International, 1993.

GISCHKOW, Emilio Alberto Maya. **Princípios de Direito Agrário**. São Paulo: Saraiva, l988.

GOMES, Orlando. **Direitos reais**. Atualização de Luiz Edson Fachin. Coordenação de Edvaldo Brito. 19. ed. Rio de Janeiro: Forense, 2004.

GOMES, Orlando. **Introdução ao Direito Civil**. 18. ed. Rio de Janeiro: Forense, 2001.

GOMES, Orlando. **Sucessões**, 6. ed. Rio de Janeiro: Forense, 1996.

GRISARD FILHO, Waldyr. **Famílias reconstituídas**. 2. ed. São Paulo: Revista dos Tribunais, 2.010.

GUITARRARA, Paloma. Revolução Verde. **Mundo Educação.** Disponível em: https://mundoeducacao.uol.com.br/geografia/a-revolucao-verde.htm. Acesso em: 19 jul. 2024.

HIRONAKA, Giselda Maria Fernandes Novaes. **A atividade agrária e a proteção ambiental**: simbiose possível. São Paulo: Cultural Paulista, 1997.

HIRONAKA, Giselda Maria Fernandes Novaes. A incessante travessia dos tempos e renovação dos paradigmas: a família, seu status e seu enquadramento na pós-modernidade In: SOUZA, Ivone Cândido Coelho de (Org.). **Direito de família, diversidade e multidisciplinariedade**. Porto Alegre: IBDFAM, 2.017.

HIRONAKA, Giselda Maria Fernandes Novaes. **Morrer e suceder**: passado e presente da transmissão sucessória concorrente. São Paulo: Revista dos Tribunais, 2011.

HIRONAKA, Giselda Maria Fernandes Novaes; TARTUCE, Flávio. Planejamento sucessório: conceito, mecanismos e limitações. **Revista Brasileira de Direito Civil**, v. 21, n. 3, p. 87-87, 2019.

IBFLORESTAS. **Terras Rurais no Brasil**. Disponível em: https://www.ibflorestas.org.br/conteudo/terras-rurais-no-brasil. Acesso em: 8 set. 2024.

IBGE. **Atlas do espaço rural brasileiro**. Disponível em: https://www.ibge.gov.br/geociencias/atlas/tematicos/16362-atlas-do-espaco-rural-brasileiro.html. Acesso em: 15 ago. 2024.

IBGE. **Atlas Rural.** Disponível em: https://www.ibge.gov.br/apps/atlasrural/pdfs/11_00_Texto.pdf. (2020). Acesso em: 10 set. 2024.

IBGE. Instituto Brasileiro de Geografia e Estatística. **Censo Agropecuário 2017**. Rio de Janeiro, 2018.

IKERD, J.E. **Family farms of North America**. Roma: FAO, 2016. p. 30-32. (IPC-IG. Working Paper, 152). Disponível em: http://www.fao.org/3/a-i6354e.pdf. Acesso em: 27 julho 2024.

INCRA. **Portal**. Disponível em: https://sigef.incra.gov.br/. Acesso em: 2 jul. 2024.

IPEA. **Repositório do Conhecimento do IPEA**. Disponível em: https://repositorio.ipea.gov.br/bitstream/11058/10490/1/brua_23_artigo16.pdf. Acesso em: 28 out. 2024.

ITABAIANA OLIVEIRA, Arthur Vasco. **Tratado de direito das sucessões**. São Paulo: Max Limonad, 1952.

JANK, Marcos Sawaya. Revendo as políticas agrícola e agrária. **Café Point.** Disponível em: https://www.cafepoint.com.br/noticias/giro-de-noticias/revendo-as-politicas-agricola-e-agraria-31653n.aspx. Acesso em: 29 jun. 2024.

KIYOTA, N.; PERONDI, M. A. (2015b). Sucessão geracional na agricultura familiar. Uma questão de renda? In: BUAINAIN, A. M. et al. (Editores técnicos). **O mundo rural no Brasil do século 21**: a formação de um novo padrão agrário e agrícola. Brasília: Embrapa, 2015b.

KOHLHEPP, G.; BLUMENSCHEIN, M. Brasileiros sulistas como atores da transformação rural no Centro-Oeste brasileiro: o caso de Mato Grosso. **Revista Território**, Rio de Janeiro, ano 5, n. 8, p. 47-66, jan./jun. 2000.

KPMG. **O legado duradouro das empresas familiares**. Disponível em: https://kpmg.com/br/pt/home/insights/2021/04/legado-duradouro-empresas-familiares. Acesso em: 10 ago. 2024.

LEITE, Eduardo de Oliveira. **Comentários ao novo Código Civil**. Rio de Janeiro: Forense, 2003. v. XXI.

LOBLEY, M.; BAKER, J. R.; WHITEHEAD, I. **Farm succession and retirement**: some international comparisons. Journal of Agriculture, Food Systems and Community Development, Ithaka, v. 1, n. 1, ago. 2010.

LOBLEY, M.; BAKER, J.R.; WHITEHEAD, I. (Ed.). **Keeping it in the family**: international perspectives on succession and retirement of family farms. London: Ahsgate, 2012.

LÔBO, Paulo Luiz Netto. **Código Civil Comentado**, Direito de Família – Relações de Parentesco – Direito Patrimonial – arts. 1.591 a 1.693. São Paulo: Atlas, 2003. v. XVI.

LOUBET. Leonardo. **Tributação Estadual e municipal no agronegócio**: antes e depois da reforma tributária. São Paulo: Noeses, 2024.

MACDONALD, J.M.; KORB, P.; HOPPE, R.A. Farm size and the organization of US crop farming. **Economic Research Report**, n. 152. Washington: USDA, 2013.

MACEDO, Anelise. Agricultura familiar e a difusa conceituação do termo. (2014). **Embrapa Hortaliças**. Disponível em: https://www.embrapa.br/busca-de-noticias/-/noticia/2464156/agricultura-familiar-e-a-difusa-conceituacao-dotermo#:~:text=De%20acordo%20com%20dados%20da,renda%20e%20administradas%20pela%20fam%C3%ADlia. Acesso em: 26 jun. 2024.

MADALENO, Rolf. **Direito de Família**. Aspectos polêmicos. Porto Alegre: Livraria do Advogado, 1.998.

MADALENO, Rolf. **Direito de família**. 8. ed. São Paulo: Forense, 2018.

MADALENO, Rolf. **Planejamento sucessório**. Disponível em: https://ibdfam.org.br/assets/upload/anais/299.pdf. Acesso em: 9 set. 2024.

MADALENO, Rolf. Renúncia de herança no pacto antenupcial. **Revista do IBDFAM:** Famílias e Sucessões, Belo Horizonte, v. 27, maio/jun. 2018.

MAIA JÚNIOR, Mairan Gonçalves. **Sucessão Legítima**: as regras da sucessão legítima, as estruturas familiares contemporâneas e a vontade. 2. ed. São Paulo: Thomson Reuters Brasil, 2020.

MAMEDE, Gladston; MAMEDE, Eduarda Cotta. **Holding familiar e suas vantagens**: planejamento jurídico e econômico do patrimônio e da sucessão familiar. 15. ed. rev. atual. e reform. Barueri: Atlas, 2023.

MARQUES, Benedito Ferreira. **Direito Agrário Brasileiro**. 9. ed. São Paulo: Atlas, 2011.

MARZAGÃO, Silvia Felipe. **Contrato Paraconjugal**: A modulação da conjugalidade por contrato teoria e prática. São Paulo: Foco, 2024.

MASON, E.S. Price and Production Policies of Large Scale Enterprise. **American Economic Review**, v. 29, n. 1, p. 61-74, 1939.

MASSRUHÁ, Silvia Maria Fonseca Silveira. LEITE, Maria Angelica de Andrade. **Agro 4.0** – Rumo À Agricultura Digital. Disponível em: https://ainfo.cnptia.embrapa.br/digital/bitstream/item/166203/1/PL-Agro4.0-JC-na-Escola.pdf. Acesso em: 10 set. 2024.

MATTOS, Eleonora G. Saltão de Q. MARZAGÃO, Silvia Felipe. A imprescindível análise jurídica das relações familiares e as providencias correlatas ao direito de família como pressuposto de um planejamento sucessório eficiente. In: TEIXEIRA, Daniela Chaves (Coord.). **Arquitetura do Planejamento Sucessório**. Belo Horizonte: Fórum, 2021. t. II.

MEIRELES, Rose melo Venceslau. **Autonomia privada e dignidade humana**. Rio de Janeiro: Renovar, 2009.

MENDOÇA, Maria Luísa. **O papel da agricultura nas relações internacionais e a construção do conceito de agronegócio**. Disponível em: https://doi.org/10.1590/S0102-85292015000200002. Acesso em: 23 jul. 2024.

MENEZES CORDEIRO, António Manuel da Rocha e. **Tratado de direito civil português**. Parte geral, Coimbra: Almedina, 2007, t. I.

MICHAELIS. Planejar. **UOL**. Disponível em: https://michaelis.uol.com.br/busca?id=NyPAE. Acesso em: 10 nov. 2024.

MONTEIRO, Washington de Barros. **Curso de Direito Civil**: Parte Geral, Saraiva, 2003.

MONTIGAULT, J-C. L'analyse des filieres agroalimentaires: méthodes et premiers résultats. **Economie et sociétés**. Série AG.1992. n. 21.

MORAES, Maria Celina Bodin. **Na medida da pessoa humana** – Estudos de Direito Civil Constitucional. Rio de Janeiro: Processo, 2019.

MUCIO, Daniela de Carvalho. O usufruto como instrumento de planejamento sucessório. In: TEIXEIRA, Daniela Chaves (Coord.). **Arquitetura do Planejamento Sucessório**. 2. ed. Belo Horizonte: Fórum, 2019.

MULTEDO, Renata Vilela. **Liberdade e Família**. Limites para a intervenção do Estado nas relações conjugais e parentais. Rio de Janeiro: Processo, 2017.

NAVARRO, Zander; PEDROSO, Maria Thereza Macedo. **Agricultura familiar**: é preciso mudar para avançar. Disponível em: https://www.alice.cnptia.embrapa.br/alice/handle/doc/913994. Acesso em: 24 jun. 2024.

NEVARES, Ana Luiza Maia Nevares. O testamento e sua instrumentalidade no planejamento sucessório: limites e potencialidades. In: TEIXEIRA, Daniela Chaves (Coord.). **Arquitetura do Planejamento Sucessório**. Belo Horizonte: Fórum, 2023. t. II.

NEVARES, Ana Luiza. **A função promocional do testamento**. Rio de Janeiro: renovar, 2009.

OLIVEIRA, Euclides; AMORIM; Sebastião. **Inventário e partilha. Teoria e prática**. 28. ed. São Paulo: Saraiva Jur., 2024.

OLIVEIRA, Itabaiana. **Tratado de Direito das Sucessões**. 4. ed., rev. e atual. São Paulo: Max Limonad, 1952, n. 20.

OLIVEIRA, Walber Machado de; VIEIRA FILHO, José Eustáquio Ribeiro. A sucessão familiar no setor agropecuário. **Revista de Política Agrícola**, v. 28, n. 2, 2019.

OTERO, Marcelo Truzzi. As cláusulas restritivas de propriedade como instrumento de planejamento sucessório. In: TEIXEIRA, Daniela Chaves (Coord.). **Arquitetura do Planejamento Sucessório**. Belo Horizonte: Fórum, 2.023. t. II.

OTERO, Marcelo Truzzi. **Justa causa testamentária:** inalienabilidade, impenhorabilidade e incomunicabilidade sobre a legítima do herdeiro necessário. Porto Alegre: Livraria do advogado, 2012.

PANZA, Fabricio. Le sucessioni anomale con funzione produttiva. **Quaderni della Rassegna di Diritti Civile**, Napoli: ESI, 2000.

PARSONS, R. et al. J. **Research report and recommendations from the FarmLASTS Project**. 2010. Disponível em: http://www. uvm.edu/farmlasts/FarmLASTSResearchReport.pdf. Acesso em: 10 set. 2024.

PEREIRA, Caio Mário da Silva. **Instituições de Direito Civil**. 26. ed. Rio de Janeiro: Editora Forense, 2018. v. IV.

PEREIRA, Caio Mário da Silva. **Instituições de Direito Civil**. 26. ed. Rio de Janeiro: Editora Forense, 2018. v. VI.

PEREIRA, Rodrigo da Cunha. **Direito das Famílias**. 4. ed. rev. atual. ampl. Rio de Janeiro: Forense, 2023.

PEREIRA, Rodrigo da Cunha. STF acabou com a liberdade de não casar ao igualar união estável a casamento. **CONJUR**. Disponível em: https://www.conjur.com.br/2017-jun-14/rodrigo-cunha-pereira-stf-acabou-liberdade-nao-casar/. Acesso em: 10 out. 2024.

PERLINGIERI, Pietro. La funzione sociale del diritto sucessorio. In: PERLINGIERI, Pietro. **Rassegna di diritto civile 1**. Diretta da Pietro Perlingieri. Napoli: Edizioni Scientifiche Italiane, 2009.

PERLINGIERI, Pietro. **O direito civil na legalidade constitucional**. Tradução de Maria Cristina De Cicco. Rio de Janeiro: Renovar, 2008.

PLEIN, Clério. **Capitalismo, agricultura familiar e mercantilização**. Apud LÊNIN, Vladimir Ilich. **O desenvolvimento do capitalismo na Rússia**: o processo de formação do mercado interno para a grande indústria. 2. ed. São Paulo: Nova Cultural, 1985.

PONTES DE MIRANDA, F. C. **Tratado de direito privado**. 3. ed. Rio de Janeiro: Borsoi, 1972. t. XLVI.

PONTES DE MIRANDA, Francisco Cavalcante. **Tratado de Direito Privado**. Campinas: Bookseeler, 2000. t. I, Parte Geral.

PONTES DE MIRANDA, Francisco Cavalcanti. **Tratado de Direito Privado**. São Paulo: Revista dos Tribunais, 1984. t. LVI.

PRADO, Roberta Nioac. **Manual prático e teórico da empresa familiar**. São Paulo: Saraiva. 2023.

PRADO, Roberta Nioac; KIRSCHBAUM, Deborah; COSTALUNGA, Karime. Sucessão familiar e planejamento societário II. In: NIOAC PRADO, Roberta; PEIXOTO, Daniel Monteiro e SANTI, Eurico Marcos Diniz de (Coords.). **Estratégias societárias, planejamento tributário e sucessório**. 2. ed. São Paulo: Saraiva-FGV, 2011.

RÁDIOS.EBC. **Revista Brasília**, v. 1, 2024. Disponível em: https://radios.ebc.com.br/revista-brasilia/2024/01. Acesso em: 6 jul. 2024.

RIZZARDO, Arnaldo. **Direito do Agronegócio**. 8. ed., rev. e atual. Rio de Janeiro: Forense, 2024.

RODRIGUES, Silvio. **Direito Civil**: Parte Geral, Saraiva, 2002.

SANTANA, Adrielli Santos de; SANTOS, Gesmar Rosa dos. **Os agricultores e seus estabelecimentos**: dados e índices selecionados do censo agropecuário de 2017. Disponível em: https://repositorio.ipea.gov.br/bitstream/11058/10490/1/brua_23_artigo16.pdf. Acesso em: 28 out. 2024.

SAUER, C. O. Agricultural Origins and Dispersals - The Domestication of Animals and Foodstuffs. The MIT Press Ltd, 1968.

SAVOLDI, A.; CUNHA, L. A. Uma abordagem sobre a agricultura familiar, Pronaf e a modernização da agricultura no sudoeste do Paraná na década de 1970. **Revista Geografar**, Curitiba: UFPR, Programa de Pós-Graduação em Geografia, v. 5, n. 1, p. 25-45, jan./jun. 2010. Disponível em: http://dx.doi.org/10.5380/geografar.v5i1.17780. Acesso em: 10 set. 2024.

SCHNEIDER Sérgio. A pluriatividade da agricultura familiar. Introdução. Porto Alegre: UFRGS, 2003. In: SCHNEIDER S. (Org.). **Diversidade da agricultura familiar**. Porto Alegre: UERGS. 2006.

SEFAZ. **ITCD**. Informações Importantes Acerca dos Procedimentos do ITCD no Estado do MS. Disponível em: https://www.sefaz.ms.gov.br/itcd-informacoes-importantes/. Acesso em: 10 nov. 2024.

SILVA, Caio Mário da; DO RÊGO, Carlos Edison Monteiro Filho. **Instituições de direito civil**. 3. ed. São Paulo: Forense, v. VI, Sucessões.

SIMAO, José Fernando. Contrato de doação e testamento como formas de planejamento sucessório. In: TEIXEIRA, Daniela Chaves (Coord.). **Arquitetura do Planejamento Sucessório.** 2. ed. Belo Horizonte: Fórum, 2.019.

SODERO, Fernando Pereira. Atividade agrária e agrariedade. **Rivista di Diritto Agrario**. Milano, Giuffrè, v. 57, n. 1, 1978.

SODERO, Fernando Pereira. **O Estatuto da Terra**. Brasília: Fundação Petrônio Portella, 1982.

STEINER, Renata C. Contrato de parceria rural: extinção pela morte da usufrutuária. **Revista Brasileira Direito Civil**, v. 31, 2022.

STJ, REsp 1.459.668 - MG (2014/0139242-3) Relator: Ministro Ricardo Villas Bôas Cueva. DJ, 05/12/2017.

STJ, Terceira Turma. AgInt no AREsp nº 1.121.421/RS. Rel. Min. Paulo de Tarso Sanseverino, *DJ*, 04/04/2018.

SUPERIOR TRIBUNAL DE JUSTIÇA. EREsp 1.520.294 e Aglnt no Resp 1.757.984.

SUPERIOR TRIBUNAL DE JUSTIÇA. RESP 1.294.404/RS, Rel. Ministro Ricardo Villas Bôas Cueva, Terceira Turma, julgado em 20/10/2015, DJe de 29/10/2015.

SUPERIOR TRIBUNAL DE JUSTIÇA. REsp. 1.764.873, 3ª Turma, rel. Min. Paulo de Tarso Sanseverino. J. 14.05.2019, Dje de 21.05.2019.

SUPERIOR TRIBUNAL DE JUSTIÇA. TJ. REsp 1846167/SP, Rel. Min. Nancy Andrighi, 3ª Turma, julgado em 09/02/2021, DJe 11/02/2021.

TASSINARI, Simone; TEIXEIRA, Ana Carolina Brochado. Futuros possíveis para o planejamento sucessório. **Revista Brasileira de Direito Civil**, v. 29, n. 3, 2021.

TEIXEIRA, Ana Carolina Brochado; NEVARES, Ana Luiza Maia. **Direito das sucessões: Problemas e tendências**. 2. ed. São Paulo: Foco, 2024.

TEIXEIRA, Daniele Chaves. Noções prévias do direito das sucessões. Sociedade, funcionalização e planejamento sucessório. In: TEIXEIRA, Daniela Chaves (Coord.). **Arquitetura do Planejamento Sucessório**. 2. ed. Belo Horizonte: Fórum, 2.019.

TEIXEIRA, Daniele Chaves. **Planejamento sucessório**: pressupostos e limites. Belo Horizonte: Fórum, 2017.

TEPEDINO, Gustavo. **O trust no direito brasileiro**. São Paulo: Revista dos Tribunais, 2011.

TEPEDINO, Gustavo; OLIVA, Milena Donato. Teoria Geral do Direito Civil. In: TEPEDINO, Gustavo (Org.). **Fundamentos de direito civil**. Rio de Janeiro: Forense, 2020.

TRENTINI, Flávia. **Teoria Geral do Direito Agrário Contemporâneo**. São Paulo: Atlas, 2012.

TRIBUNAL DE JUSTIÇA DE GOIÁS. REsp 265.132/GO, 3ª T., j. 20.09.2004, Rel. Min. Antonio de Padua Ribeiro, DJU 22.11.2004.

TRIBUNAL DE JUSTIÇA DE MINAS GERAIS. AI: 09441596320238130000, Relator: Des.(a) Ivone Campos Guilarducci Cerqueira (JD Convocado), Data de Julgamento: 28/07/2023, Câmara Justiça 4.0 - Especializada, Data de Publicação: 31/07/2023.

TRIBUNAL DE JUSTIÇA DE MINAS GERAIS. AI: 29569973820228130000, Data de Julgamento: 16/03/2023, 8ª Câmara Cível Especializada, Data de Publicação: 20/03/2023.

TRIBUNAL DE JUSTIÇA DE SÃO PAULO. AC: 10044281820218260278 SP 1004428-18.2021.8.26.0278, Relator: Jane Franco Martins, Data de Julgamento: 27/08/2021, 1ª Câmara Reservada de Direito Empresarial, Data de Publicação: 27/08/2021).

TRIBUNAL DE JUSTIÇA DE SÃO PAULO. Agravo de Instrumento nº 2248043-57.2017.8.26.0000, 23ª Câmara da Seção de Direito Privado, Rel. Des. J. B. Franco de Godoi).

TRIBUNAL DE JUSTIÇA DE SÃO PAULO. Apelação Cível nº 1000075-91.2020.8.26.0302, DJ, 04/12/2020.

TRIBUNAL DE JUSTIÇA DE SÃO PAULO. **Taxa Judiciária**. Recolhimento pelo Portal de Custas. Disponível em: https://www.tjsp.jus.br/IndicesTaxasJudiciarias/DespesasProcessuais/TaxaJudiciaria. Acesso em: 10 nov. 2024.

TRIBUNAL DE JUSTIÇA DO RIO DE JANEIRO. REsp nº 1.454.643/RJ, relator ministro Marco Aurélio Bellizze, 3ª Turma, julgado em 3/3/2015, DJe de 10/3/2015.

TRIBUNAL DE JUSTIÇA DO RIO GRANDE DO SUL. ApCiv 70040904302, 29ª Câm. Civ. J. 6.7.2011, rel. Rubem Duarte.

ULHOA Coelho, Fábio. **Novo manual de direito comercial**: direito de empresa. rev., atual. e ampl. São Paulo: Thomson Reuters Brasil, 2020.

USP. ESALQ. **Mulheres no Agronegócio**. Edição Especial, v. 1, 2018. Disponível em: https://www.cepea.esalq.usp.br/upload/kceditor/files/Mulheres%20no%20agro_FINAL(3).pdf. Acesso em: 3 set. 2024.

USP. ESALQ. **Portal**. Disponível em: https://cepea.esalq.usp.br/. Acesso em: 19 jul. 2024.

USP. ESALQ. **Produção agrícola cresce mas queda e preço leva PIB agro a cair**. Disponível em: https://www.cepea.esalq.usp.br/br/releases/pib-agro-cepea-producao-agricola-cresce-mas-queda-de-preco-leva-pib-agro-a-cair-. Acesso em: 10 jun. 2024.

VEIGA, José Eli da. Muita fantasia sobre um único assunto. Tradução. **Folha de S. Paulo**, Caderno Dinheiro, São Paulo, 2004, n. 28 jan. 2004, p. B2. Disponível em: http://www.econ.fea.usp.br/zeeli/. Acesso em: 31 jul. 2024.

VELOSO, Zeno. **Testamentos**. 2. ed. Belém: CEJUP, 1993.

VELOSO, Zeno. É namoro ou união estável? **Notícias no Portal do IBDFAM**. (2016). Disponível em: https://ibdfam.org.br/noticias/6060. Acesso em: 10 set. 2024.

VERISSIMO, Erico. **O tempo e o vento.** São Paulo: Companhia das letras, 2004. (O continente – v. 1).

VERSIANI, Fernanda. **Usufruto de participações societárias**: uma visão de planejamento sucessório em empresas familiares. Belo Horizonte: D'Placido, 2020.

WORLD HISTORY ENCYCLOPEDIA. **Dinâmica da Revolução Neolítica**. Disponível em: https://www.worldhistory.org/trans/pt/2-1937/dinamica-da-revolucao-neolitica. Acesso em: 19 set. 2024.